DIE KATEGORIE DER ANSCHAUUNG IN DER PÄDAGOGIK PESTALOZZIS

Die Reihe dient der erziehungswissenschaftlichen Forschung und steht Arbeiten im Umkreis empirischer, historischer und erziehungsphilosophischer Fragestellungen offen. Wesentliche Anliegen sind die Förderung des wissenschaftlichen Nachwuchses sowie die Darstellung neuer und aussichtsreicher Fragestellungen in der internationalen Forschung. Die Reihe erscheint mit drei bis vier Ausgaben pro Jahr.

EXPLORATIONEN

STUDIEN ZUR ERZIEHUNGSWISSENSCHAFT

Herausgegeben von der
Schweizerischen Gesellschaft
für Bildungsforschung
Verantwortlicher Herausgeber:
Jürgen Oelkers

DIE KATEGORIE DER ANSCHAUUNG IN DER PÄDAGOGIK PESTALOZZIS

Theorie und Rezeption im Japan des 19. Jahrhunderts

Toshiko Ito

PETER LANG

© Peter Lang AG
Europäischer Verlag der Wissenschaften
Bern, Berlin, Frankfurt/M., New York, Paris, Wien, 1995

Graphiker: Gilbert Ummel - Neuchâtel (Suisse)

Alle Rechte vorbehalten.
Das Werk einschliesslich aller seiner Teile ist urheberrechtlich geschützt.
Jede Verwertung ausserhalb der engen Grenzen des Urheberrechtsgesetzes
ist ohne Zustimmung des Verlages unzulässig und strafbar. Das gilt
insbesondere für Vervielfältigungen, Übersetzungen, Mikroverfilmungen und
die Einspeicherung und Verarbeitung in elektronischen Systemen.

Printed in Switzerland

DANK

Ich danke Herrn Professor Dr. Jürgen Oelkers für seine wissenschaftliche Betreuung. Diese Arbeit entstand mit der finanziellen Unterstützung des Schweizerischen Nationalfonds zur Förderung der wissenschaftlichen Forschung. Zur Deckung der Druckkosten trug freundlicherweise das Pestalozzianum Zürich bei.

INHALT

Vorwort		I
1.	Fragestellung	1
2.	Vorgeschichte der Anschauungslehre Pestalozzis	5
2.1	Anschauungslehre vor der Neuzeit	6
2.2	Anschauungslehre in der Neuzeit	10
2.3	Anschauungslehre bei Pestalozzis Vorbildern	14
3.	Kategorie der Anschauung vor Pestalozzi	25
4.	Anschauungslehre in der Pädagogik Pestalozzis	27
4.1	Wandel der Anschauungslehre	27
4.1.1	Entstehung des Begriffes	27
4.1.2	Entstehung der Zweigliedrigkeit	32
4.1.3	Befestigung der Grundlage	35
4.2	Wandel der Methode	38
4.2.1	Intellektuelle Bildung	40
4.2.2	Sittliche Bildung	42
4.2.3	Synthese: Das Leben bildet	44
5.	Kategorie der Anschauung bei Pestalozzi	47
5.1	Verhältnis zwischen der äußeren und der inneren Anschauung	48
5.2	Verhältnis zwischen der "mich ansehenden" und der "Gott ansehenden" inneren Anschauung	50
5.3	Verhältnis zwischen der äußeren und der "Gott ansehenden" inneren Anschauung	54
5.4	Diskrepanz zwischen der Anschauungslehre und der Methode	57
5.5	Zusammenfassung	58

6.	Rezeptionsgeschichte Pestalozzis im Westen	61
6.1	Rezeptionsgeschichte in Deutschland	61
6.1.1	Pestalozzianismus aus psychologischem Interesse	62
6.1.2	Pestalozzianismus aus metaphysischem Interesse	66
6.1.3	Pestalozzianismus aus schuldidaktischem Interesse	71
6.2	Die Rezeption in England	74
6.2.1	Pestalozzianismus in der *Home and Colonial School Society*	77
6.2.2	Auffassungsmuster des Pestalozzianismus in der Literatur	81
6.3	Rezeptionsgeschichte in Amerika	82
6.3.1	Beginn des Pestalozzianismus in der Literatur	84
6.3.2	Blütezeit des Pestalozzianismus in den Lehrerseminaren	87
7.	Rezeptionsgeschichte Pestalozzis in Japan	91
7.1	Japan als Empfangsboden	92
7.1.1	Geistesgeschichtlicher Abriß	93
7.1.1.1	Religiöser Abriß des 19. Jahrhunderts	94
7.1.1.2	Schintoismus und Glaube des Hauses	96
7.1.1.3	Glaube des Kaiserlichen Erziehungsediktes	97
7.1.2	Historischer Abriß des 19. Jahrhunderts	98
7.1.3	Erziehungsgeschichtlicher Abriß des 19. Jahrhunderts	99
7.2	Rezeption Pestalozzis	103
7.2.1	1872-1878: Anschauungslehre als *object lesson*	105
7.2.1.1	Einführung der *object lesson* am Lehrerseminar Tokio	106
7.2.1.2	Einführung der *object lesson* in der Literatur	110
7.2.1.3	Zusammenfassung	116
7.2.2	1878-88: Anschauungslehre als heuristischer Unterricht	117
7.2.2.1	Einführung des "heuristischen Unterrichts"	120
7.2.2.2	Ambivalenz des Initianten	122
7.2.2.3	Verbreitungsrouten	125
7.2.2.4	Publikationen des Lehrerseminar Tokio	127
7.2.2.5	Publikation aus Privatinteresse	136
7.2.2.6	Literaturquellen aus Amerika	138
7.2.2.7	Beginn des Interesses an Pestalozzis eigenen Werken	147
7.2.2.8	Zusammenfassung	148
7.2.3	1889-1897: Stillstand des Interesses an Pestalozzi	149
7.2.4	1897-1899: Wiedererwachen des Interesses an Pestalozzi	150

7.3	Kategorie der Anschauung in der japanischen Rezeption	153
7.3.1	Unabsichtliche Verdrehung: Beschränkung auf das Sinnliche	160
7.3.2	Absichtliche Verdrehung: Instrumentalisierung in der Politik	161
7.3.3	Zufällige Äquivalenz in der Auffassung der Wohnstube	162
7.3.4	Zufällige Äquivalenz in der Auffassung der Verinnerlichung	164
7.3.5	Zusammenfassung	167
8.	Kategorie der Anschauung in der Rezeption Pestalozzis	169
9.	Schluß	171
10.	Literatur	173

VORWORT

Nach seinem Tode (1827) wird PESTALOZZI zur maßgeblichen Gestalt der Pädagogik, die durch Legende und Schriften gleichermaßen Einfluß nimmt auf die internationale Erziehungsreflexion. "Von Pestalozzi bis zur Gegenwart" heißt der vierte Band von KARL SCHMIDTS maßgebender "Geschichte der Pädagogik" (2. Aufl. 1986), um so den dominanten Einfluß des Schweizers auf die Entwicklung der Volksbildung und der Erziehungstheorie anzuzeigen. "Pestalozzi's Einfluß...war überwältigend", heißt es bei SCHMIDT, aber bis heute ist nicht untersucht worden, was genau darunter verstanden werden muß. Offenbar gibt es eine internationale Rezeption PESTALOZZIS, doch es ist unklar, ob darunter wirklich eine breite Einflußnahme des Konzeptes oder nur ein ständiger Appell an Person und Schicksal verstanden werden muß. LAWRENCE CREMIN etwa erwähnt in seiner Geschichte der amerikanischen Erziehung ("The National Experience, 1786-1876", 1980) einige wenige Pestalozzianer, die in der Breite der Systementwicklung allenfalls marginalen Einfluß genommen haben und rasch vergessen wurden.

In dieser Situation sind *Rezeptionsstudien* hilfreich, die differente Einflüsse different beschreiben und nicht *vor* der historischen Überprüfung eine Bedeutung behaupten, die sich am Quellenmaterial gar nicht zeigen läßt. TOSHIKO ITOS Studie beschreibt die ganz eigene und eigenartige Rezeption in Japan, wo PESTALOZZI bis heute Verehrung genießt, ohne daß deren Genesis so recht bekannt wäre. Die Fragestellung der Arbeit setzt bei der "inneren Anschauung" an, eine Kategorie, die PESTALOZZI aus seinem pietistischen Umfeld in Zürich übernimmt und zu einem zentralen Konzept seiner Pädagogik entwickelt. Sie prägt die Erziehung zur Sittlichkeit, somit die Volksbildung und nicht zuletzt auch die Methode, wobei sich gerade an der Methode die theoretischen Konflikte zeigen lassen, in die PESTALOZZI zwischen Pietismus und Sensualismus geraten mußte. Er bezieht sich mit der "inneren Anschauung" auf die Tradition der christlichen *Seele*, während die Methode gedacht werden muß, als könnte sie innere Zustände erzeugen. Von außen muß nach innen gelangen, was *innen* doch wie eine autonome Größe verstanden werden muß. Anders gäbe es keine religiös vermittelte, individuelle Sittlichkeit, wie die "Nachforschungen" von 1797 doch unmittelbar nahelegen sollten.

Außerhalb des christlichen Kulturkreises, ja außerhalb nur der pietistischen Traditionen, ist die "innere Anschauung" weitgehend unverständlich. TOSHIKO ITO demonstriert diese Rezeptionssperre anhand sowohl der angelsächsischen als auch der japanischen Adaptionen der Methode des Unterrichts. Hier wird sehr rasch aus einer religiösen Kategorie eine didaktische, wie die Gleichsetzung von "Methode" und *object lessons* zeigt. Grundlegend für die schulpraktische Übersetzung sind utilitäre Erwartungen, der PESTALOZZI mit der Methode wohl auch nachkommen wollte, ohne die inneren Widersprüche seines Konzepts aber lösen zu können. In der Rezeption wird daraus eine Lektionenpräparation, die viel mit der Schultradition des 19. Jahrhunderts, aber wenig mit PESTALOZZI zu tun hat. Er leiht dem Konzept den Namen und so die Aura, während *Unterricht* auf ganz andere Weise standardisiert wird.

Das wirft weitergehende Fragen auf, vor allem solche, die den faktischen Einfluß PESTALOZZIS auf die Entwicklung der modernen Pädagogik betreffen. Verglichen mit der ROUSSEAU-Forschung ist darüber wenig bekannt, vor allem weil ein Großteil der Literatur die Legende voraussetzt, statt sie zum Objekt der Forschung zu erheben. Die überkommene Geschichtsschreibung würde so die Themenwahl bestimmen, was weder dem Objekt noch der Legende wirklich bekommt. Man kann PESTALOZZI nicht dadurch gerecht werden, daß er ungelesen auf einen Denkmalsockel gestellt wird. Andererseits ist es auch nicht möglich, ihn zu ignorieren. Insofern fordert die vorliegende Studie zu weiterer Beschäftigung heraus.

Sie ist möglich geworden durch ein großzügiges Stipendium des Schweizerischen Nationalfonds zur Förderung der Wissenschaften.

Bern, 19. Juli 1994   Jürgen Oelkers

1. FRAGESTELLUNG

Die Anschauungslehre nimmt den Mittelpunkt ein in der Pädagogik PESTALOZZIS, wurde aber selbst von ihm nie überzeugend dargelegt: Sie schwankt unablässig und endet, ohne feste Form angenommen zu haben. Seine Anschauungslehre fand erst in ihrer Rezeption des 19. Jahrhunderts ihre Form, indem die zweigliedrige Auffassung der Anschauung, die der Anschauungslehre PESTALOZZIS zugrunde liegt, jeweils aufgelöst wurde nach der einen oder anderen Richtung.

Zu Lebzeiten PESTALOZZIS und während der Blüte des Pestalozzianismus galten "Mathematisierung" und "Selbsttätigkeit" als Ansprüche der Pädagogik. Mit "Mathematisierung" war die Aufstellung eines kalkulierbaren Erziehungsvorgehens durch eine wissenschaftlich bestätigte Technik gemeint: Die Erziehung sollte dem Zögling durch mathematisiert erteilte Erkenntnisse zur geistigen Selbsttätigkeit verhelfen. Diese Ansprüche forderten meist einen Anschauungsunterricht, der von der Wahrnehmung und der Erfahrung des Kindes selbst ausgehen sollte. Die Schüler PESTALOZZIS verbanden zwar seine Anschauungslehre mit diesen zwei Leitworten des Zeitalters, aber PESTALOZZI selbst wollte sich nicht festlegen; er äußerte sich einmal für, einmal gegen die Mathematisierung. Wegen dieser Unentschiedenheit läßt sich seine Anschauungslehre bloß schwer fassen.

Einerseits bestand PESTALOZZIS Absicht in der Mathematisierung der Erziehung, die er als "Mechanisierung der Erziehung"[1] bezeichnen wollte; darin orientierte er sich am Glauben seiner Zeit an die Allmacht der Mathematisierung. Andererseits verteidigte PESTALOZZI aber seine Erziehungslehre vor dem Urteil seines Zeitalters, indem er sagte, daß er die

---

[1] PESTALOZZI selbst wußte lange nicht, wie das Wesen seiner erzieherischen Bemühungen in Worte zu fassen ist. Als GLAYRE sagte, "Vous voulez méchaniser l'éducation", hatte PESTALOZZI endlich einen seine Tat treffend charakterisierenden Ausdruck gefunden. (Vgl. KA Bd. XIII S. 196)

Bildung der Menschennatur nicht durch die "Einseitigkeit des Rechnens und der Mathematik" suche, sondern durch die "Allseitigkeit der Liebe"[2]: Obgleich das Übergewicht der Mathematik und der Glauben an die Allmacht der Mathematisierung die Erziehungslehre seiner Zeit beherrschten, behauptete PESTALOZZI: "ich suche Bildung zur Menschlichkeit, und diese entquillt nur durch die Liebe."[3] Denn allein von der Liebe könne die Erziehung getragen sein: "Sie allein, ist dieser ewige Ausfluß der Gottheit, die in uns thronet, sie ist der Mittelpunkt, von dem alles Wesentliche in der Erziehung ausgeht."[4] Die Erziehung, die nicht auf der "göttliche Kraft der Liebe"[5] beruht, hat folglich keinen Sinn. Die Liebe gilt als das Gegenstück zur Mathematik, und stellt den vorherrschenden Glauben an die Allmacht der Mathematisierung in Frage. PESTALOZZI machte sogar auf Gott gerichtete Liebe zur Voraussetzung der menschlichen Entfaltung; damit lag das Ziel seiner Erziehungsideen, im Unterschied zu seinem Zeitalter, nicht in der Heranbildung des selbsttätigen Menschen als Vernunftwesen, sondern in der Heranbildung des innerlich veredelten Menschen als Gefühlswesen. Der nicht-neuzeitliche Tenor der Pestalozzischen Methode ist hier nicht zu überhören. Sein schwankender Gedanke, einmal für, einmal gegen die vorherrschenden Ansprüche der Pädagogik, ist zugleich ein Schwanken zwischen zwei Geistesströmungen seines Zeitalters: der aufklärerischen Rationalität und der gegenaufklärerischen Geistigkeit.

Seine Zeitgenossen verstanden aber dieses Schwanken nicht. Seine Anschauungslehre wurde von seinen direkten und indirekten Schülern meist getreu den vorherrschenden Ansprüchen der Pädagogik interpretiert und in die Welt getragen.

Die Absicht der vorliegenden Arbeit liegt in der Kategorisierung der Anschauungslehre in der Pädagogik PESTALOZZIS. Sie erstreckt sich über drei Gebiete: Erstens untersuche ich die Anschauungslehre vor PESTALOZZI, damit sich die Beschaffenheit der Pestalozzischen Anschauungslehre im darauf folgenden Teil dagegen abheben kann; zweitens prüfe

---

2   KA Bd. XXI S. 227
3   ebenda
4   a.a.O. S. 228
5   ebenda

FRAGESTELLUNG 3

ich auf dieser Grundlage die Anschauungslehre bei PESTALOZZI selbst, deren Besonderheit in der doppelt zweigliedrigen Auffassung der Anschauung liegt; drittens gehe ich der Anschauungslehre in der Rezeptionsgeschichte PESTALOZZIS nach. Ich untersuche im dritten Teil Japan als Endglied einer Rezeptionskette der Pestalozzischen Anschauungslehre, wo trotz der Abwesenheit von direkten Schülern PESTALOZZIS in der zweiten Hälfte des 19. Jahrhunderts die Anschauungslehre eine landesweite Anwendung erfuhr durch die "Pestalozzische Methode". Dabei tritt ein Typus der Rezeptionsrealität der Pestalozzischen Anschauungslehre zutage: Die "Pestalozzische Methode" entfernte sich durch die Reduktionsprozesse der Rezeption immer weiter von dem, was PESTALOZZI unter seiner Anschauungslehre verstanden hatte.

2. VORGESCHICHTE DER ANSCHAUUNGSLEHRE PESTALOZZIS

Das "Anschauen" im lexikalischen Sinne unterscheidet sich vom einfachen "Sehen". Das "Anschauen" bedeutet einerseits mehr als das einfache "Sehen", weil es ein Sehakt in Begleitung des Bewußtseins oder der Aufmerksamkeit ist; es läßt sich definieren als ein "genaues Hinsehen, Betrachten". Das "Anschauen" wird andererseits auch im Sinne der "übersinnlichen Betrachtung" verwendet; unter den Mystikern sogar im Sinne des "Anschauens der Gottheit".[6] Der Gegenstand des "Anschauens" ist also entweder "als sinnlich wahrgenommener selbst gegenwärtig" oder wird "durch Vorstellungs- oder Einbildungskraft vergegenwärtigt."[7]

Die philosophische Auseinandersetzung mit der Anschauung geht bis in die Antike zurück. Die Anschauung läßt sich jedoch dem Problem der Erkenntnis entsprechend schwer definieren, denn die Anschauung ist mit der Erkenntnis eng verknüpft, deren Auffassung sich ständig wandelt: Die Anschauung versteht sich in philosophischer Hinsicht schlechthin als ein "Moment der Erkenntnis".[8]

Aufgrund dieser Ansicht über die Anschauung verwandelte sich die Auseinandersetzung mit der Anschauung von einer philosophischen in eine pädagogische Angelegenheit: Glaubt man, die richtige Erkenntnis sei allein durch das richtige Anschauen zu erlangen, so muß sich die Erziehung die Unterweisung im richtigen Anschauen zur wichtigsten Auf-

---

6 Während das Christentum den übersinnlichen Sehakt Gott gegenüber vom Menschen verlangt, verbietet es dem Menschen den sinnlichen Sehakt Gott gegenüber durchweg: "Und (der Herr, T.I.) sprach weiter: Mein Angesicht kannst du nicht sehen; denn kein Mensch wird leben, der mich sieht." (Exodus 33,20.)
7 Weidemann, S. 34
8 Flach, S. 99

gabe machen. Das Thema "Anschauung" wird mithin seit der Antike stets als Kern der Erziehungskunst gesehen, obschon in der Erziehungslehre das Thema "Anschauung" immer nach der jeweiligen Weltanschauung verstanden wird.

In der antiken und mittelalterlichen Zeit, in deren Weltanschauung Wissen und Glauben noch nicht auseinander getreten waren, bestand das Hauptanliegen der Erziehungslehre in der Unterweisung im richtigen übersinnlichen Anschauen; allein die dadurch erlangte Erkenntnis galt als richtig. In der Neuzeit, in deren Weltanschauung sich eine Kluft zwischen dem Wissen und dem Glauben öffnete, erhielt die Erziehungslehre einen anderen Akzent: Dieser Akzent verschob sich auf die Unterweisung im richtigen sinnlichen Anschauen. Die dadurch erzeugte Erkenntnis galt zwar als richtig, es wurde aber zum Teil stillschweigend erwartet, sie entspreche der vermittels des richtigen übersinnlichen Anschauens erworbenen Erkenntnis, die schließlich als unbestritten richtig galt.

2.1 Anschauungslehre vor der Neuzeit

In der Antike bestand das Interesse der Erziehung im Streben nach der *vita beata* (= Vollendung), welche sich aus "eigener Kraft im Schauen des Guten und Wahren"[9] erfüllt.

Die Dialoge des SOKRATES richten sich wesentlich auf den einzigen Gesichtspunkt der Sorge um die Seele. Sein Leitgedanke beschäftigt sich folglich mit der Achtung vor der inneren Welt.

Dieser auf die Seele gerichtete Gedanke wurde von PLATON weitergeführt. Bei PLATON liegt das Hauptanliegen der Erziehung im Umlenken der Seele von den Schatten der Dinge zu den Dingen selbst.[10] Die Aufgabe der Erziehung ist es folglich, den Menschen von den Schatten ans Licht zu bringen.[11] Der Schatten und das Licht deuten dabei zwei Kate-

---

9 Scheuerl 1982, S. 63
10 Vgl. Platon 1990, S. 229
11 Vgl. ebenda

gorien der Erkenntnis an, die im Höhlengleichnis auftreten: Der Schatten symbolisiert den Bereich des Sichtbaren, eines bloßen Werdens; das Licht hingegen den Bereich des Denkbaren, eines Seins an sich. Das Auge des Menschen muß "von dem Werdenden abgeführt werden, bis es das Anschauen des Seienden und des Glänzendsten unter dem Seienden aushalten lernt"[12]: Denn die Wahrheit besteht nicht in einem vergänglichen Werden, sondern in einem unvergänglichen Sein, dessen Erkenntnis allein durch das übersinnliche Anschauen zu erwerben ist. Die Anlehnung an das sinnliche Anschauen ist deshalb für PLATON nichts anderes als eine Phase, die im Vorgang der Bildung überwunden werden soll, indem die Erinnerung an die Innenwelt vor die vorweg existierende Seele gerufen wird. PLATON setzt keine große erzieherische Erwartung auf Gewöhnung und Übung[13], weil die Umlenkung der Seele als Hauptanliegen der Erziehung schließlich zum Göttlichen gehört. Die Anschauung PLATONS ist also metaphysisch: Sie ist geistige Schau, Erfassen übersinnlicher Wesenheiten, Anteilnahme an der Ideenwelt. Hinsichtlich der Auffassung der Seelenschau war PLATON ein Wegbereiter der christlichen Weltanschauung, in der die Seelenschau zu einem religiösen Grundsatz erhoben wurde.

Die christliche Philosophie hält das Innere des Menschen für bedeutend, weil der Wille Gottes sich im Innern des Menschen spiegelt. Die Anschauungs- und die Erkenntnislehre befassen sich mit dem Inneren des Menschen, besonders mit der übersinnlichen Schau.

Bei AUGUSTIN wurde das innere Anschauen wieder in den Vordergrund der Erkenntnislehre gerückt. Obschon AUGUSTIN seine biblisch-eschatologische Weltanschauung der antik-kosmologischen Weltanschauung entgegensetzte, wie dies zum Ausdruck kommt im Verzicht auf die eigene Kraft in der Pilgerschaft des Christen, wies seine Erziehungslehre doch eine gewisse Gemeinsamkeit mit derjenigen PLATONS auf: Die Konzentration auf den unsichtbaren Gott fordert vom Menschen notwendigerweise die innere Schau.

---

12 a.a.O. S. 227
13 ebenda

Wenn AUGUSTIN vom Erwerb der Erkenntnis sprach, meinte er dabei nicht den Glauben an "Worte", sondern an "meine eigenen Augen".[14] Die Erkenntnis ergibt sich, wenn ich meiner inneren Schau Glauben schenke, die mit dem Glauben an Gott identisch ist. Diese Erkenntnislehre zeitigte eine eigentümliche Erziehungslehre: Wenn wir "nicht eine von außen her zu uns dringende, sondern die von innen her unseren Geist regierende Wahrheit"[15] verstehen sollen, so kann der Gegenstand der Erkenntnis nicht durch die Worte des Lehrers vermittelt werden, sondern nur durch die geistige Anschauung des Lernenden selbst.[16] Nur Anschauung vermittelt Erkenntnis; ein Wort oder ein Zeichen ohne Anschauung lehrt nichts. Die Anschauung ist über die sinnliche Anschauung hinaus die übersinnliche Anschauung aus der innerlichen Teilhaftigkeit an Gott.

Wenn der Glaube an "meine eigenen Augen" und der Glaube an Gott ein und derselbe Glaube sind, ist die Erkenntnis durch die eigenen Augen des Lernenden nicht einfach auf physische Sinneseindrücke zurückzuführen, sondern letztlich auf den religiösen Glauben. Der Lernende muß nach AUGUSTIN vom Glauben ausgehen: Denn wenn "ihr nicht glaubt, werdet ihr nicht verstehen." (Is VII 9)[17] Das Wissen bei AUGUSTIN ist darum nicht Erwerb von äußerem Wissen, sondern durchweg Hervorrufen von innerem Wissen; oder von Selbsterkenntnis, die durch den Glauben ans Licht gebracht wird. Das Wissen ist damit nicht ein Ergebnis der Erfahrung oder Belehrung, sondern ein Ergebnis der Erinnerung: "Sofern wir es wissen, beruht das eher auf Erinnerung als auf empfangener Belehrung."[18]

Die Aufgabe der Erziehung liegt folglich in der Erweckung des Wissens, welches sich bereits verborgen im Innern des Menschen als schlummernde Erinnerung vorfindet: "Wenn wir es nicht wissen, fehlt jedenfalls eine Erinnerung, aber unter Umständen erwächst daraus eine Aufforderung, nach ihrer Bedeutung zu suchen."[19] Diese Erinnerung ist allein

---

14 Augustin 1974, S. 81
15 a.a.O. S. 85
16 Vgl. a.a.O. S. 77
17 a.a.O. S. 83
18 ebenda
19 ebenda

durch den Glauben an Gott zu erwecken, weil Gott die einzige Quelle der Wahrheit ist.

Gott ist in diesem Sinne der einzig wahre Lehrmeister, der dem Menschen die innere Ordnung der Dinge offenbart. Dieses absolute Vertrauen in Gott verrät aber zugleich Zweifel an der Erziehung, weil die Erziehung gegenüber der durch die Gnade übertragenen Erkenntnis machtlos bleiben muß: Wenn alles Gnade ist, so kann weder das Lernen noch das Lehren im engeren erzieherischen Sinne zustandekommen.

Die Sonderstellung der inneren Schau intensivierte sich in der Mystik. Meister ECKHART legte einerseits auf die scholastische Tradition Gewicht, aber andererseits auf innere Erlebnisse. In seiner mystischen Weltanschauung liegt der Zugang zur Berührung mit Gott allein in der Versenkung in der inneren Schau.

ECKHART betrachtete das Eins-Werden mit Gott als das Ziel des Christen. Wie es angesprochen ist in den Worten des PAULUS, "Ich lebe, und lebe doch nicht, Christus lebt in mir", verlangt das Eins-Werden mit Gott Selbstlosigkeit vom Menschen, im Begriff ECKHARTS "Abgeschiedenheit"[20], damit der Mensch zur reinen Empfänglichkeit gegenüber Gott gelangen kann. Der vollkommene Mensch ist selbstlos: Diese Selbstlosigkeit ist zugleich ein Mittel zur Vollkommenheit. ECKHART hält die Sinneswahrnehmung nicht für ein wichtiges Erkenntnismittel: Die Welt, die sich der Beobachtung darbietet, ist bloß ein Teil des Ganzen; was wir zu erwerben suchen sollen, ist aber nicht ein Teil des Ganzen, sondern das Ganze selbst, nämlich das Licht, das sich von Anfang an außerhalb der sinnlichen Beobachtung befindet. Der Mensch soll Gott von allen Seiten her empfangen, aber nicht durch die fünf Sinne, sondern durch das abgeschiedene Herz: "Steht nun das abgeschiedene Herz in der höchsten (Bereitschaft, T.I.), so muß es auf dem Nichts stehen, weil darin die größte Empfänglichkeit liegt."[21]

---

20 Eckhart 1955, S. 210
21 a.a.O. S. 216

2.2 ANSCHAUUNGSLEHRE IN DER NEUZEIT

Die Beschäftigung mit der Anschauung als pädagogischem Problem begann in engerem Sinne aber erst in der Renaissance als Opposition zum lebensfremden "verbalistischen Unterricht" der Scholastik.

BACON, der mit seinem induktiven Grundsatz die mittelalterliche scholastische Denkweise bekämpfte, trug zur Wandlung der überkommenen Erziehungsvorstellung maßgebend bei.[22] Sein Gedanke geht von der Entlarvung der drei Vorurteile (Idole) aus; in seiner Erkenntnislehre tritt an die Stelle der herkömmlichen Vorurteile die Erfahrung, in der Gestalt von Beobachtung und Experiment, als einzige Quelle der Erkenntnis: Denn der "Mensch, Diener und Erklärer der Natur, schafft und begreift nur so viel, als er von der Ordnung der Natur durch die Sache oder den Geist beobachten kann; mehr weiß oder vermag er nicht."[23]

Davon leitet sich auch BACONS Erziehungslehre ab: Die Wissensvermittlung als erste Stufe der Erziehung muß von der sinnlichen Anschauung ausgehen; die Wissensbefestigung als die zweite Stufe der Erziehung muß durch Gewöhnung stattfinden, denn die durch Beobachtung erworbene Erkenntnis ist nur durch die Gewohnheit, "die oberste Führung im menschlichen Leben"[24], zu befestigen. Aus diesem Grund setzt er sowohl die intellektuelle als auch die sittliche Erziehung mit der "frühzeitigen Gewöhnung"[25] gleich.

---

22 VIVES' Prinzip der Anschauung ging diesem Zeitpunkt voraus. VIVES, ein durch den katholischen Kirchengeist und die aristotelische Metaphysik geprägter Pädagoge, war der Ansicht, die Erkenntnis gehe von der Anschauung aus: Die Beobachtung solle in der Erziehung die entscheidende Rolle spielen. VIVES' Interesse an der Anschauung war aber ohne jegliche wissenschaftliche Bestätigung ausschließlich vom katholischen Geist durchdrungen. Er meinte, daß die Seele aus dem Sichtbaren "aufs Unsichtbare, auf 'Gottes ewige Kraft und Majestät'" (Rechtsmann 1969, S. 108) zu schließen vermöge. Die Anschauung bei VIVES bezog sich zwar unmittelbar auf die visuelle Wahrnehmung, fand aber den Wert der Anschauung in ihrer Anschließungsfähigkeit an das Unsichtbare, nämlich an das Übersinnliche: Die Anschauung als rein visuelle Wahrnehmung blieb mithin bloß eine Vorstufe zur sittlichen Bildung, welche schließlich die Erkenntnis der Ewigkeit und die Teilhaftigkeit am Göttlichen bezweckt.

23 Bacon 1990, S. 81

24 a.a.O. S. 182

25 ebenda. Nach BACON ergibt sich selbst die Tugend aus "einer wohlgeordneten, an Zucht gewöhnten Gesellschaft." (a.a.O. S. 183)

COMENIUS, der Vertreter des "Jahrhunderts der Didaktik", zählt zu denjenigen, die das Prinzip der Anschauung als Erziehungsmittel ins Zentrum der Didaktik rückten.[26]

COMENIUS vertritt den empirischen Standpunkt: "in der Erkenntnis (ist) nichts vorhanden, was nicht vorher mit den Sinnen aufgefaßt ist."[27] Die Erkenntnis entspringt demnach durchweg aus der sinnlichen äußerlichen Anschauung. Der Mensch ist in Anlehnung an die Metaphorik des zeitgenössischen Sensualismus eine "leere Tafel" und "Wachs"[28].

COMENIUS sah den Menschen andererseits in Anlehnung an die christliche Tradition als "Samenkorn" und "Kern"[29]. Die Erkenntnis als Gabe Gottes, die mit dem Samen zu vergleichen ist, sagt COMENIUS in rein teleologischer Denkart, muß der Mensch "mit treuem Herzen" aufnehmen.[30]

Seine Didaktik der sinnlichen, äußerlichen Anschauung schlägt sich in seinem Lehrbuch nieder, dem "Orbis sensualium pictus" (1658). Dieses Lehrmittel ist geschrieben aus der Überzeugung, daß alle Erkenntnis durch Analogie mit der sichtbaren Natur erworben wird: Es beginnt mit einer Tafel zur Dreifaltigkeit Gottes, und endet mit einer Tafel zum jüngsten Gericht. COMENIUS nimmt also Gott als das Höchste und Allgemeinste zum Ausgangspunkt der Didaktik, nicht das Einfachste und Anschaulichste.

Die Anschauung bei COMENIUS ist damit vornehmlich die innerliche Anschauung im religiösen Sinne, im Gegensatz zur sinnlichen, äußerlichen Anschauung im psychologischen Sinne. Selbst der Sehakt ist an mehreren Stellen als innerliche Anschauung gegeben: "Gott verteilt nach sei-

---

26 COMENIUS wußte von der Methode RATKES, bei der die Anschauung als didaktischer Ausgangspunkt gilt. (Vgl. Comenius 1961, S. 39)
27 a.a.O. S. 128
28 Comenius 1961, S. 74. Die "leere Tafel" bei COMENIUS stammt, wie *white paper* bei LOCKE, aus *tabula rasa* in der aristotelischen Psychologie. COMENIUS' Erziehungslehre versucht aber den Geist zu erwecken, während LOCKE den Geist mit Ideen ausrüsten will: Denn COMENIUS geht zurück auf die "platonische Theorie des Sehens" und das "christliche Erleuchtetwerden". (Vgl. Oelkers 1993, S. 91)
29 Comenius 1961, S. 71
30 a.a.O. S. 132

nem Wohlgefallen diese Spiegel des Verstandes, diese innere Augen",[31] für deren Pflege der Mensch zuständig ist. Die Überzeugung von der erzieherischen Wirksamkeit der Veranschaulichung kommt folglich nicht von der psychologischen Kausalitätstheorie, sondern von der göttlichen Ordnungsgewißheit.

Das Verhältnis zwischen der naturwissenschaftlich bestätigten, sinnlichen äußerlichen Anschauung und der inneren Anschauung seiner religiösen Überzeugung ist für COMENIUS völlig unproblematisch. Seine Methode besagt, daß die äußeren Sinne bis zum sechsten Lebensjahr bei der Mutter sorgfältig geübt werden sollen, um Gegenstände unterscheiden zu lernen und mit ihnen umzugehen; erst mit sechs sollen die Übungen der inneren Sinne denjenigen der äußeren Sinne hinzugefügt werden.[32] Seine Anschauungslehre geht aber nicht auf die Wechselwirkungen zwischen der äußerlichen und der innerlichen Anschauung ein: Die auf der christlichen Ordnung beruhende innere Anschauung und die äußere Anschauung als Medium der mechanisierten Ordnung wirken bei COMENIUS in zwei schlechthin gesonderten Dimensionen, ohne in eine begreifliche Beziehung gesetzt zu werden. COMENIUS deutet bloß knapp an, daß die Übereinstimmung der inneren und der äußeren Anschauung darin besteht, daß der Mensch als Mikrokosmos ein Abbild des Makrokosmos sei.[33]

COMENIUS ist in mehreren Punkten ein Wegbereiter der auf die Anschauung ausgerichteten Didaktik. Die Anschauung bei COMENIUS beschränkt sich nicht auf den Gesichtssinn; er schreibt zwar, der Gesichtssinn stehe in der frühen Kindheit unter den Sinnen an erster Stelle[34], er betont aber an mehreren Stellen, dem Kind sei der Gegenstand mit der gleichzeitigen Benutzung aller möglichen Sinne einzuprägen.[35]

Die Anschauung bei COMENIUS beschränkt sich nicht auf die äußerliche, sinnliche Anschauung.

---

31 a.a.O. S. 194
32 Vgl. a.a.O. S. 260
33 Vgl. a.a.O. S. 187
34 Vgl. a.a.O. S. 267
35 Vgl. a.a.O. S. 157, S. 195

Die Wissenschaft oder die Kenntnis der Dinge vollzieht sich, insofern sie das innerliche Schauen der Dinge ist, unter ebensoviel Erfordernissen als das äußerliche Schauen oder Sehen[36]

Wie die äußerliche Anschauung des Auges, des Gegenstands und des Lichts bedarf, bedarf die innere Anschauung des Verstandes, des Dings und der gebührenden Aufmerksamkeit. Nur wenn dies zustande kommt, vollzieht sich die Erkenntnis.[37]

Die Anschauung in der Methode COMENIUS' richtet sich nicht auf die Abbildungen der Dinge, sondern auf die Dinge selbst. Nur wenn "die Dinge einmal fehlen, so kann man an ihrer Stelle Modelle (exemplara) oder Bilder nehmen".[38]

Die Frage-Antwort-Form, die in der folgenden Zeit ein Bestandteil des Anschauungsunterrichts wird, ist bereits bei COMENIUS vorhanden. Er empfiehlt die Gesprächsform "durch die Abwechselung von Frage und Antwort"[39].

LOCKE reduziert die Quelle der Erkenntnis schlicht auf die *experience*: die *sensation*, äußere Wahrnehmung, und die *reflection*, innere Wahrnehmung. Unsere Erkenntnis entspringt daraus, daß die *sensation* "external, sensible Objects (...) into the Mind"[40] übermittelt (*conveys*), und daß die *reflection* "the internal Operations of our Minds"[41] vollzieht.

Er bahnt mit seiner Erziehungsschrift "Some Thoughts concerning Education" (1693), im Gegensatz zu der transzendentalen Methode COMENIUS', eine diesseitig orientierte Methode mit ihren Prinzipien der

---

36 a.a.O. S. 194
37 In diesem Sinne ist NIEDERERS Urteil in PESTALOZZIS "Lenzburger Rede" nicht korrekt, COMENIUS faße seine Idee "nur in dem Prinzip der sinnlichen Anschauung". (Vgl. KA Bd. XXII S. 175)
38 Comenius 1961, S. 197. NIEDERERS Urteil, COMENIUS' Interesse richte sich einseitig auf Abbildungen, "seine gemalte Welt", ist ebenfalls korrekturbedürftig. (Vgl. KA Bd. XXII S. 175)
39 Comenius 1961, S. 185
40 Locke 1975, p. 104f.
41 a.a.O. p. 104

Anschaulichkeit an. Der entscheidende Unterschied zwischen LOCKE und COMENIUS liegt demnach darin, daß LOCKE seine Methode nachdrücklich auf den psychologischen Kausalzusammenhang abstellte, indem er bezüglich der Quelle der Erkenntnis die Abhängigkeit von Gottes Gnade auflöste. Die Überzeugung, daß die Bildsamkeit des Menschen keine göttliche Angelegenheit sei, stärkte die Erwartung der Wirksamkeit einer kausal geordneten Methode: Der Erzieher soll dabei die Beobachtung der Beschaffenheit des kindlichen Gemüts zum Ausgangspunkt nehmen.[42]

Obgleich LOCKE die *reflection* als innere Wahrnehmung anerkennt, handelt es sich keineswegs um den von Gott verliehenen Spiegel des Verstandes, sondern um einen Vorgang, der von den Erfahrungen des Menschen ausgeht: Denn die Seele (*soul*) denkt, nach LOCKE, nicht "before the Senses have furnish'd it with Ideas to think on."[43] Nicht nur die äußerliche sondern auch die innerliche Anschauung gehen demnach definitiv auf die Sinne zurück; nicht nur das intellektuelle sondern auch das sittliche Erkenntnisvermögen soll mit sinnlich erworbenen Erfahrungen "ausgestattet" werden.[44] Diese mechanistische Anschauungslehre blieb auch in der Zeit PESTALOZZIS für die Didaktiker maßgeblich.

2.3 ANSCHAUUNGSLEHRE BEI PESTALOZZIS VORBILDERN

Unter den Züricher Gelehrten der Aufklärungszeit rief ROUSSEAU ein großes Interesse hervor; sein Einfluß war auch für den jungen PESTALOZZI maßgeblich.

ROUSSEAU hält jede Erziehung ohne Erfahrung für einen Verstoß gegen Vernunft und Natur. Der Umfang des Wissens muß aus diesem Grund streng auf die wahrnehmbaren Gegenstände beschränkt werden: "les mots qu'elles expriment ne se rapportassent qu'à des objets sensibles qu'on pût d'avons à l'enfant."[45] Weil ROUSSEAU den erzieherischen Wert der

---

42 Locke 1989, p. 163
43 Locke 1975, p. 116
44 Locke 1989, p. 107f. Der Erzieher sollte diese Erfahrung des Kindes durch Praxis und Wiederholung dem Kind zur Gewohnheit machen. (Vgl. a.a.O. p. 111)
45 Rousseau 1966, p. 81f.

Wahrnehmungen so hoch schätzt, nimmt die Pflege der Sinne eine zentrale Stelle seiner Erziehungslehre ein: Er redet sogar von "exerciser les sens".[46] Die Anschauungslehre ROUSSEAUS konzentriert sich demnach einerseits auf die sinnliche äußerliche Anschauung als direkte Erfahrung.

ROUSSEAU befaßte sich aber andererseits intensiv mit der übersinnlichen Anschauung, die sich auf das Innere des Menschen richtet. Trotz der nachdrücklichen Feststellung "Exister pour nous, c'est sentir,"[47] verstand ROUSSEAU die Empfindung sowohl im physischen als auch im sittlichen Sinne. Der Mensch als ein geselliges Wesen hat neben den sinnlichen Empfindungen, die auch andere Gattungen besitzen, eine sittliche Empfindung, nämlich das Gewissen, das ROUSSEAU auch "le sentiment intérieur", "la voix intérieure"[48] oder "instinct divin"[49] nannte. Das Prinzip des Gewissens ist nach ROUSSEAU nicht Verstandeserkenntnis, sondern göttlicher Instinkt, "des conséquences de notre nature".[50] Als Besitzer des angeborenen Gewissens ist der Mensch bestimmt zur Selbständigkeit. Zur Pflege dieser angeborenen sittlichen Anlage, des Gewissens, empfiehlt ROUSSEAU, von der zweiten Geburt des Menschen an (15. Lebensjahr) die Ausbildung der Gemütskräfte zu fördern.

PESTALOZZI war in seiner Jugend ein Verehrer ROUSSEAUS: PESTALOZZI erzog seinen Sohn getreu ROUSSEAUS Erziehungstheorie, indem er ihn möglichst viele direkte Erfahrungen machen ließ durch Betätigung der sinnlichen äußerlichen Anschauung. PESTALOZZI wurde aber immer kritischer gegenüber ROUSSEAU, erstens weil ROUSSEAU "nicht in der würklichen Welt, sondern in der Welt der Ideen lebte", zweitens weil ROUSSEAU schließlich eine natürliche Bildung der Menschen nicht anbieten konnte wegen der "Wissenschaften, die auf einem unnatürlichen, unpsychologischen Wege in den Menschen hineingelegt werden"[51]. Darüber hinaus konnte PESTALOZZI die auf der natürlichen Herzensreligion beruhende innerliche Empfindung bei ROUSSEAU[52] nicht in Einklang bringen

---

46 a.a.O. p. 167
47 a.a.O. p. 377
48 Vgl. a.a.O. p. 372
49 a.a.O. p. 378
50 ebenda
51 Vgl. Brief an Trapp vom 4. Januar 1805. (B Bd. IV S. 268)
52 Rousseau 1966, p. 372, p. 384

mit der pietistisch aufgefaßten inneren Anschauung. PESTALOZZIS Achtung vor ROUSSEAUS Grundsatz der Naturgemäßheit blieb aber trotz allem während seines ganzen Lebens ungeschmälert.

In der zweiten Hälfte des 18. Jahrhunderts entstand die pädagogische Bewegung der Philanthropen, die an die Vervollkommnung und Versittlichung durch die Allmacht der Erziehung glaubt. Den ersten Teil des "Elementarwerks" (1744) BASEDOWS, des Gründers des Philanthropismus in Dessau (1771), erhielt PESTALOZZI im Sommer 1769 durch HANS KONRAD PFENNIGER.[53]

Das "Elementarwerk", ein schulenzyklopädischer Lehrtext, will, wie im Vorwort BASEDOWS steht[54], sowohl für Schüler als auch den Elementarlehrern leichter faßlich sein, indem es nach dem Comenianischen Prinzip der Anschaulichkeit mit zahlreichen Kupfertafeln ausgestattet ist. Im Gegensatz zu COMENIUS, bei dem das Ordnungsprinzip des Lehrtextes unabhängig von der alltäglichen Lebensordnung einzig die von Gott angelegte Ordnung nachzuformen trachtet, bemüht sich BASEDOW um Lebensnähe, damit das Buch unmittelbar brauchbar wird: Während COMENIUS' "Orbis Pictus" getreu der christlichen Weltanschauung mit Gott, dem sinnverleihenden Ganzen, beginnt, beginnt BASEDOWS "Elementarwerk" getreu der Denkart der empirischen Psychologie mit Menschen am häuslichen Familientisch. Denn nach BASEDOW muß die Erkenntnis auf anschauliche Weise von denjenigen Dingen ausgehen, die dem Kind geläufig sind.

Im Brief vom 4. Januar 1805 an TRAPP, den führenden Theoretiker des Philanthropismus, teilt PESTALOZZI mit, daß er den Philanthropismus höher schätze als ROUSSEAU; er meint aber, die natürliche Menschenbildung sei auch bei den Philanthropen noch nicht vollendet:

die völlige Befreyung der Kinder von allem Unterrichte, der nicht auf Anschauung gegründet ist, und die Lückenlosigkeit der Anschau-

---

53 Vgl. B Bd. II S. 272. Dieses Buch BASEDOWS fand aber im Kreis seiner Bekannten kein Interesse. (Vgl. a.a.O. S. 368) PESTALOZZI scheint außerdem ein Buch von ROCHOW gelesen zu haben. (Vgl. B Bd. III S. 454)
54 Fritsch 1909, S. 4

ungsmittel, die die inneren Kräfte der Menschennatur allseitig und harmonisch entwickelt und alle Zudringlichkeit des verwirrenden äußern Wissens und die Folgen aller Worttäuschung entfernt, bis das Ernte, das einzige Nothwendige zustande gebracht und gesichert ist, hierin haben sie (die Philanthropen, T.I.) es, wenigstens nach meinem Wissen, nicht zu der Vollendung gebracht, deren das Menschengeschlecht bedarf, um auf dem Wege der Kultur zu einer würklichen Veredlung zu gelangen.[55]

PESTALOZZI war der Ansicht, er könne mit den Philanthropen Hand in Hand Wegbereiter für eine Menschenbildung werden, die auf der Anschauung beruht.

In den Jahren 1804/1805 äußerte PESTALOZZI zwar Zweifel an der Basedowschen Methode, indem er sie als "fehlgeschlagene Versuche"[56] bezeichnete: So habe BASEDOWS "Enthusiasmus ihn über die Grenzen, welche die praktische Vernunft und Erfahrung vorschreiben, hinausgetrieben."[57] PESTALOZZIS Achtung vor der anschauungsorientierten Methode BASEDOWS scheint aber ungeschmälert geblieben zu sein. Die Schmähung in der "Lenzburger Rede", BASEDOW sei ein Materialist[58], sollte auf NIEDERER zurückgeführt werden: An dieser Stelle wird BASEDOW scharf kritisiert, weil er "die Erziehung vollkommen" materialisiere, auch weil er damit "das Kind unbedingt der objektiven sinnlichen Welt" unterwerfe[59]. Indem NIEDERER die Anschauung bei BASEDOW durchweg als die sinnliche, äußerliche Anschauung bloßstellte, wollte er besonders herausheben, daß PESTALOZZIS Anschauungslehre eben eine innere und eine äußere Anschauung umfaßt.

PESTALOZZIS erster Versuch der Erziehungspraxis (1774), die Armenanstalt in Neuhof, endete zwar bereits 1780 in einem Mißerfolg, aber sein Interesse an der Menschenbildung und der Begründung ihrer theoretischen Basis erhielt sich weiter. 1784, während der Niederschrift seines

---

55 B Bd. IV S. 269
56 KA Bd. XVIIa S. 101
57 a.a.O. S. 103
58 Vgl. KA Bd. XXII S. 176
59 a.a.O. S. 175

erfolgreichen Volksromans, "Lienhard und Gertrud"[60], begegnete PESTA-
LOZZI LIEBEKÜHNS Buch, "Versuch über die anschauende Erkenntnis. Ein
Beytrag zur Theorie des Unterrichts" (1782). Dieses Buch übte einen starken Einfluß auf PESTALOZZI aus: Zu diesem Zeitpunkt erarbeitete er gerade die Grundlage seiner Anschauungslehre.

LIEBEKÜHN hatte Theologie studiert in Halle, galt aber als bedeutender
Sensualist in Deutschland. Er vertritt in seinem Buch die Meinung, daß
der Lehrer den Unterricht in der öffentlichen Schule einrichten soll nach
den Erkenntnissen der Psychologie (= Seelenlehre), um damit die erzieherische Anschauung aus der Abhängigkeit von der Metaphysik zu befreien.[61] LIEBEKÜHNS Schuldidaktik beruht demnach auf dem inneren
Subjekt und dem reinen Individualismus, letztlich auf der Sittlichkeit.

PESTALOZZIS "Bemerkungen zu gelesenen Büchern 1785/86" enthalten
auch Notizen über eine Rezension von LIEBEKÜHNS Buch. Bei der Vorrede des Buchs, "Über die Bedeutung der Psychologie für die Pädagogik", notiert PESTALOZZI, daß die Masse der "moralischen, religiösen,
psychologischen Wahrheiten"[62], im Gegensatz zum Bereich des menschlichen Verstandes und der menschlichen Kunst, so wenig erforscht sei,
teils weil solche Wahrheiten uns "selten anschauend genug dargelegt"[63]
werden, teils weil das Interesse daran nicht auf "eine unser Natur angemessene Art in uns reg gemacht"[64] werde. PESTALOZZI stimmt bei dieser
fast wörtlich abgeschriebenen Notiz vor allem in dem Punkt mit LIEBEKÜHN überein, daß die Psychologie in den Vordergrund der Erziehung
gerückt werden soll.[65] PESTALOZZI kommt damit zur Überzeugung, daß
die Didaktik auf Psychologie beruhen muß, und daß der Unterricht
veranschaulicht werden muß.

Vom ersten Teil des Buches, "Von der Natur der anschauenden Erkenntniß" hinterließ PESTALOZZI keine Notiz.

---

60 "Lienhard und Gertrud" wurde verfaßt von 1781-87.
61 Vgl. Liebekühn, iii
62 KA Bd. IX S. 396
63 a.a.O. S. 397
64 ebenda
65 PESTALOZZI schreibt am Rand dieser Notiz sogar "Erste Wüssenschafft.N!". (KA Bd. IX
   S. 396)

Vom zweiten Teil, "Von dem Werthe der anschauenden Erkenntniß", macht PESTALOZZI wieder eine Abschrift: Die Glückseligkeit besteht "in der Sum von angenehmen Empfindungen, die in ihnen aus mannigfaltigen Quellen zusammen fließen."[66] LIEBEKÜHN setzt direkt nach dieser Stelle Empfindung und Glückseligkeit gleich, indem er den höchsten Grundsatz der Sittenlehre "Vervollkommne dich selbst" durch den Satz ersetzt: "Strebe nach der höchsten Glückseligkeit, der deine gesamt Natur empfänglich ist"[67]. Die Steigerung der Glückseligkeit und der Empfänglichkeit kommen der Steigerung der Sittlichkeit gleich. Die sittliche Bildung ist damit in der menschlichen, praktischen Sphäre methodisierbar, indem sie sich um den psychologischen Pol dreht. Der erste Schritt zur Erziehung, die auf der Psychologie beruht, verlangt vom Lehrer die geduldige, sorgfältige Beobachtung der Schüler; damit ist die unentbehrliche Voraussetzung der Pädagogik nicht mehr eine allgemeingültige Grundlage, sondern das Erfassen der individuellen Empfindung.[68]

LIEBEKÜHNS oberste Forderung liegt darin, alle auf den Menschen bezogenen Wissenschaften von der Psychologie abzuleiten: Denn die Psychologie sei "eine grosse, reichhaltige Quelle, aus der sich Leben und Fruchtbarkeit über die wichtigsten Theile der menschlichen Erkenntniss ergiesset".[69] Die Pädagogik braucht mehr Respekt vor der Psychologie, weil die Pädagogik die Wissenschaft von der Entwicklung des Menschen ist.

In der Begründungsphase der Anschauungslehre, bis zum Buch "Wie Gertrud ihre Kinder lehrt" (1801), beschränkt PESTALOZZI den Begriff "Anschauung" vorwiegend auf die sinnliche Anschauung, die "Empfindung". Er bemüht sich dabei um eine psychologisch orientierte Mechanisierung der Erziehung. Diese anfängliche Entwicklung der Anschauungslehre hätte nicht so grundlegend auf diese Weise entstehen können, hätte PESTALOZZI nicht einen theoretischen Halt im Buch LIEBEKÜHNS gefunden. Die Begründungsphase der Anschauungslehre ist also unmittelbar angeregt durch die Lehre eines deutschen Sensualisten, der die "Psychologisierung der Schuldidaktik" fordert.

---

66 KA Bd. IX S. 397
67 Liebekühn, S. 42
68 a.a.O. S. xi, S. xii
69 a.a.O. S. iv

PESTALOZZI gewann internationalen Ruf durch die praktische Anwendung seiner Anschauungslehre an der Erziehungsanstalt in Burgdorf. Während seines Schaffens in Ifelten stellt er sich den Aufbau einer systematischen Theorie für diese Erziehungspraxis als dringende Aufgabe, zu deren Erfüllung er auf die philosophischen Kenntnisse NIEDERERS zählte.[70] Zu diesem Zeitpunkt stieß PESTALOZZIS Methode auf die Kritik, daß sie auf die intellektuelle Bildung eingeengt sei. Als Antwort auf diese Kritik wollte PESTALOZZI zeigen, daß seine anscheinend mechanische Methode zugleich eine einheitsstiftend organische Methode[71] ist: PESTALOZZI wollte die erzieherische Wirksamkeit der mechanischen Methode beibehalten; er brauchte aber eine auf eine absolute Existenz orientierte Bildungstheorie, die der christlichen Sittlichkeit entspricht. Die Verschmelzung dieser widersprüchlichen Ansprüche sollte PESTALOZZI durch eine raffinierte Theorie zustande bringen. Auf der Suche nach dieser theoretischen Begründung seiner Anschauungslehre begegnete er den Werken CONDILLACS, die eine materialistisch-sensualistische Erkenntnislehre und eine einheitsstiftende Seele verschmelzen.[72]

Im Gegensatz zu LOCKE, der die Quelle der Erkenntnis auf *sensation*, äußere Wahrnehmung, und *reflexion*, innere Wahrnehmung, reduziert, hält CONDILLAC die *sens* für die einzige Quelle der Erkenntnis[73]: Denn "l'ame n'en prendroit jamais connoissance, si elle n'en avoit pas perception."[74] Die Vermögen der *ame* sind demnach bloß auf verschiedene Weisen modifizierte Empfindungen.[75] CONDILLAC zeigt in "Traité des sensa-

---

70 PESTALOZZI verrät in einem Brief an VON TÜRK seine hohe Erwartung von den "philosophischen Ansichten" NIEDERERS. (Vgl. B Bd. IV S. 250)

71 Während PESTALOZZI 1801 vorwiegend die "physisch-mechanischen Gesetze" achtete (Vgl. KA Bd. XIII S. 196), hatte er sich 1809 eindeutig von den "mechanischen Fertigkeiten" abgekehrt, indem er die Liebe als Bildungsziel in den Vordergrund stellte. (Vgl. KA Bd. XXI S. 227) PESTALOZZI bezeichnet diesen Kontrast als denjenigen zwischen Bildung zur Mathematik und Bildung zur Menschheit.

72 PESTALOZZI erwähnt 1807 in einem Brief an MACLURE, daß er die Werke CONDILLACS mit Interesse liest. (B Bd. V S. 285)

73 Vgl. Condillac 1984, p. 290. Der Sensualismus CONDILLACS geht von der folgenden Voraussetzung aus: "toutes nos connoissances viennent des sens." (Condillac 1987, p. 265f.)

74 Condillac 1947, p. 11

75 Le jugement, la réflexion, les desirs, les passions, etc., ne sont que la sensation même que se transforme différement. (Condillac 1984, p. 11, p. 291)

tions" (1754), wie die Erkenntnis aus der Empfindung, der äußeren Anschauung, entstehe: Geruchssinn, Gehörsinn, Geschmackssinn, Gesichtssinn und Tastsinn, die einer nach dem andern einer Marmor-Statue einverleibt werden, verwandeln sich in dieser Statue zu Aufmerksamkeit, Überlegung, Beurteilung, Vermutung, Gedächtnis.

CONDILLAC ist aber trotz dieser grundlegend mechanischen Erkenntnislehre kein materialistischer Sensualist, denn er anerkennt die "Existenz einer unabhängigen Seele"[76]: "Il suffit de remarquer que le sujet de la pensée doit être un."[77] Die Gegenstände, die durch die Sinnesorgane aufgenommen werden in das Subjekt des Denkens, sind demnach notwendigerweise dafür bestimmt, innerhalb des Subjekts des Denkens in einer Einheit aufzugehen. Diese Einheit wird von der Seele gestiftet: Alle Empfindungen sind Eigentum der Seele, und sind ausschließlich auf sie zurückzuführen.[78] Die Seele bleibt so eine unteilbare Einheit.

Diese Denkweise wurde von einigen Zeitgenossen heftig kritisiert. CONDORCET hält zum Beispiel die Einstellung CONDILLACS für eine Flucht "in die metaphysische Konstruktion des vorausgehenden Jahrhunderts, in die göttliche Einheit der Seele, in den epistemologischen Typus, der die Entwicklung der modernen Wissenschaften am meisten hemmt."[79]

CONDILLAC versucht die Ambivalenz seiner Denkweise zu rechtfertigen mit der Erklärung vom geschichtlichen Wandel der Seele: Die menschliche Seele konnte vor dem Auftreten der Erbsünde "absolument, sans le secours des sens, acquérir des connoissances", aber seit dem Sündenfall ist die Seele "dépendant des sens".[80] Die Seele besitzt jedoch auch nach dem Sündenfall eine besondere Eigenschaft: Die Seele wirkt als der die Empfindungen steuernde Regulator einheitsstiftend. Die Seele wirkt also, unabhängig von der äußerlichen Anschauung, gemäß einem auf die ursprüngliche Einheit gerichteten "absoluten Gesetz"; sie funktioniert nicht nach einem von der äußerlichen Anschauung abgeleiteten

---

76 Moravia, S. 37
77 Condillac 1947, p. 7
78 Condillac 1984, p. 12, p. 98
79 Osterwalder 1993, S. 183
80 Condillac 1947, p. 7

"relativen Gesetz". Diese Denkweise steht in einem Kontrast zu der rein materialistischen, mechanischen Denkweise im Verhältnis von Seele und Empfindung der Marmor-Statue.

CONDILLAC anerkennt demnach neben der sinnlichen, äußerlichen Anschauung, trotz seiner Ablehnung der Metaphysik,[81] auch eine übersinnliche Anschauung, die der inneren Anschauung im christlichen Sinne entspricht. CONDILLACS ambivalente Zusammensetzung der mechanischen Erkenntnistheorie mit der Seeleneinheitstheorie war für PESTALOZZI ein theoretischer Halt und Ansatzpunkt: Denn zu dieser Zeit versuchte er das mechanisch mit der äußeren Anschauung ausgestattete Erziehungsmittel zusammenzuführen mit dem religiös auf die innere Anschauung gerichteten Erziehungsziel.

Es ist durchaus möglich, daß PESTALOZZI in der Erkenntnislehre CONDILLACS nicht nur die mechanische, materialistische Seite sondern auch die göttliche, einheitsstiftende Seite wahrnahm: Denn die Tendenz, CONDILLAC als einen materialistischen Sensualisten zu betrachten, entsteht erst im 19. Jahrhundert.[82] Im 18. Jahrhundert wurde CONDILLAC hingegen viel umfassender gelesen, wie CONDORCETS Kritik zeigt. PESTALOZZI hat sich gemäß der Interpretationsweise seiner Zeitgenossen, nämlich aufgrund der Verschmelzung der widersprüchlichen Seiten, für CONDILLACS Erkenntnislehre interessiert.

PESTALOZZI begründet seine Anschauungslehre für die Mechanisierung des Erziehungsmethode, indem er sich auf LIEBEKÜHNS sensualistische Psychologie stützt; diese Anschauungslehre verstärkt sich zur Zeit der Begegnung mit CONDILLACS Schriften, wo die psychologische Erziehungsmethode verbunden wird mit dem Erziehungsziel, das auf der christlichen Sittlichkeit beruht.

---

81 CONDILLAC sagt über die Metaphysik: "Elle est aujourd'hui si négligée en France." (Condillac 1947, p. 3) Weiter: "De touts les philosophes, les métaphysiciens me paroissoiens les moins sages". (ebenda)
82 Vgl. Aarsleff, p. 160. Die materialistisch anscheinende Psychologie CONDILLACS steht eigentlich nah zum Spiritualismus. (Condillac 1947, p. xix) Die Gleichsetzung CONDILLACS mit "a purely mechanic and materialist" (Aarsleff, p. 153) ist ein Mißverständnis, das im 19. Jahrhundert entstand.

CONDILLAC als Referenz anzuführen, war bei der Rezeption der Pestalozzischen Methode nicht unüblich. NEEF, der Vertreter der Pestalozzischen Methode in Frankreich, wanderte 1806 nach Amerika aus, um die Pestalozzischen Prinzipien weiter zu verbreiten, und veröffentlichte 1809 eine Übersetzungsschrift, "The Logic of Condillac's", die der Verbreitung der Pestalozzischen Prinzipien dienen sollte. Das in Stuttgart 1810 erschienene Werk von D'AUTEL, "Prüfung des Wertes der Pestalozzischen Methode, besonders in Hinsicht ihrer Erziehungs- und Unterrichtsprinzipien", enthält viele Vergleiche, aber "insbesondere mit Condillac, um sich dann in der bekannten Weise mit der Anwendbarkeit zu befassen."[83]

EMMANUEL DEVELEY, ein Professor der Mathematik in Lausanne, interessierte sich seit 1804 für PESTALOZZI.[84] Er wurde 1808 als Nachfolger von NEEF zur Direktion eines Pestalozzi-Instituts nach Paris berufen[85], und versuchte die Pestalozzische Methode in Frankreich zu verbreiten; er tat dies ebenfalls in Gleichsetzung der Pestalozzischen Methode mit CONDILLACS Erkenntnistheorie. PESTALOZZI war über diese Auffassung aber überhaupt nicht glücklich[86]: Er klagt im Brief an STAPFER vom 26. März 1808, daß DEVELEY die Methode nicht versteht:

Dieser Mann verachtet in seinem Herzen den empyrischen Gang der Methode und glaubt fest, (...) daß das wir zu dem was er, Condillac und andere schon bestimmt erfunden und weiter geführt haben, noch etwas hinzugesetzt haben mögen, sey sehr unbedeutend und laufe nur auf einige äußere formelle Hülfsmittel der Sache des Unterrichts hinaus, deren Wesen von innen schon längst erkannt und benutzt worden.[87]

---

83 Schönebaum 1942, S. 381f.
84 Als DEVELEY seinen Sohn CHARLES DEVELEY im Oktober 1805 zum Zögling des Instituts machte, intensivierte sich sein Verhältnis zu PESTALOZZI: CHARLES DEVELEY blieb bis Ende März 1810 im Institut. (Vgl. B Bd. VI S. 340)
85 Vgl. Schönebaum 1937, S. 400
86 Vgl. a.a.O. S. 319
87 B Bd. VI S. 65

3. KATEGORIE DER ANSCHAUUNG VOR PESTALOZZI

In der Antike, wo noch niemand an den Aufbau einer systematischen Erziehungsmethode dachte, bestand der Kern der Erziehung, wie bei SOKRATES oder bei PLATON, eindeutig in der inneren Schau. Das Mittelalter übernahm diese Tendenz zugunsten seiner christlichen Weltschau. Bei Betonung der inneren Anschauung war allerdings der erzieherische Effekt nicht gesichert.

Seit dem Beginn der Neuzeit, wo Anspruch auf garantierte Wirksamkeit der Erziehung erhoben wurde, ist die Suche nach einer systematischen Erziehungsmethode ein zentrales Anliegen der Erziehung. Dies war der Wendepunkt von der auf die innere Anschauung gerichteten Erziehung zu der auf die äußere Anschauung gerichteten Erziehung. Das Hauptinteresse der Erziehung lag in der Didaktik: Nicht allein im 17. Jahrhundert, dem Zeitalter der Didaktiker, sondern auch im 18. Jahrhundert, im pädagogischen Jahrhundert, blieb dieses Interesse ungebrochen. Dies befestigte zugleich die auf die äußere Anschauung gerichtete Auffassung der Anschauungslehre.

4. ANSCHAUUNGSLEHRE IN DER PÄDAGOGIK PESTALOZZIS

Die Anschauung rückt in die Mitte der Pädagogik PESTALOZZIS mit der Definition, "das allgemeine Fundament aller menschlichen Erkenntnis, alles menschlichen Wollens und alles menschlichen Leidens und alles menschlichen Thuns"[88]: Sie ist das Mittel des Erkennens, aber zugleich auch Bildungsinhalt.

4.1 WANDEL DER ANSCHAUUNGSLEHRE

Die Idee seiner Anschauungslehre tritt zwar bereits 1774 in Erscheinung; aber PESTALOZZI verwendet den Begriff "Anschauung" erst 1800. Zwei Jahre später gibt er seiner Anschauungslehre eine plastische Form, indem er die "äußere Anschauung" und die "innere Anschauung" voneinander trennt.

4.1.1 ENTSTEHUNG DES BEGRIFFES

1774 vertritt PESTALOZZI die Meinung, daß die Sinnesorgane des Kindes sich im Unterricht betätigen sollen. Dieser Gesichtspunkt kommt zunächst grob als allgemeine "Erfahrung" zum Ausdruck: Er wird aber später verfeinert, wobei sich der Ausdruck über "Beobachtungsgeist" zu "Anschauung" verwandelt.

Ein Anklang der Anschauungslehre, genauer ein Ansatz zur Anerkennung der äußeren Anschauung, findet sich bereits in seinem "Tagebuch über die Erziehung meines Sohnes" (1774). PESTALOZZI findet das Lehren durch Worte unnütz, gar schädlich, denn dies verwirrt die Seele des

---

88 KA Bd. XVI S. 3

Kindes. Im Gegensatz zum Unterricht, der vom Wort ausgeht, läßt PESTALOZZI im Unterricht seines Sohnes die Gegenstandspräsentation dem Wort vorausgehen: Er lehrt seinen Sohn die Wörter "durch Figuren und Sachen"[89]. Die unmittelbar sinnliche Auffassung des Gegenstandes ist seines Erachtens beim Lernen das Wichtigste. Er empfiehlt, das Kind möglichst viel sehen und hören zu lassen. Dies mit einer Einschränkung: "die harten Contraste (z.B. Donner und helle Sune)"[90] sollen vom Unterricht ferngehalten werden, da sie der Seele des Kindes schaden. Trotz der Achtung der sinnlichen Auffassung des Gegenstandes ist sein Interesse an der Anschauung aber hier noch nicht festgelegt. Die Anschauung entspricht offensichtlich der Erfahrung im allgemeinen, ohne davon unterschieden zu werden: "alles, gar alles, was du durch die Folge der inneren Natur der Sache lehren kanst, das leere nicht mit Worten. Laß ihn sehen und hören und finden und fallen und aufstehen und irren."[91] Er beschränkt sich nicht allein darauf, den Gegenstand der Außenwelt anschaulich darzustellen, damit das Kind ihn sieht und hört. Einige der hier angeführten Tätigkeiten des Kindes fallen nicht ins Gebiet der Anschauung, sondern der Erfahrung.

In "Die Abendstunde eines Einsiedlers" (1779/80) kommt der Begriff "innerer Sinn" vor, dessen Konzeption möglicherweise später im Begriff "innere Anschauung" wieder erscheint. PESTALOZZI schreibt: "Glaub an dich selbst, Mensch, glaub an den innern Sinn deines Wesens, so glaubst du an Gott und an die Unsterblichkeit."[92] Während sein Hauptinteresse 1774 in der anschaulichen Darstellung und der Erfahrung der Außenwelt liegt, richtet er seinen Blick hier auf die Innenwelt des Menschen. Die Gemütsstimmung hat neben der Erkenntnis Anteil am erzieherischen Interesse. Er glaubt, daß der "innere Sinn deines Wesens" mit Gott gleichzusetzen sei. Die Formel, der "innere Sinn deines Wesens" sei gleich Gott, rechtfertigt, daß der Ansatz der Sittlichkeit nicht in der sinnlich wahrnehmbaren Außenwelt, sondern im "inneren Sinn deines Wesens" zu finden ist. Wegen dieser Unmittelbarkeit zu Gott kann der Mensch vertrauen auf den inneren Sinn als "sicherer Leitstern der Wahr-

---

89   KA Bd. I S. 118
90   a.a.O. S. 123
91   a.a.O. S. 127
92   a.a.O. S. 274

heit und deiner Pflicht".[93] Der Mensch soll daher über die sinnliche Anschauung hinaus zur übersinnlichen Anschauung, zur auf sich selbst gewendeten inneren Anschauung erzogen werden.

In einem Brief an PETERSEN 1782 ist das "Anschauen" mit dem "Betrachten" gleichgesetzt. Die Sonderbedeutung des Anschauens, hier als reiner Sehakt, leitet sich vom Gang der Natur her: "Die Natur will ..., daß der Mensch durch ruhiges, stilles, festhaltendes Anschauen und Betrachten aller der Dinge, die vor ihn kommen, sich in Stand stelle, nach und nach richtige Urteile über diese Gegenstände zu fällen."[94]

Erst zu diesem Zeitpunkt beginnt sein Interesse an der Anschauung als Grundsatz seiner Erziehungsideen konkrete Form, mit Akzent auf der äußeren Anschauung, anzunehmen. Er beklagt, daß seine Zeitgenossen sich so wenig um einen "nicht voreilenden Beobachtungsgeist"[95] kümmern und sich bloß von "leeren Träumen"[96] blenden lassen. Sie sollten jedoch über die Sorge um diesen Beobachtungsgeist hinaus das "Verstehen und Können der Sachen, die einen jeden Menschen in seiner Lage befriedigen," erreichen. Der Gegenstand des Beobachtungsgeists muß sowohl in der Außenwelt wie auch in der Innenwelt gefunden werden, denn die Wohnstube, von der hier die Rede ist, übt auf alle Entwicklung des Kopfs und Herzens ihre Bildungskraft aus.[97]

Was PESTALOZZI mit dem Beobachtungsgeist meint, scheint aber zugleich ersetzbar durch das "genaue Anschauen". Er sagt: "[Wir] versaumen täglich mehr unsere Kinder zu diesem genauen Anschauen alles diesen, was man thut,... zu bilden."[98] Darin steckt bereits seine spätere Anschauungslehre: Die Kinder müssen zum "genauen Anschauen" ge-

---

93 ebenda
94 B Bd. III S. 130
95 KA Bd. VIII S. 289. Oder, ein "vester nicht schwankender und nicht irr geleiteter Beobachtungsgeist".
96 ebenda
97 PESTALOZZI denkt, daß die häuslichen Übungen drei Erziehungszwecke zu erfüllen vermögen: "Die Aufmerksamkeit des Kindes zu häften, seine Beurtheilungs-Fähigkeit zu schärfen und zu üben, und sein Herz zu edlen Gesinnungen zu erheben". (Vgl. a.a.O. S. 288)
98 a.a.O. S. 289

bildet werden. PESTALOZZI deutet bereits indirekt die Zweigliedrigkeit der Anschauung an, indem er den Gegenstand der Betrachtung sowohl in der Außenwelt wie auch in der Innenwelt sieht.

Im "Brief über den Aufenthalt in Stans" (1799) beschäftigt er sich weiter mit dem Begriff der Anschauung. Er ist überzeugt von ihrer Bildungskraft, "die wesentlichsten Verhältnisse der Dinge dem Menschen anschaulich zu machen"[99]. Diese Überzeugung setzt er in Stans in die Praxis um. Bei jeder Erzählung versucht er die Erfahrungen der Kinder selbst anzuführen, damit den Kindern das "sinnliche Anschauen"[100] der Dinge möglich wird.

In "Meine Nachforschungen" (1797) ist folgende Äußerung zu lesen: "Soviel sahe ich bald, die Umstände machen den Menschen, aber ich sahe eben sobald, der Mensch macht die Umstände, er hat eine Kraft in sich selbst, selbige vielfältig nach seinem Willen zu Lenken."[101] Obgleich PESTALOZZI hier nicht das Wort "Anschauung" verwendet, ist im Satz "die Umstände machen den Menschen" die äußere Anschauung bereits angedeutet: Sie besteht in der durch die fünf Sinne realisierten Empfänglichkeit. Andererseits versteht man unter dem Satz "der Mensch macht die Umstände" auch die Idee der inneren Anschauung, deren Eigenschaft in der Selbsttätigkeit besteht. Eine Anspielung auf die Zweigliedrigkeit der Anschauung ist auch an einem anderen Ort desselben Textes ersichtlich: "Ich werde selbst Welt – und die Welt wird durch mich Welt – ich, ungesondert von ihr, bin ein Werk der Welt – sie, ungesondert von mir, ist mein Werk." Es folgt hingegen ein widersprüchlicher Satz: "Aber ich habe eine Kraft in mir, mich von der Welt und die Welt von mir zu sondern, durch diese Kraft werde ich ein Werk meiner selbst."[102]

In Stans gelangt PESTALOZZI zur selben Zeit zur Überzeugung, daß der Unterricht auf dem psychologischen Fundament der Anschauungserkenntnis beruhen soll.[103] Enttäuscht von einer Zeit, die uninteressiert

---

99 KA Bd. XIII S. 6
100 a.a.O. S. 22
101 KA Bd. XII S. 57
102 a.a.O. S. 122
103 Vgl. KA Bd. XIII S. 190

ist an der Anschauung[104], entwikkelt er seinen Grundsatz der Anschauung als das absolute Fundament aller Erkenntnis weiter. In Burgdorf gelangt er auf dem Weg der Vereinfachung von "Wort und Rechnen" zur Idee vom ABC der Anschauung als einer allgemeinen Unterrichtsmethode.[105] Sein Suchen nach dem ABC der Anschauung trägt Früchte: Er erhebt das Viereck zum Fundament der Erkenntnis.[106] In "Über den Aufenthalt in Stans" (1799) erscheint das Wort "Anschauung". PESTALOZZI gibt diesem Wort zwar keine Definition, betont aber darunter die Wichtigkeit der intellektuellen Bildung und der Gemütsstimmungsbildung, die beide auf der Erfahrung beruhen. Hinsichtlich der intellektuellen Bildung versucht PESTALOZZI, der Not und den Bedürfnissen des Lebens gemäß "die wesentlichsten Verhältnisse der Dinge dem Menschen anschaulich zu machen, gesunden Sinn und Mutterwitz zu entwickeln."[107] Dies ist eine Behauptung der empiristischen Erziehung. Die Gemütsstimmungsbildung fußt ebenfalls auf der Erfahrung. "Notwendig mußte ich erst ihr Inneres selbst und eine rechtliche und sittliche Gemüthsstimmung in ihnen wecken und beleben, um sie dadurch auch für das Äußere tätig, aufmerksam, geneigt, gehorsam zu machen."[108] Nach diesem Grundsatz läßt er "belebte Gefühle jeder Tugend dem Reden von dieser Tugend vorher gehen."[109] Die Methode, durch die man bei Kindern die Vorstellungen und Begriffe von Recht und Pflicht erzeugen kann, "gründete sich ... ganz auf die täglichen Anschauungen und Erfahrungen ihres Kreises."[110] Obgleich die Reichweite der "Anschauung" in diesem Werk in erster Linie auf das Empirische beschränkt ist, ist es bemerkenswert, daß PESTALOZZI die Selbständigkeit der Kinder berücksichtigt, die er mit seinem Ausdruck "in ihnen wecken und beleben" bezeichnet.[111]

---

104 Vgl. a.a.O. S. 306
105 Vgl. a.a.O. S. 194f.
106 Vgl. a.a.O. S. 285. PESTALOZZI nennt die Bestimmung des Vierecks als Urform seine Lebensleistung.
107 a.a.O. S. 6
108 a.a.O. S. 14
109 a.a.O. S. 16
110 a.a.O. S. 19f.
111 Vgl. a.a.O. S. 14

1800 vollendet PESTALOZZI den meistzitierten Teil seiner Anschauungslehre in "Die Methode": Die intellektuelle Bildung muß von der sinnlichen Anschauung ausgehen, denn "die Anschauung der Natur" ist "das einzige Fundament der menschlichen Erkänntniss";[112] wenn diese Anschauungen reif werden, ergeben sich daraus "Wort, Zahl und Maß"[113] als Resultat des Verstandes; diese müssen durch den menschlichen Geist weiter umgearbeitet werden zum Ziel der intellektuellen Bildung, zu "deutlichen Begriffen"[114]. Die Anschauung, die hier als Quelle des Wissens erscheint[115], kommt zwar in Begleitung verschiedener Attribute zum Ausdruck: physische Anschauung,[116] sinnliche Anschauung[117] und mechanische Anschauung[118], aber bei allen Anschauungen geht es letztlich um die sinnliche Wahrnehmung, deren Wirkung sich bemißt nach der physischen Entfernung; alle diese Anschauungen kristallisieren sich später zur äußeren Anschauung.

4.1.2 ENTSTEHUNG DER ZWEIGLIEDRIGKEIT

PESTALOZZI unterscheidet ab 1802 zwei Aspekte der Anschauung: Die Anschauung, welche die Außenwelt ansieht, heißt die äußere Anschauung; die Anschauung, welche die Innenwelt ansieht, heißt die innere Anschauung.[119]

Die Anthropologie PESTALOZZIS in "Meine Nachforschungen" (1797) bezeichnet den vom Tier unterschiedenen Menschen als "Mangelwesen".

---

112 a.a.O. S. 104
113 Vgl. a.a.O. S. 105
114 a.a.O. S. 103. Die Stufen der geistigen Entwicklung sind: 1. verwirrte Anschauungen, 2. bestimmte Anschauungen, 3. klare Begriffe, 4. deutliche Begriffe. (Vgl.KA Bd. XIII S. 105)
115 Vgl. a.a.O. S. 115
116 a.a.O. S. 107
117 a.a.O. S. 109
118 a.a.O. S. 115
119 SCHÖNEBAUM weist darauf hin, daß sich die Auffassung der Anschauung bei PESTALOZZI zwischen 1800 und 1803 weitet: Während PESTALOZZI 1800 die bildende Wirkung der Anschauung auf die intellektuelle Bildung beschränkt, gilt sie ihm ab 1803 nicht nur in der intellektuellen, sondern auch in der physischen und der sittlichen Bildung. (Vgl. Schönebaum 1954, S. 86)

Diese Benennung ist bei PESTALOZZI durchaus positiv, denn der Mensch kann wegen dieses Mangels mehr als die Tiere sein. Die Kompensationskräfte, die im Menschen liegen, muß der Mensch selber "zu ihrer Reife" bringen, während die "Kräfte aller übrigen Tierwesen reif und vollendet in ihm liegen".[120] Die Anschauungskraft ist hiervon nicht ausgeschlossen: Die Anschauungskraft bedarf der Anschauungskunst als Mittel. Die Anschauung ist ebenso zweigliedrig wie die Anschauungskunst: Die Anschauungskunst setzt zwei verschiedene Ausgangspunkte voraus, und zwar "äußerlich in den fünf Sinnen" und "innerlich in der Auffassungskraft des menschlichen Geistes und des menschlichen Gemüthes."[121]

In "Wie Gertrud ihre Kinder lehrt" (1801) gebraucht PESTALOZZI zum ersten Mal das Begriffspaar der äußeren und der inneren Anschauung. Er berichtet von seiner Leistung, "den Unmündigen bey diesem Unterricht eine innere Anschauung der äußeren ... vorhergehen zu lassen."[122] Trotz der Verwendung des bedeutungsvollen Begriffspaars heißt dieser Satz inhaltlich nichts anderes als daß seine Tonlehre den Eindruck auf das Ohr dem Eindruck auf das Auge vorangehen läßt. Die innere Anschauung meint folglich die naturgemäß mit dem Verstandesvermögen des Kindes verknüpfte Wahrnehmung, während äußere Anschauung die Wahrnehmung ohne Zusammenhang mit dem Verstandesvermögen des Kindes meint. Die innere Anschauung bezieht sich also auf das Vorlegen des Gegenstandes in einer geordneten Reihenfolge, während die äußere Anschauung sich auf das Vorlegen des Gegenstandes als Bruchstück richtet. Damit kritisiert er die traditionelle verbalistische Schule, die sich ausschließlich mit der äußeren Anschauung, mit den "willkührlichen Zeichen der Töne"[123] beschäftigt. Damit ist seine Auffassung dieses Begriffspaars zu diesem Zeitpunkt noch sehr provisorisch. Zudem ist die Betonung des äußerlichen Sinns in "Wie Gertrud ihre Kinder lehrt" noch auffällig stark: "Du bist als physisch lebendiges Wesen selbst nicht anders, als deine fünf Sinne."[124] Es bestimmt nämlich die Art und Weise, wie die äußeren Gegenstände die fünf Sinne berühren, die Klar-

---

120 Vgl.KA Bd. XIII S. 52
121 KA Bd. XXVIII S. 6
122 KA Bd. XIII S. 317
123 ebenda
124 a.a.O. S. 254

heit oder die Dunkelheit der Begriffe. Aber wenn er die Wichtigkeit betont, "unwandelbares, unveränderliches Wesen"[125] aufzufassen, heißt dies, daß der Sinn nicht nur in Verbindung zur Außenwelt sondern auch in Verbindung zur Innenwelt, zur Welt der Idee, steht. Diesen erweiterten "Sinn" kann man gleichfalls direkt auf die "Anschauung" beziehen. PESTALOZZI schreibt an einem anderen Ort, "daß die Anschauung das absolute Fundament aller Erkenntniß sey, mit anderen Worten, daß jede Erkenntniß von der Anschauung ausgehen und auf sie müssen zurückgeführt werden können."[126] Er hält die Anschauung hier nicht bloß für die Wahrnehmung der Außenwelt durch die fünf Sinne, sondern für das Apriorische des Lebens. Dieses Gesetz verwendet PESTALOZZI zunächst zur intellektuellen Bildung. "Auch die verwickeltste Anschauung besteht aus einfachen Grundtheilen."[127] "Alles, was du von dir selbst fühlest, ist an sich selbst eine bestimmte Anschauung; nur was außer dir ist, kann eine verwirrte Anschauung für dich seyn; folglich ist der Gang deiner Erkenntnisse, sofern er dich selber beführt, eine Stufe kürzer, als in sofern er von irgend etwas außer dir ausgeht."[128] Dieser Grundsatz gilt genauso für die intellektuelle Bildung wie für die sittliche Bildung: Denn "die Lücken in der sinnlichen Bildung zur Tugend können nicht wohl andere Folgen haben, als die Lücken in der sinnlichen Bildung zur Wissenschaft."[129]

Erst 1802 tritt das Begriffspaar im konsequenten Sinne als "äußere" und "innere Anschauung" auf. Das "Wesen unserer Sittlichkeit" beruht auf der "Erhaltung der Krafft und Reinheit unserer inneren Anschauung"[130]. Die innere Anschauung zieht eine deutliche Grenze zu allen Erscheinungen dieser Welt; zum "Moralsystem unserer Zeit" wie zur "Religion unserer Zeit"[131]. PESTALOZZI versucht seine Zeitgenossen von der inneren Anschauung zu überzeugen als einer Maßnahme gegen die Scheinbilder leerer Worte. Die äußere Anschauung ist hier abgewertet wegen ihrer Abhängigkeit von der Erscheinungswelt.

---

125   a.a.O. S. 249
126   a.a.O. S. 309
127   a.a.O. S. 250
128   a.a.O. S. 255
129   a.a.O. S. 340
130   KA Bd. XIV S. 343
131   ebenda

1803 versucht PESTALOZZI die äußere und die innere Anschauung systematisch voneinander abzugrenzen. Während die äußere Anschauung "Ich sehe die Welt an" bedeutet, bedeutet die innere Anschauung "Ich sehe mich selbst an".[132] Die äußere Anschauung definiert sich als der "einfache Eindruck, den alles, was ist, auf diese Sinne macht".[133] Die innere Anschauung heißt hingegen das "Urteil meines Geistes über diesen Eindruck und das Gefühl der Behaglichkeit und der Unbehaglichkeit, das derselbe in mir hervorbringt".[134] Die äußere Anschauung als Quelle der Erkenntnis und die innere Anschauung als Quelle der Gemütsstimmung bilden nun einen klaren Kontrast, aber das Verhältnis zwischen der äußeren und der inneren Anschauung selbst wird weder kausal noch teleologisch erklärt; die äußere und die innere Anschauung befinden sich in einer gegenseitigen Abhängigkeit. Einerseits hat die äußere Anschauung vor der inneren Anschauung den Vorrang, weil die "äußere Anschauung die Quelle der inneren" ist: Sie belebt die "Fundamente des Urteils". Andererseits ist die innere Anschauung von ihrem Eigenwert her vorrangig, denn "nur die innere gibt der äußeren einen menschlichen Werth."[135]

4.1.3 BEFESTIGUNG DER GRUNDLAGE

Die Anschauungslehre PESTALOZZIS umfaßt in ihrer Grundlegung sowohl die objektive als auch die subjektive Anlage der menschlichen Natur. Die Anschauungslehre entfaltet sich weiter im christlichen Zusammenhang. Die ideale Bildungsstätte für die Anschauungskraft ist nach wie vor die Wohnstube, denn der objektive und der subjektive Pol finden sich in der Wohnstube harmonisch zu einem Ganzen. Diese Ganzheit ist ausgedrückt im Schlagwort "Das Leben bildet".

Anschauung und Sprache stehen bei PESTALOZZI insofern in einem Zusammenhang als daß sowohl innere wie auch äußere Anschauung

---

132 KA Bd. XVI S. 3. KLAFKI bringt die innere Anschauung nachdrücklich in Beziehung zur Wohnstube: "das eindrückliche Erleben sittlicher Grundverhältnisse, besonders die sittlichen, 'Urerlebnisse' des Kindes in der Wohnstube." (Klafki 1959, S. 26)
133 ebenda
134 ebenda
135 ebenda

einfließen in ein "Wortzeichen", und von dort auch wieder ausfließen können. "Dein Kind", sagt PESTALOZZI, "muß die Wortzeichen ... als Ausdruck seines Selbstgefühls und der Eindrücke seiner Sinne kennen und gebrauchen lernen."[136] Das Selbstgefühl heißt hier das "Selbstgefühl seiner innern Anschauung"; der Eindruck hingegen der Eindruck der "äußeren Gegenstände der Welt". Die äußere und die innere Anschauung fließen nun gemeinsam in die Sprache ein und bilden den Ausdruck. Der Gesichtspunkt der Sprachlehre liegt in der Übereinstimmung zwischen dem "Ton" und der "von diesem bezeichneten Sache im Geist des Kindes". Aber diese Übereinstimmung ist nichts anderes als eine "Folge einer lebendigen innern oder äußern Anschauung".[137] Die Sprache und die Anschauung bilden sogar mit der Liebe eine heilige Dreiheit der Bildung. Die "Möglichkeit einer mit seiner Natur wahrhaft übereinstimmenden Bildung meines Geschlechtes ruhet wesentlich erstens auf der Ausbildung der Anschauungskraft. Zweitens, auf der Ankettung der Anschauung an die Sprache. Drittens, auf der Ankettung beides, der Sprache und der Anschauung an die Liebe."[138] In Analogie zu KANT sagt PESTALOZZI: "Sprache ohne Anschauung ist nicht denkbar, Anschauung in der Natur ohne Sprache nicht fruchtbar, und Anschauung und Sprache ohne Liebe, führt in der Natur nicht zu dem was die Ausbildung unsers Geschlechts menschlich macht."[139]

1805 tritt der Ausdruck "Anschauung der Liebe" auf. Die Anschauung der Liebe ist für den Menschen ein Schlüssel zur Einheit seines Ganzen: Der Mensch erhebt sich nur durch die Anschauung der Liebe zur "Einheit seines Ganzen."[140]

Die "Lenzburger Rede" (1809) bringt die Anschauung ausdrücklich in eine direkte Verbindung mit dem Christentum: Christus "setzte eine Fülle sittlicher Anlagen im Menschen voraus", "gab der Thätigkeit dieser Anlagen eine allseitig vollendete Anschauung in seiner Person, und

---

136 a.a.O. S. 320
137 a.a.O. S. 325
138 a.a.O. S. 330
139 a.a.O. S. 331
140 KA Bd. XVIII S. 39

knüpfte sie an das Höchste an die Idee der Gottheit"[141]. Hier zeigt sich die Anschauung quasi als ein Geschenk Christi, das mit Gott eng verbunden ist. Bei der inneren Anschauung tritt ein eigentümliches Vermögen zutage: Sie vermag ihren Gegenstand über den menschlichen Zusammenhang hinauszuheben, damit er sich direkt im göttlichen Zusammenhang betrachten läßt.

In "Schwanengesang" (1826), seinem letzten Hauptwerk, setzt PESTALOZZI diese zweigliedrige Anschauung in Beziehung zum fundamentalen Grundsatz "alles naturgemäßen Erziehungswesens"[142], nämlich "Das Leben bildet". Diesem Grundsatz entsprechend geht "die sittliche Bildung von der inneren Anschauung aus". Die innere Anschauung ist hier definiert als "Eindrücke, die unsere innere Natur belebend ansprechen". Im Mittelpunkt dieser sittlichen Bildung liegt "instinktiver Vater- und Muttersinn".[143] Die intellektuelle Bildung findet hingegen ihren Ausgangspunkt in der "Anschauung vor Gegenständen", also in denjenigen Gegenständen, die unsere äußere Sinne ansprechen und beleben. Der Mittelpunkt der intellektuellen Bildung befindet sich in der "Wohnstube", im "Kreis des häuslichen Lebens".[144] "Wir finden, die Bildung unsrer Denkkraft geht von dem Eindruck aus, den die Anschauung aller Gegenstände auf uns macht und die, indem sie unsre innern oder äußern Sinne berühren, den unsrer Geisteskraft wesentlich inwohnenden Trieb, sich selber zu entfalten, anregen und beleben."[145] Die menschliche Natur hat zwei Richtungen: den Trieb zur Erkenntnis und den Trieb zur Gemütsstimmung. Das Leben, das PESTALOZZI in der Äußerung "Das Leben bildet" meint, ist nur realisierbar, wenn diese zwei Triebe sich zusammenfinden. Das praktische Leben erfordert also eine Synthese zwischen der äußeren und der inneren Anschauung.

---

141 KA Bd. XXII S. 183
142 KA Bd. XVIII S. 83
143 a.a.O. S. 84
144 a.a.O. S. 85f.
145 Rotapfel Bd. VIII 265

4.2 WANDEL DER METHODE

Die These PESTALOZZIS, "die Anschauung ist das allgemeine Fundament aller menschlichen Erkenntnisse"[146], nützt eigentlich der Erziehung nicht viel: weil die Anschauung "das bloß vor den Sinne stehen der äußeren Gegenstände und die bloße Regmachung des Bewußtseyns ihres Eindrucks"[147] ist, und weil die Welt uns als ein "in einander fließendes Meer verwirrter Anschauung vor Augen" liegt[148], muß die Anschauung "mit psychologischer Kraft"[149] zu einer absichtlichen, konsequenten und effektiven Kunst entwickelt werden: dies sollte die "Einseitigkeitsverirrungen" der Erziehung einschränken. PESTALOZZI nennt diese Kunst der Naturgemäßheit "Anschauungskunst". Sie tritt in anderen Werken auch auf als "Methode" oder "Idee der Elementarbildung".

Der Zweifel am Einpauk-System seines Zeitalters bildet den Ansatzpunkt der Methode PESTALOZZIS. Während das Einpauk-System alles von außen in den Menschen hineinzubringen versucht[150], sagt PESTALOZZI, daß die Grundlage seiner Methode allein von der Menschennatur ausgeht. Die Methode "spinnt sich allenthalben von selbst aus dem menschlichen Geist heraus"[151]. Die Methode anerkennt von vornherein die angeborenen Anlagen und Kräfte im Kind, und bezweckt einzig deren Entwicklung. Die Methode erwartet folglich vom Lehrer die Rolle des "Geburtshelfers im sokratischen Sinne"[152]. Diese auf der Menschennatur beruhende Methode ist aber bei PESTALOZZI nicht zufällig eine Didaktisierung seiner Anschauungslehre. Er schlägt vor, die Anschauung als das Fundament des Lesens, Rechnens und Messens anzuerkennen, indem er die drei vornehmlich auf die Psychologie abstellt.[153]

---

146 Vgl. KA Bd. XIII S. 309
147 a.a.O. S. 310
148 a.a.O. S. 254
149 KA Bd. XXII S. 5
150 KA Bd. XIII S. 54
151 KA Bd. XVIII S. 35. Diese Auffassung wird auch als "Auffinden statt Erfinden der Elemente" formuliert. (Vgl. KA Bd. XXII S. 174)
152 KA Bd. XXII S. 142
153 Vgl. KA Bd. XIV S. 126

Die Methode im allgemeinen und das ABC der Anschauung im besonderen entspringen wesentlich seinem Streben nach Vereinfachung der Erziehung. PESTALOZZI artikuliert bereits 1766 die Notwendigkeit einer solchen Vereinfachung: Er wünscht sich das Erscheinen einiger "Bogen voll einfältiger, guter Grundsätze der Erziehung", damit "alle Väter und Mütter ... diesen vernünftigen und christlichen Erziehungsregeln folgten."[154] Die Vereinfachung der Erziehung, die 1766 bloß ein vager Wunsch PESTALOZZIS bleibt, wird in Stans in die Wirklichkeit umgesetzt: Er unternimmt die "Vereinfachung aller Lehrmittel"[155].

Die Methode läßt sich in erster Linie als eine Einheitstheorie verstehen. Die Methode richtet sich zum Beispiel auf die Einheit der aktiven "Anlagen" und der "aufnehmenden Fähigkeiten"[156]: Während die "aktiven Anlagen" sich als Trieb zeigen, zeigen sich die "aufnehmenden Fähigkeiten" als Wahrnehmung. Die Methode strebt zugleich nach einer Einheit von Natur und Kunst, auch nach der Einheit vom Individuum und der Menschennatur.[157] Die Methode als Einheitstheorie soll dem Menschen letztlich zu einem "beseelten Ganzen"[158] verhelfen.

Die Anschauungslehre unterscheidet in der Methode zwei Bereiche der Bildung. Die äußere Anschauung bezieht sich direkt auf die Angelegenheiten der intellektuellen Bildung: Die intellektuelle Bildung geht aus vom "durch äußere Anschauung gereiften Bewußtseyn der Zahl- und Maaßverhältnisse"[159]. Die innere Anschauung bezieht sich hingegen auf die Angelegenheiten der sittlichen Anschauung: die sittliche Bildung soll ihren Ausgangspunkt finden im "durch innere Anschauung gereiften Bewußtseyn der sittlichen Verhältnisse"[160]. PESTALOZZI anerkennt zwar die Anschauungskraft als eine immanente Kraft, er glaubt aber, daß die Anschauungskraft für ihre Entwicklung die Anschauungskunst benötigt:

---

154 KA Bd. I S. 28
155 KA Bd. XIII S. 30
156 Vgl. KA Bd. XXII S. 141
157 Vgl. a.a.O. S. 321
158 Vgl. a.a.O. S. 141
159 KA Bd. XVIII S. 120
160 ebenda

Die Anschauungskraft entwickelt sich nicht allein, sondern wird erst "durch die Anschauungskunst genugsam gebildet"[161].

Die Methode baut auf der Annahme, daß die Anschauungskraft angeboren im Kind liegt; der Lehrer hat die Aufgabe, die Anschauungskunst anzuwenden, um die Entwicklung dieser Anschauungskraft zu fördern.

4.2.1 INTELLEKTUELLE BILDUNG

"Allem Reden, allem Rechnen und allem Messen muß Anschauung zum Grunde liegen"[162]: In dieser Überzeugung stellt PESTALOZZI die intellektuelle Bildung auf die Anschauung ab. In der intellektuellen Bildung rückt PESTALOZZI mit Nachdruck die äußere Anschauung in den Vordergrund. Die Erkenntnisse, die das Kind in der intellektuellen Bildung erwerben soll, sind nur durch die Vermittlung aller fünf Sinne erwerbbar: Denn je mehr Sinne man betätigt, desto richtiger wird die Erkenntnis des Gegenstands.[163] Diese sensualistische Formel steht im Gegensatz zum herkömmlichen Wortunterricht, der Erkenntnis ohne Betätigung der Sinnesorgane zu vermitteln versucht. Die Eindrücke, welche die Anschauungsgegenstände der Außenwelt auf die Sinne machen, dürfen aber nicht ohne innere Verarbeitung bleiben. Die Eindrücke sollen zur Reife gebracht werden, damit sie von der bloßen Anschauung zum festen Begriff erhoben werden können. Der Vorgang der Erkenntnis erhält vier Stufen: "1. dunkle Anschauung, 2. bestimmte Anschauung, 3. klare Vorstellung, 4. deutliche Begriffe."[164]

Der Vorgang "von der Anschauung zum Begriff" bedarf aber der Kunstmittel, um "Anschauung und Urteil, sinnlichen Mechanismus und reinen Verstandesgang"[165] zur Harmonie zu bringen. Die Erkenntnis ordnet sich nach drei Elementarmitteln: Zahl, Form und Wort.[166] Die Auswahl

---

161 a.a.O. S. 105
162 KA Bd. XIV S. 126
163 Vgl. "Durch je mehrere Sinne du das Wesen oder die Erscheinung einer Sache erforschest, je richtiger wird deine Erkenntniß über dieselbe." (KA Bd. XIII S. 250)
164 a.a.O. S. 258
165 a.a.O. S. 327
166 Vgl. a.a.O. S. 255

ANSCHAUUNGSLEHRE IN DER PÄDAGOGIK PESTALOZZIS 41

dieser drei Elementarmittel ist darin begründet: "alle mögliche Gegenstände haben unbedingt Zahl, Form und Namen"[167]. Das Wort entsteht aus der "Schallkraft", welche die Sprachfähigkeit erzeugt[168]. Der Mensch vermag dank der Sprachkraft, der "allgemeinen Darstellungskraft"[169], sein "geistiges Wesen" und die "geistige Natur der Dinge" ins Bewußtsein zu bringen.[170] Die Form entsteht aus der "undeutlichen, bloß sinnlichen Vorstellungskraft", welche alle Formen zum Bewußtsein bringt. Die Zahl entsteht aus der "deutlichen, nicht mehr sinnlichen Vorstellungskraft", welche die Zähl- und die Rechenfähigkeit leitet. Die Zahl ist das wichtigste, weil sie "den Zweck des Unterrichts – die deutlichen Begriffe – am sichersten erzielet".[171] Die Methode hat die "Zusammensetzung und Trennung mehrerer Einheit"[172] zu veranschaulichen. Damit entsteht die "Lebensleistung" PESTALOZZIS: Er erklärt das Quadrat zum Fundamentalmittel (Urform) der Zahl- und der Formbegriffe: Dadurch gibt er den "Abstractionsbegriffen von Zeit und Raum ein Anschauungsfundament"[173].

PESTALOZZI versucht aber die intellektuelle Bildung nicht nur unter der Anschauung sondern auch unter der Denkkraft einzuordnen. Die intellektuelle Bildung geht von der Denkkraft aus, welche als Triebfeder beziehungsweise als "ursprüngliche, selbständige Kraft"[174] wie die religiöse und sittliche Kraft gesehen wird. Das Kind muß aufgrund dieser Kraft denken. Die Denkkraft entfaltet sich in drei Stufen: von der gereiften Anschauung des Gegenstandes über dessen gereifte Vergleichung mit anderen Gegenständen zum gereiften Urteil über ihn. Die intellektuelle Bildung zielt demnach letztlich auf die vollkommene Betätigung der Denkkraft, indem das Kind die "dreifache Geistesthätigkeit" naturgemäß "belebt und habituellmacht".[175] Hier ist PESTALOZZI der Ansicht, die An-

---

167 a.a.O. S. 256
168 ebenda. PESTALOZZI anerkennt die Zahl als ein Sondermittel, weil allein die Zahl uns zum "untrüglichen Resultat" führt (a.a.O. S. 298). Der Begriff der Zahl bei PESTALOZZI nähert sich demjenigen der reinen Anschauung bei KANT.
169 KA Bd. XXII S. 169f.
170 Vgl. S. 150f.
171 KA Bd. XIII S. 298
172 a.a.O. S. 300
173 KA Bd. XIV S. 321
174 KA Bd. XXIVa S. 176
175 ebenda

schauungskraft sei ein unentbehrlicher Bestandteil der Denkkraft, welche das Ganze der intellektuellen Bildung umfaßt. Im Gegensatz zu KANT stehen Anschauungs- und Denkkraft nicht gleichwertig nebeneinander. Nach KANT bringen Anschauen und Denken gemeinsam Erkenntnis zustande. PESTALOZZIS Urteil über das Verhältnis zwischen Anschauungs- und Denkkraft schwankt jedoch. Im "Schwanengesang" nähert sich seine Ansicht derjenigen von KANT: PESTALOZZI schreibt, daß das Wesen der Denkkraft im Abstraktionsvermögen liegt, welches "sich über die Schranken der Anschauungseindrücke"[176] erhebt. Die Denkkraft als eine Art der Überwindungskraft ist hier eine Kompensationskraft, mit der der Gegenstand der Anschauung zur Erkenntnis erhoben wird. Wenn PESTALOZZI die Denkkraft zur Anschauungskraft in Beziehung setzt, werden die drei Fundamentalmittel, Zahl, Form und Sprache, entsprechend in das Spannungsfeld zweier Kräfte eingeordnet: Die Zahl- und Formlehre ist das beste Ausbildungsmittel der Denkkraft, während die Sprachlehre sich als Vermittlerin zwischen Anschauungskraft und Denkkraft versteht.[177] Die Zahl und die Form sind also "zwei umfassende Allgemeinheitsabstrahierungen der sachlichen Natur", während die Sprache nur nützt, um "es unvergeßlich im Kopf zu halten, indem sie Zahl und Form gemäß einen Gegenstand doppelt zeichnet." Das Wesen der Denkkraft ist die Abstraktionskraft, die sich durch die Form- und Zahllehre entfaltet.[178] Die Abstraktionskraft ist gewissermaßen eine Überwindungskraft, denn sie vermag "sich über die Schranken der Anschauungseindrücke zu erheben". Die Auffassung der Abstraktionskraft scheint sich dem Kantschen Begriff, der "reinen Anschauung", zu nähern: Zeit und Raum. Mit dieser Auffassung deutet PESTALOZZI aber merkwürdigerweise den Kern der Denkkraft, nicht den Kern der Anschauungskraft.

4.2.2 SITTLICHE BILDUNG

Die Methode zieht keineswegs die intellektuelle der sittlichen Bildung vor: PESTALOZZI ist sogar der Ansicht, den "gesicherten sittlichen Zwecken" müssen die "intellektuellen Elementarmittel" untergeordnet wer-

---

176 KA Bd. XXVIII S. 135
177 Vgl. a.a.O. S. 128
178 Vgl. Vgl. a.a.O. S. 120, S. 135

den.[179] Die sittliche Bildung zielt auf das Göttliche und das Ewige, das wesentlich in unserer Natur liegt.[180] Der Inbegriff der Methode ist daher nichts anderes als die "Religion", das "Christentum".[181] In der Glaubenskraft sieht PESTALOZZI eine Triebfeder der sittlichen Anschauung, wie die geistige Anschauung von der Denkkraft getrieben wird. Die Glaubenskraft liegt "ursprünglich und selbstständig im Kind"[182] und fordert das Kind zum Glauben auf.

Die "Elementarbildung zur Sittlichkeit" wird mit der "Elementarbildung zur inneren Anschauung"[183] gleichgesetzt.[184] Die sittliche Bildung muß notwendig von der inneren Anschauung ausgehen. PESTALOZZIS Kritik an der herkömmlichen sittlichen Bildung, dem Katechismus, betrifft hauptsächlich deren Entfremdung von der inneren Anschauung.[185] Der Katechismus gebe dem Kind "seine Erkenntniß von Gott in einseitigen Begriffen, getrennt von innerer Anschauung, von Gefühl, von der Natur von Leben, vom Gang seiner Entwicklung, von Grad seiner Kräfte und von Bedürfniß seiner Lage".[186] Er versucht nun zwischen dem Katechismus und seiner Methode eine Grenze zu ziehen, indem er in seiner Methode die Verbindung mit der inneren Anschauung betont.

Die Überzeugung PESTALOZZIS von der sittlichen Bildung ist bereits in "Die Abendstunde eines Einsiedlers" faßbar. In Stans beginnt er seine Ansicht über die sittliche Bildung systematisch darzustellen; er be-

---

179 B Bd. IV S. 130
180 Das Fundament der menschlichen Bildung liegt bloß in der "heiligen Kraft" der Liebe; PESTALOZZI hält alle anderen Anlagen für Mittel der "göttlichen Erhebung" des Herzens "zur Liebe". (Vgl. KA Bd. XIX S. 154)
181 Vgl. ebenda
182 KA Bd. XXIVa S. 174
183 KA Bd. XIV S. 344
184 Diese Formel ist allerdings nicht sehr stabil. In den drei Kategorien der Anlagen gehört die Anlage zur inneren Anschauung dem Kopf, anstatt dem Herzen. Die innere Anschauung wird hier nicht zur sittlichen, sondern zur intellektuellen Bildung gezählt. (Vgl. KA Bd. XVI S. 5)
185 PESTALOZZI kritisiert das Katechisieren in mehreren Punkten (Vgl. KA Bd. XIII S. 269). Er schildert, was für Schaden die Betonung leerer Worte im voraufgehenden Jahrhundert angerichtet hat: Sie verschlang die Aufmerksamkeit auf die Eindrücke der Natur; sie zerstörte die innere Empfänglichkeit für diese Eindrücke. (Vgl. a.a.O. S. 280)
186 KA Bd. XXII S. 211

trachtet den Umfang der sittlichen Elementarbildung unter drei Gesichtspunkten:

1. Erziehung einer sittlichen Gemütsstimmung durch reine Gefühle,
2. sittlicher Umfang durch Selbstüberwindung und Anstrengung in dem, was recht und gut ist, 3. Bewirkung einer sittlichen Ansicht durch das Nachdenken und Vergleichen der Rechts- und Sittlichkeitsverhältnisse, in denen das Kind schon durch sein Daseyn und seine Umgebungen steht.[187]

Die Methode stellt in der sittlichen Bildung zwei Gesetze fest: Sittlichkeit in Hinsicht auf das Göttliche und Sittlichkeit in Hinsicht auf das Zwischenmenschliche. Das erste Gesetz lautet: "Seyd vollkommen, wie euer Vater im Himmel vollkommen ist"[188]. In diesem Gesetz geht es offensichtlich um eine individuelle Sittlichkeit. PESTALOZZI erklärt, daß das Kind die erste Regung zu diesem Gesetz spürt, wenn es eine Linie sowie eine Aussprache zum ersten Mal zur Vollkommenheit bringt. Das zweite Gesetz lautet: "der Mensch (sey) nicht um seiner selbst willen in der Welt, er (vollendet) sich selbst nur durch die Vollendung seiner Brüder."[189] Es geht hier offensichtlich um die allgemeine gesellschaftliche Sittlichkeit (Vgl. die pietistische Brüdergemeinde). Die Absicht der Methode liegt darin, diese zwei Gesetze zu vereinigen, und sie zur zweiten Natur des Kindes zu machen: Die zwei Gesetze sollen gemeinsam zum letzten Ziel der menschlichen Erziehung, nämlich zur inneren Veredlung des Menschen beitragen. Der Schlüssel zum Erreichen dieses Zieles besteht in der "Ausbildung der in seiner Natur liegenden Anlagen"[190], deren Kern die innere Anschauung ist.

4.2.3 SYNTHESE: DAS LEBEN BILDET

Die intellektuelle Bildung setzt auf ihrer Elementarstufe die "noch wenig vollendete und gereifte Anschauungen der Gegenstände" voraus: Die

---

[187] KA Bd. XIII S. 19
[188] a.a.O. S. 352
[189] ebenda
[190] KA Bd. XIV S. 123f. Nach PESTALOZZI ist es in der Menschennatur, das Gute zu wollen, zu kennen und zu können.

Übungen dieser ungereiften Anschauung, die Vorstufe der Übungen der Denkkraft, sollen beim Kinde allein "aus dem Kreise des kindlichen Lebens hervorgehen"[191]. Diese Regel des Übungsumfanges "aus dem Kreise des kindlichen Lebens" gilt aber auch bei der Glaubenskraft.

Der "Fundamentalgrundsatz alles naturgemäßen Erziehungswesens"[192], den PESTALOZZI zusammenfaßt im Schlagwort "Das Leben bildet", taucht bereits 1809 auf: das "Leben bildet in großen Umgebungen" kraftvoll; das "Leben in häuslichen Umgebungen" bildet hingegen liebevoll.[193]

Auch in der dritten Fassung von "Lienhard und Gertrud" (1818) tritt die "Verdeutlichung der Anschauung" auf in der Bedeutung der Verbundenheit mit dem Leben. Diese Veranschaulichung darf nicht stattfinden in Form des Unterrichts, sondern muß sich einleben in der Teilnahme an der geläufigen Erscheinung des häuslichen Lebens.[194]

Dieser Grundsatz kristallisiert sich im "Schwanengesang": Die sittliche Bildung, deren Mittelpunkt ein "instinktartiger Vater- und Muttersinn"[195] ist, geht nach diesem Grundsatz "von der inneren Anschauung" aus, während die geistige Bildung ausgeht "von der Anschauung von Gegenständen"[196]; ihr Mittelpunkt befindet sich in der "Wohnstube", im "Kreis des häuslichen Lebens"[197]. Die "innere Anschauung" versteht sich als die "Eindrücke, die unsere innere Natur belebend ansprechen"; die "Anschauung von Gegenständen" hingegen als "diejenige, die unsere äußere Sinne ansprechen und beleben"[198].

---

191 KA Bd. XXII S. 218
192 KA Bd. XXVIII S. 83
193 Vgl. KA Bd. XXII S. 280
194 Vgl. KA Bd. VI S. 60
195 KA Bd. XXVIII S. 84
196 a.a.O. S. 83
197 a.a.O. S. 85f.
198 a.a.O. S. 84

5. KATEGORIE DER ANSCHAUUNG BEI PESTALOZZI

Die Anschauung bei PESTALOZZI ist zweigliedrig; die innere ist der äußeren Anschauung entgegengesetzt. Sein Versuch, die innere Anschauung angemessen der Anschauungslehre einzuordnen, verlangt aber hinsichtlich der zwei geistigen Hauptströmungen seines Zeitalters auch eine Zweigliedrigkeit der inneren Anschauung: Sie teilt sich zum einen in eine innere Anschauung, die auf die Sinne bezogen ist; damit läßt sich die sensualistische Erziehungstradition einbeziehen; zum anderen teilt sie sich in eine auf Gott bezogene innere Anschauung; diese ermöglicht es, die pietistische Erziehungstradition einzubeziehen.

Die auf Gott bezogene innere Anschauung ist durch ihr sinnlichkeitsfreies Wesen abgesetzt von der auf die Sinne bezogenen inneren Anschauung: Die Kraft, die der inneren Anschauung zur Überwindung der Sinnlichkeit verhilft, nennt PESTALOZZI "Traumkraft". Durch die auf der Traumkraft beruhende Zweigliedrigkeit der Anschauung gelingt es PESTALOZZI, die beiden geistigen Hauptströmungen seines Zeitalters zu verbinden in einer einzigen Erziehungstheorie.

Seine von der doppelten Zweigliedrigkeit der Anschauung begleitete Anschauungslehre bietet aber bloß in der theoretischen Dimension eine Übersicht, in der die Anschauungen zur Einheit finden. In der didaktischen Dimension fällt die Zweigliedrigkeit der Anschauung vollständig auseinander. Die unvollendete Vorstellung der Pestalozzischen Anschauungslehre in der didaktischen Dimension weist aber auch die schiefen Bahnen, in denen ihre Rezeption in der folgenden Zeit vor sich geht.

5.1 Verhältnis zwischen der äußeren und der inneren Anschauung

Die äußere Anschauung läßt sich als sinnliche, rezeptive Anschauung verstehen. Sie beruht in diesem Sinne auf dem englischen Sensualismus, dessen Grundlage mechanistisch und kausalistisch ist. Die äußere Anschauung bedeutet bloß Wahrnehmung durch die Sinnesorgane. Die Intensität ihrer Wirkung ist abhängig von der physischen Distanz.[199] Die äußere Anschauung spielt, wie es in der Methode klar wird, in der intellektuellen Bildung eine entscheidende Rolle: Sie trägt zur Überlieferung der bestehenden Welt bei.

Die innere Anschauung ist hingegen die sittliche, spontane Anschauung. Sie tritt sogar auf als eine schöpferische Kraft im christlichen Sinn: Sie ist, wie es in "Meine Nachforschungen" steht, eine selbständige Kraft, die sich nur für die innere Veredlung "meiner selbst" interessiert. Die sittliche Bildung soll daher durchweg von der inneren Anschauung ausgehen. Sie vermag dadurch zur Veränderung der bestehenden Welt beizutragen. Die Intensität ihrer Wirkung verringert sich, wenn die seelische Entfernung zunimmt. Die Gleichsetzung "meiner selbst" mit Gott läßt ahnen, daß die Grundlage der inneren Anschauung nicht so rational ist wie diejenige der äußeren Anschauung. Sie ist organisch, nicht mechanisch.

PESTALOZZI schlägt die Mittel zur Bildung dieser Anschauungskraft vor, indem er sich auf die "psychologische Kraft"[200] beruft. Beide Arten der Anschauung dienen der Hebung des Gegenstandes ins Bewußtsein. Die Anschauung gilt ihm wegen dieser Funktion als Voraussetzung aller menschlichen Tätigkeit. PESTALOZZI sagt, der Mensch könne "über nichts naturgemäß weder fühlen, reden, denken noch handeln, das er sich nicht vorher durch die Anschauung naturgemäß zum Bewußtseyn gebracht hat"[201], und meint mit "Anschauung" hier sowohl die äußere wie die innere Anschauung. Die äußere Anschauung hebt die Gegenstände der Außenwelt ins Bewußtsein: Die äußere Anschauung überbrückt die

---

199 Diese Theorie wird später in der Analyse von SPRANGER die Lebenskreis-Theorie bzw. die Millieu-Pädagogik genannt.
200 KA Bd. XXVIII S. 8
201 a.a.O. S. 6

Distanz zwischen Außenwelt und Bewußtsein. Die innere Anschauung hingegen hebt die Gegenstände der Innenwelt ins Bewußtsein: Die innere Anschauung bezieht sich ausschließlich auf die Veredlung des inneren Menschen.

Diese doppelte Anschauung dient durch die innerliche Veredlung zugleich der Vollendung des christlichen Geistes. Nicht bloß die innere Anschauung, die im Inneren des Menschen zu seiner sittlichen Entfaltung liegt, sondern auch die äußere Anschauung, deren Leistung sich vornehmlich in der intellektuellen Bildung zeigt, wirken an der innerlichen Veredlung. Der christliche Sinn kommt nicht im verschlossenen Inneren des Menschen zustande; das durch die äußere Anschauung eingebrachte Wissen soll ihn erwecken.[202]

Die Anschauung bei PESTALOZZI verbindet das Objektive und das Subjektive.[203] Die naturgemäße Entwicklung des Menschen ist nur dann möglich, wenn die beiden Aspekte zusammengefügt werden: Diese Zusammenfügung rettet in der Schule sowohl die intellektuelle Bildung aus dem materialistischen Einpauk-System wie auch die sittliche Bildung aus dem formalistischen Katechismus. Die naturgemäße Entwicklung schafft bei PESTALOZZI überhaupt erst die Grundlage für seine Anschauungslehre: Seine Anschauungslehre will mithin zur naturgemäßen Entwicklung beitragen. Dabei legt er zu verschiedenen Zeiten verschieden viel Gewicht auf den psychologischen oder den christlichen Aspekt. Worauf PESTALOZZI mehr Gewicht legt, schwankt je nach Periode: Seine Auffassung der Erziehung ist im Roman "Lienhard und Gertrud" nicht christlich; in seiner "Methode", die mit dem Satz beginnt "ich suche den menschlichen Unterricht zu psychologisieren"[204], ist die sensualistische Auffassung vorherrschend. Er stellt sogar elf physisch-mechanische Gesetze auf, nach denen im Unterricht von der Selbsterkenntnis ausgegangen werden kann. In "Wie Gertrud ihre Kinder lehrt" fordert er eine psy-

---

202 Vgl.KA Bd. XXII S. 213

203 SPRANGER bezieht z.B. die Anschauung auf das Auffassen der objektiven Gegenstände in der subjektiven Nähe: Die Anschauung sei das "nahe, leibhaftige Verbundensein mit der Umwelt. In der Anschauung erschließen sich oder offenbaren sich die nächsten Gegenstände, sei es durch die Sinne, sei es im Gefühl und Grundinstinkt." (Spranger 1966, S. 60 Vgl. auch Klafki 1959, S. 26)

204 KA Bd. XIII S. 103

chologische Führung zur vernünftigen Anschauung aller Dinge; Erst später versucht er zwischen den beiden Aspekten einen Ausgleich zu finden.[205]

5.2 VERHÄLTNIS ZWISCHEN DER "MICH ANSEHENDEN" UND DER "GOTT ANSEHENDEN" INNEREN ANSCHAUUNG

Die Anschauung tritt bei PESTALOZZI zweigliedrig als die innere und die äußere Anschauung auf. Aber die innere Anschauung selbst zeigt sich wiederum als ein zweigliedriger Begriff. Die innere Anschauung beschreibt zwar wesentlich nichts anderes als "ich sehe mich an"; aber ich sehe mich einerseits in der Sinnenwelt an, andererseits in der übersinnlichen Welt. "Ich sehe mich an" in der zweiten Auffassung ist unter dem christlichen Aspekt bloß in der Unmittelbarkeit Gottes möglich. Deshalb ist "ich sehe mich an" hier als "Gott ansehende" innere Anschauung umzuformulieren. Die Zweigliedrigkeit der inneren Anschauung bei PESTALOZZI, also die "mich ansehende" und die "Gott ansehende" innere Anschauung, geht zurück auf zwei entgegengesetzte Geistesströmungen seiner Zeit. In der Sicht des Empirismus benötigt die Sittlichkeit nicht die "Gott ansehende" innere Anschauung, sondern allein die "mich ansehende" innere Anschauung: Denn die Sittlichkeit ist zu erwerben, indem der Mensch durch Wiederholung der sinnlichen Übungen die Sittlichkeit zur zweiten Natur, das heißt zur Gewohnheit, erhebt. Im Empirismus sind die Tätigkeit der äußeren Anschauung, "ich sehe die Welt an", und die Tätigkeit der inneren Anschauung, "ich sehe mich selbst an", ohne Hilfe einer weiteren inneren Anschauung abgeschlossen. PESTALOZZI anerkennt aber in der Denkweise des Pietismus die Notwendigkeit der "Gott ansehenden" inneren Anschauung, welche unabhängig von jeder diesseitigen Erfahrung bloß durch die unmittelbare Beziehung zu Gott zustande kommt: Diese innere Anschauung schließt in ihrem Entstehen die Mitarbeit der Sinnlichkeit aus. Durch die Zweigliedrigkeit der inneren Anschauung versucht PESTALOZZI Empirismus und Pietismus zu verschmelzen.

---

205 Es ist NIEDERER, der diese zwei Grundlagen organisch in eine ausgeglichene Einheit zu bringen versucht.

KATEGORIE DER ANSCHAUUNG BEI PESTALOZZI 51

Durch die Zweigliedrigkeit der inneren Anschauung teilt PESTALOZZI die sittliche Bildung in zwei Stufen: Die sittliche Bildung soll vom "Habituellmachen" ausgehen, sich aber darüber hinaus die "Ruhe" zum Ziel setzen. Auf der ersten Stufe des "Habituellmachens" spielt die mit der Sinnlichkeit verbundene "mich ansehende" innere Anschauung eine entscheidende Rolle. Auf der zweiten Stufe der "Ruhe" muß aber die Sinnlichkeit vollständig ausgeschaltet werden, denn die Ruhe ist nur durch die sinnlichkeitsfreie, "Gott ansehende" innere Anschauung erlangbar. Die erste Stufe als Ausgangspunkt der sittlichen Bildung ist rein sensualistisch; die zweite Stufe als Endpunkt der sittlichen Bildung hingegen rein pietistisch.

Die Wertschätzung der "Gewöhung durch die Übungen" ist bei PESTALOZZI als Ausgangspunkt der sittlichen Bildung genau so hoch wie bei LOCKE: "Now there is one means only for strengthening any energy, and that means is practice."[206] Die "Lenzburger Rede" und der "Schwanengesang" zählen zu den Werken, in denen das "Habituellmachen" mit Nachdruck als das wirksamste Erziehungsmittel gepriesen wird. PESTALOZZI betont wiederholt die Wichtigkeit vom "höchst einfachen Habituellmachen des Gebrauchs der innewohnenden Kraft"[207] als Mittel für die naturgemäße Entfaltung. Das Habituellmachen ist ein unentbehrlicher Weg: Die Kräfte der Liebe und des Vertrauens beruhen auf ihrem Gebrauch und ihrer Wiederholung.[208]

Im Gegensatz zur empirischen Akzentuierung am Ausgangspunkt der sittlichen Bildung, setzt PESTALOZZI einen ausgesprochen pietistischen Begriff als deren Ziel: Ruhe. In seinem frühen Werk "Die Abendstunde eines Einsiedlers" (1779/80), kommt er bereits auf den bedeutenden Begriff der "Ruhe" zu sprechen: "Der Mensch muß zu innerer Ruhe gebildet werden"[209]. Die Ruhe als Zweck der Menschenbildung entsteht nach PESTALOZZI aus dem "Glauben an Gott"[210]. Die Zielsetzung "zu innerer Ruhe" ist daher nichts anderes als Ausdruck seines Strebens nach verinnerlichter Religiosität. Durch den Glauben zur Ruhe oder zur Stille

---

206 KA Bd. XIII S. 82
207 Vgl. KA Bd. XXII S. 162, S. 239. KA Bd. XXVIII S. 60
208 Vgl. KA.Bd. XXVI S. 82
209 KA Bd. I S. 272
210 a.a.O. S. 273

zu gelangen, gehört zum Leitgedanken des Pietismus. Die Ruhe versteht sich in "Schwanengesang" (1826) nicht allein als Zweck der Bildung, sondern auch als deren Voraussetzung: "Das Wesen der Menschlichkeit entfaltet sich nur in der Ruhe. Ohne sie verliert die Liebe alle Kraft ihrer Wahrheit und ihres Segens."[211] Allein unter der Voraussetzung der Ruhe entfalten "sich die Keime der Liebe und des Vertrauens naturgemäß."[212] Die naturgemäße Entwicklung, besonders in der sittlichen Bildung, bedarf der Ruhe.

Aber die Ruhe schließt die Sinnlichkeit aus, und ist damit allein in der sinnlichkeitsfreien, "Gott ansehenden" inneren Anschauung vorhanden. Wie aber ist Gott anzusehen ohne irgendeine sinnliche Wahrnehmung? PESTALOZZI sagt, daß der "Gott ansehenden" inneren Anschauung eine andere Kraft eignet: die Traumkraft.

Die Traumkraft versteht sich als eine Art von Ahnungsvermögen, das sich "über die Grenzen alles hier möglichen Forschens und Wissens"[213] zu erheben vermag. Der Begriff der Traumkraft ist dem Begriff des Ahnungsvermögens untergeordnet, und beschränkt sich im engeren Sinne auf die Ahnung der reinen Sittlichkeit.[214] Die Traumkraft "entspringt aus dem mir wesentlich einwohnenden Gefühl."[215] Ihre Herkunft ist emotional-irrational. Diese Kraft vermag deshalb gerade den Teil abzudecken, der dem Mittel des "Habituellmachens", zur pietistischen erzieherischen Zielsetzung noch fehlt. Der Mensch, dessen Natur mit der Sinnlichkeit und der Sittlichkeit untrennbar verbunden ist, kann sich "über die Grenzen der sinnlichen Wahrnehmung"[216], "gegen den Thiersinn seiner Natur"[217] in Beziehung zur reinen Sittlichkeit setzen, allein weil die Traumkraft in ihm liegt. Durch Einwirkung der Traumkraft begegnet er dem "Bild eines Gottes, das ihm Kraft gebe"[218]. Die Traumkraft

---

211 KA Bd. XXVIII S. 63
212 a.a.O. S. 64
213 a.a.O. S. 38
214 STEIN definiert die Traumkraft als "die heroische sittliche Kraft" und als das "Organ des Aufschwungs ins überempirische Ahndungsvermögen". (Vgl. Stein 1969, S. 124)
215 KA Bd. XII S. 105
216 a.a.O. S. 40
217 ebenda
218 ebenda

als Gabe Gottes ist eine sittliche Überwindungskraft, die den Menschen aus seiner sinnlichen Natur erlöst. Sie hilft dem Menschen, sich für die sittliche Veredlung zu entscheiden.

Ich besizze eine Kraft in mir selbst, alle Dinge dieser Welt mir selbst, unabhängig von meiner thierischen Begierlichkeit und von meinen gesellschaftlichen Verhältnissen, gänzlich nur im Gesichtspunkt, was sie zu meiner innern Veredlung beitragen, vorzustellen, und dieselbe nur in diesem Gesichtspunkte zu verlangen oder zu verwerfen.[219]

Diese Kraft ermöglicht es dem Menschen, sich nicht bloß etwas vorzustellen, sondern dies auch zu beurteilen und in die Tat umzusetzen. Der Wirkungsbereich der Traumkraft ist folglich nicht ein vermeintlicher, sondern ein positiver.

Wir sehen hier eine Fusion der pietistischen mit der empiristischen Denkweise. Als Ausgangspunkt aller Sittlichkeit wird einerseits, wie bei LOCKE, die Sinnlichkeit hoch veranschlagt, anderseits wirkt, entsprechend der pietistischen Auffassung, die Sinnlichkeit aber hemmend auf dem Weg zu Gott. Die pietistische Zielsetzung ersieht sich in der folgenden Erklärung:

Unser Zweck ist groß – wir wollen die Erziehung des Geschlechts von den Verirrungen im bloß Menschlichen und Sinnlichen zum Göttlichen und Ewigen erheben.[220]

Der Mensch muß die Sinnlichkeit überwinden, um das Ziel der "Ruhe" zu erreichen. Die Sinnlichkeit übt einmal bei der Einführung in die Sittlichkeit eine fördernde Wirkung aus, hat aber anderseits beim letzten Moment der Veredlung zur reinen Sittlichkeit eine hindernde Wirkung. Diese gegensätzlichen Wirkungen der Sinnlichkeit entspringen der Dissonanz zwischen Empirismus und Pietismus. PESTALOZZI läßt aber trotz aller Widersprüche Bestandteile dieser zwei Lehren verschmelzen, indem er die innere Anschauung zweiteilt. Allein die Koexistenz der mit dem Sinnlichen verbundenen inneren Anschauung und der vom Sinn-

---

219 a.a.O. S. 105
220 KA Bd. XXIII S. 24

lichen befreiten inneren Anschauung ermöglicht diese Verschmelzung. Während die auf das Sinnliche bezogene innere Anschauung dem "Habituellmachen" als Ausgangspunkt der sittlichen Bildung dient, verhilft die vom Sinnlichen gelöste innere Anschauung, die sich mittels der Traumkraft über das Sinnliche erhebt, zur Ruhe als Endpunkt der sittlichen Bildung. Die Zweigliedrigkeit der inneren Anschauung wirkt folglich bei PESTALOZZI als ein Versöhnungsmoment der zwei geistigen Hauptströmungen seines Zeitalters.

5.3 Verhältnis zwischen der äußeren und der "Gott ansehenden" inneren Anschauung

Das Verhältnis zwischen der äußeren und der "Gott ansehenden" inneren Anschauung ist je nach der schriftstellerischen Periode PESTALOZZIS verschieden. Dem Wandel seiner Vorstellung von diesem Verhältnis können wir am besten anhand der Ambivalenz seines Begriffs der "Natur" nachgehen.

"Übereinstimmung mit der Natur" ist eine Forderung, die sich durch alle Schriften PESTALOZZIS zieht. Unter "Natur" versteht er aber nicht immer das selbe.

PESTALOZZI erklärt, daß die Gesetze der Natur sich vom Gang der Natur unterscheiden: Die Gesetze der Natur sind ewige Wahrheit, während der Gang der Natur bloß "ihre einzelnen Wirkungen" oder "Darstellungen dieser Wirkungen"[221] ist. Er bleibt aber nicht konsequent bei dieser Auffassung. Wenn PESTALOZZI "Natur" ohne besondere Anmerkung sagt, schwebt die Auffassung dieses Begriffes zwischen dem Ewigen und dem Zufälligen. Die Natur ist einerseits absolut gut: An ihr allein kann sich deshalb die Menschenbildung orientieren. Die Natur ist aber andererseits absolut verwirrt: Die Menschenbildung darf sich deshalb keineswegs auf die Natur verlassen. Im einen Fall ist die Natur die ursprüngliche Natur im von Gott geschaffenen Zustand, die für uns aber nicht vorhanden ist; im anderen ist die Natur die reale umgebende Natur, welche uns vor Augen liegt.

---

221 KA Bd. XIII S. 324

In "Die Abendstunde eines Einsiedlers" ist die Natur noch nicht ambivalent aufgefaßt. PESTALOZZI setzt sein Vertrauen, wie ROUSSEAU, mit Nachdruck in die reale Natur, denn die Natur allein tut "uns Gutes; sie allein führt uns unbestechlich und unerschüttert zur Wahrheit und Weisheit."[222] Die ursprüngliche und die reale Natur neigen sogar zur Verschmelzung. Die Natur, die uns vor Augen liegt, ist die Schöpfung. Weil ein innerer Sinn im Menschen liegt, spürt der Mensch auch in der realen Natur direkt den Anklang an die Schöpfung. Der Mensch besitzt ein "horchendes Ohr der Unschuld auf den Ruf der Natur – daß Gott Vater ist".[223] Die ursprüngliche und die reale Natur stehen einander durch dieses horchende Ohr nahe, ohne sich zu entzweien. Der Mensch braucht bloß seinem horchenden Ohr zu vertrauen, um sich in Übereinstimmung zu bringen mit der realen Natur als Anklang an die ursprüngliche Natur. Die Außenwelt, welche durch die fünf Sinne faßbar ist, und die Innenwelt, welche durch das horchende Ohr faßbar ist, richten sich quasi gemeinsam auf die prästabilierte Harmonie. Diese Auffassung deutet an, daß die Vorstellung der Außenwelt und der Innenwelt, nämlich die äußere und die "Gott ansehende" innere Anschauung, nahtlos verschmelzen.

"Wie Gertrud ihre Kinder lehrt" weist aber darauf hin, daß die ursprüngliche und die reale Natur sich in ihrem Wesen entzweien. Die reale Natur wird nicht mehr für einen unmittelbaren Anklang an die ursprüngliche Natur gehalten. Der Mensch kann sich deshalb nicht an der Natur orientieren. PESTALOZZI verlangt sogar, daß die Erziehung des Menschen der Natur aus der Hand genommen werde. Die reale Natur "liegt uns als ein ineinander fließendes Meer verwirrter Anschauung vor Augen"[224], denn die Reihenfolge der realen Natur eignet sich nicht für das Wesen der Anschauung. Die Reihenfolge der realen Natur ist zufällig.[225] Die reale Natur führt wegen dieser zufälligen Reihenfolge "weiter nicht, als – in den Wirrwarr einer Anschauung".[226] Weil die reale Natur der Fassungskraft des Menschen nicht die nötige Ordnung anbietet, muß PESTALOZZI zum Schluß kommen, daß das Kind weder in den Wald noch

---

222 a.a.O. S. 201
223 KA Bd. I S. 272
224 KA Bd. XIII S. 254
225 Vgl. a.a.O. S. 324
226 ebenda

auf die Wiese gebracht werden darf. Die vor Augen liegende Außenwelt ist nicht mehr wesensgleich mit der auf Gott bezogenen Innenwelt. Der unmittelbare Umgang mit der Außenwelt bleibt zwar grundlegend für den Vorgang der Erziehung und verhindert das Einpauken leerer Worte; die Außenwelt soll aber im Licht der "Gott ansehenden" inneren Anschauung zusammengestellt, geordnet und ergänzt werden, damit die Harmonie zwischen der realen und der ursprünglichen Natur entstehen kann. Das Verhältnis zwischen der äußeren und der "Gott ansehenden" inneren Anschauung verlangt daher in ihrer Entfaltung künstliche Rücksicht, anstatt unbegrenzten Vertrauens auf die prästabilierte Harmonie. Aus der Differenzierung zwischen der realen und der ursprünglichen Natur befaßt PESTALOZZI sich mit der Anschauungskunst, welche die Kluft zwischen der realen und der ursprünglichen Natur zu überbrücken vermag. PESTALOZZI versucht die Anschauung "zur Anschauungskunst zu erheben, d.h. zum Mittel, die Gegenstände der Anschauung als Gegenstände meines Urteils und meiner Kunstfertigkeiten ins Aug zu fassen".[227]

Für den menschlichen Unterricht reicht die reale Natur allein nicht aus: Der menschliche Unterricht bedarf der Kunst, welche der realen Natur in Hinsicht auf der ursprünglichen Natur eine Handbietung leistet: "Der Mensch wird nur durch die Kunst Mensch, ... so muß sie sich in ihrem ganzen Tun dennoch fest an den einfachen Gang der Natur anketten."[228] Natur bedeutet hier die ursprüngliche Natur. Die Anschauungskunst hat folglich zu vermitteln zwischen der realen und der ursprünglichen Natur.

Der Gegenstand der "Gott ansehenden" inneren Anschauung tritt also erst zutage, wenn der Gegenstand der äußeren Anschauung durch die Anschauungskunst verarbeitet wird. Allein aus diesem Vorgang ergibt sich die Methode, die sowohl das Gesetz Gottes wie auch das Gesetz der Psychologie beachtet: Hier verschmelzen das für die äußere Anschauung maßgeblichen Gesetz, dasjenige der Psychologie, und das für die "Gott ansehende" innere Anschauung maßgebliche Gesetz.

---

227 a.a.O. S. 313
228 a.a.O. S. 244

Der Wandel des Verhältnisses zwischen der äußeren und der "Gott ansehenden" Anschauung folgt dem Wandel in PESTALOZZIS Anthropologie. In "Die Abendstunde eines Einsiedlers" herrscht eine optimistische Anthropologie: der Mensch ist von Natur gut. Die äußere und die "Gott ansehende" innere Anschauung befinden sich von vornherein in Einklang. In "Wie Gertrud ihre Kinder lehrt" ist seine Anthropologie pessimistisch: Die äußere Anschauung und die "Gott ansehende" innere Anschauung bedürfen der menschlichen Kunst, um in Einklang gebracht zu werden. Was sich gleich bleibt, ist die Annahme, daß die äußere und die innere Anschauung sich letztlich in Einklang befinden.

5.4 DISKREPANZ ZWISCHEN DER ANSCHAUUNGSLEHRE UND DER METHODE

Das Verhältnis der doppelten Zweigliedrigkeit der Anschauung ist zwar in der Anschauungslehre PESTALOZZIS harmonisch, bricht aber in seiner Methode zusammen; das Verhältnis der doppelten Zweigliedrigkeit der Anschauung in der theoretischen Dimension gilt in der didaktischen Dimension nicht mehr. PESTALOZZI geht die intellektuelle und die sittliche Bildung normalerweise an als Angelegenheiten zweier voneinander getrennter Gebiete. Wo er versucht, die intellektuelle Bildung in Beziehung zur sittlichen Bildung zu setzen, endet dieser Versuch ohne Erfolg.

PESTALOZZI behauptet zum Beispiel, daß der erste "zur Vollkommenheit gebrachte Zug einer Linie" oder der erste "zur Vollkommenheit gebrachte Aussprache eines Wortes" dem Kind zur sittlichen Gemütsstimmung verhilft.[229] Nach PESTALOZZI besteht der Vorteil seiner Methode sogar darin, dem Kind sowohl elementarisch zur "hohen Kraft des Rechnens und Zeichnens" als auch zum "ins Unendliche gehenden Imaginationsschwung"[230] zu verhelfen: Damit meint er, daß "Zahl" und "Form" in seiner Methode auf irgendeine Weise zur Entstehung des Glaubens beitragen. In der didaktischen Dimension funktioniert aber die doppelte Zweigliedrigkeit der Anschauungslehre nicht mehr. Selbst in der "Methode" PESTALOZZIS ist der Inhalt der Anschauungslehre nicht voll

---

229 a.a.O. S. 352
230 B. Bd. VI S. 61

einbezogen. Dies bewirkt, daß die Anschauungslehre in der folgenden Zeit bloß in einer reduzierten Weise rezipiert wird.

Die wesentliche Absicht der Methode besteht nach PESTALOZZI darin, den Unterricht in Einklang zu bringen sowohl mit den "Gesetzen des physischen Mechanismus, nach welchen sich unser Geist von dunkeln Anschauung zu deutlichen Begriffen erhebt" als auch mit den "Gefühlen meiner innern Natur, durch deren allmählige Entfaltung mein Geist sich zu Anerkennung und Verehrung des sittlichen Gesetzes empörhebt"[231]. Mit den mechanischen Gesetzen meint PESTALOZZI die psychologischen Gesetze, während er die sittlichen Gesetze, die "durch die Entfaltung der Reinheit des Herzens"[232] gebaut werden, offensichtlich im Geist des Christentums versteht: Die hier vorgenommene Verschmelzung von Psychologie und Christentum ähnelt wesentlich derjenigen bei CONDILLAC, der mit seinem milden Dualismus die psychologische Analyse des Geistes und die christliche Einheitsvorstellung der Seele harmonisch zusammenzufügen versuchte. Der Übergang von den psychologischen Gesetzen zu den christlichen Gesetzen bleibt praktisch jedoch sowohl bei PESTALOZZI als auch bei CONDILLAC weitgehend unklar.

Außerdem hat die "Methode" PESTALOZZIS selbst Merkmale, die das Schicksal ihrer Rezeption ahnen lassen. Zum ersten zeigt die linear konstruierte Frage-Antwort-Form[233] als Teil seiner Methode bereits die Tendenz zum Formalismus. Zum zweiten setzt er die "einfache, aber genaue Anschauung" mit der "Festhaltung ihrer [der Kinder] Aufmerksamkeit" auf die Gegenstände gleich: Dies deutet eine Tendenz der Instrumentalisierung der Anschauungslehre an, die in der folgenden Zeit stärker wird.

5.5 ZUSAMMENFASSUNG

Die äußere Anschauung bedeutet "ich sehe das Äußere an". Das Äußere ist wesentlich nur indirekt auf Gott zu beziehen: Es tritt nicht auf im von Gott geschaffenen Zustand, sondern meist im bereits verdrehten Zu-

---

[231] KA Bd. XIII S. 348
[232] ebenda
[233] a.a.O. S. 98ff. S. 118f.

stand. Der Gegenstand der äußeren Anschauung ist auch "Welt" oder "Natur".

Die innere Anschauung bedeutet hingegen "ich sehe das Innere an". Das Innere ist eine direkte Gottesbezogenheit. Dies aber kann zweierlei sein: entweder Ich selbst im von Gott geschaffenen Zustand oder Gott. Wegen dieser Doppeldeutigkeit des Inneren wird die Konstruktion seiner Anschauungslehre schwer verständlich, obwohl diese Doppeldeutigkeit sich in seinem pietistischen Denkmuster reibungslos einreiht.

Hält man das Verhältnis zwischen der äußeren und der inneren Anschauung für eine dialektische Bewegung, so fehlt bei PESTALOZZI ein Begriff für die aufgehobene Anschauung. Aber in dieser dialektischen Konstruktion wirken dennoch drei Momente: die äußere Anschauung und die "mich ansehende" innere Anschauung als antithetische Momente; die "Gott ansehende" innere Anschauung als synthetisierendes Moment. PESTALOZZI kommt nicht dazu, dieser dritten Anschauung einen eigenen Namen zu geben: Die "mich ansehende" und die "Gott ansehende" Anschauung verschmelzen im Begriff der "inneren Anschauung". "Meine Nachforschungen" stellen drei Anschauungsweisen dar: die äußere Anschauung als tierisch, die "mich ansehende" innere Anschauung als menschlich und die "Gott ansehende" innere Anschauung als göttlich. Jeder dieser Anschauungsweisen entspricht ein bestimmter Zustand der menschlichen Entwicklung, vom Naturzustand über den gesellschaftlichen Zustand zum sittlichen Zustand.

Die dialektische Konstruktion der drei Momente bedarf aber einer ihnen gemeinsam zugrunde liegenden Voraussetzung, um sich erhalten zu können. Anstelle der prästabilierten Harmonie verwendet PESTALOZZI seinen eigenartigen Begriff "Gemeinkraft", der in "Schwanengesang" auftritt.

Innerlich liegt die prästabilierte Harmonie bei PESTALOZZI in der Gemeinkraft, welche Hand, Kopf und Herz, physisch, geistig und moralisch, harmonisch entwickelt. Äußerlich aber ist die prästabilierte Harmonie in der Wohnstube verkörpert; dieser Gedanke trat bereits kurz früher im Schlagwort "Das Leben bildet" auf.

6. REZEPTIONSGESCHICHTE PESTALOZZIS IM WESTEN

PESTALOZZI erregte die Aufmerksamkeit seiner Zeitgenossen; die "Pestalozzische Methode", die sich verstand als auf PESTALOZZIS Anschauungslehre beruhend, verbreitete sich über Europa und Amerika. Das Interesse an dieser Methode richtete sich aber meistens bloß auf die erzieherische Bedeutung der visuellen Gegenstandspräsentation, welche identifiziert wurde mit der Anschauungslehre PESTALOZZIS. Die dreifache Anschauung als Hauptbestandteil seiner Anschauungslehre fand bloß in vereinfachter Form Aufnahme, nicht in ihrer ursprünglichen Form. Die Dialektik der Anschauungslehre ging durch diese Vereinfachung verloren. Dies war der Beginn einer Reihe von Reduktionsprozessen.

Diese Reduktionsprozesse waren aber zugleich die Verarbeitungsphasen der "Pestalozzischen Methode" im 19. Jahrhundert; die Didaktiker fühlten sich meist berufen, die ursprüngliche "Pestalozzische Methode" umzuarbeiten für die Lehrerausbildung.

6.1 REZEPTIONSGESCHICHTE IN DEUTSCHLAND

In Deutschland fand die "Pestalozzische Methode" ziemlich früh Anerkennung. Nicht allein die einzelnen Pestalozzianer, sondern auch die Landesbehörden förderten die Verbreitung der "Pestalozzischen Methode": Preußen sandte zum Beispiel 1803 JEZIOROWSKI nach Burgdorf, um die Methode zu studieren. Die Begeisterung von der Methode führte zu den "Wallfahrtsstraßen"[234] von Deutschland zu den Erziehungsanstalten PESTALOZZIS. Die Zahl der direkten Schüler PESTALOZZIS stieg, und die "Pestalozzische Methode" wurde in Deutschland propa-

---

234 Vgl. Schönebaum 1937, S. 338

giert. Anfang des 19. Jahrhunderts wurde die "Pestalozzische Methode" landesweit für die Lehrer maßgeblich.

Während das Interesse der Lehrer an der "Pestalozzischen Methode" zunahm, beschäftigten sich die Fachpädagogen mit der Überprüfung der Methode. Zu den von PESTALOZZI stark beeinflußten Didaktikern gehören: JOHANN FRIEDRICH HERBART, JOHANN GEORG FICHTE, GOTTLIEB ANTON GRUNER, KARL RITTER, KARL CHRISTIAN WILHELM VON TÜRK, WILHELM HARNISCH, JOHANN ERNST PLAMANN, BERNARD GOTTLIEB DENZEL, KARL AUGUST ZELLER, KARL JUSTUS BLOCHMANN, GUSTAV FRIEDRICH DINTER, FRIEDRICH ADOLPH WILHELM DIESTERWEG usw. Diese Pädagogen, die sich mit der Anschauungslehre PESTALOZZIS als Grundlage der Methode auseinandersetzten, modifizierten diese auf drei verschiedene Arten: Sie suchten die Methode entweder in psychologischer, mystischer oder schuldidaktischer Richtung zu vertiefen.

6.1.1 PESTALOZZIANISMUS AUS PSYCHOLOGISCHEM INTERESSE

JOHANN FRIEDRICH HERBART besuchte 1799 die Erziehungsanstalt PESTALOZZIS in Burgdorf. Hier beeindruckte ihn am stärksten die "allgemeine und dauernde Aufmerksamkeit"[235] im Klassenzimmer, die sich aus der gleichzeitigen Betätigung der Hände und des Mundes ergab. HERBART kommentierte die Betätigung der Sinnesorgane in der Anschauungslehre PESTALOZZIS: "Das meiste von dem, was hier auswendig gelernt wurde, betraf Gegenstände der täglichen Anschauung."[236] HERBART hielt die Anschauungslehre folglich für ein besonders in der Kindheit wirksames Mittel des Auswendiglernens.

HERBART fand die Anschauungslehre PESTALOZZIS aber unwissenschaftlich.[237] Auch die Versuche, die Anschauungslehre PESTALOZZIS nach KANT oder FICHTE hin auszulegen, stellten ihn nicht zufrieden.[238] Vor allem hielt HERBART den Begriff der "intellektuellen Anschauung" FICH-

---

235 Herbart 1964, Bd. I S. 65
236 a.a.O. S. 67
237 a.a.O. S. 132
238 Vgl. a.a.O. S. 99ff.

TES für pädagogisch unbrauchbar: Die transzendentale Anschauung ist nicht mitteilbar; überdies duldet die Erziehungssituation, wo sich zwei Ich, der Erzieher und der Zögling, gegenüber stehen, das Dasein des absoluten Ich nicht. Der Schwerpunkt der Auseinandersetzung mit der Pestalozzischen Anschauungslehre lag mithin im Streben nach einer streng psychologisierten Auffassung der Anschauung.

HERBART äußert 1802 in "Über Pestalozzis neueste Schrift: Wie Gertrud ihre Kinder lehrt" seine Zustimmung zur Anschauungslehre PESTALOZZIS; er bezeichnet den anschaulichen Unterricht als den angemessensten Unterricht.[239] Diese Zustimmung macht aber zugleich klar, wie verschieden von PESTALOZZI HERBART den Begriff verstand. Der anschauliche Unterricht unterrichtet nach HERBART "nur durch wirkliches, bestimmtes, unzerstreutes, scharf fassendes Schauen".[240] Er verstand die Anschauung eindeutig als bloßen Sehakt[241], der bei PESTALOZZI eine der Komponenten der äußeren Anschauung ausmacht: PESTALOZZI hält unter den fünf Sinnen zwar die Augen in der geistigen Bildung für das "allgemeinere Werkzeug der Anschauung"[242], verlagert in der sittlichen Bildung aber das Gewicht auf die religiöse, die übersinnliche Anschauung.[243] Die Anschauung erhält bei HERBART aber allein wegen der direkten Bezogenheit auf den Sehakt eine erzieherische Bedeutung: Denn das "Auge vor allem andern ist es, was die Dinge zuerst zeigen muß, ehe sie benannt und besprochen werden können."[244] HERBART verstand demnach unter der Anschauungslehre nicht "Form, Zahl, Wort", sondern bloß "Form".[245] Vornehmlich aus dieser Konzentration auf die "Form" anerkannte HERBART das ABC der Anschauung als eine geniale Leistung PESTALOZZIS. Er sah das ABC der Anschauung als eine "Vorübung zum

---

239 Vgl. a.a.O. S. 79
240 ebenda
241 Die Interpretation HERBARTS, Anschauung bei PESTALOZZI sei Wahrnehmung, wird von NATORP kritisiert. Nach NATORP ist "alle Anschauung, auch die sinnlichste, ihm Entfaltung von innen, nicht Entgegennahme von außen." (Natorp 1907, S. 297f.)
242 KA Bd. XIII S. 307
243 Vgl. a.a.O. S. 341ff.
244 Herbart 1964, Bd. I S. 72
245 Als die "allgemeinsten Vorbereitungen auf die Auffassung und Benutzung desjenigen Bildungsmittels, das jeder besitzt, das sich jedem aufdrängt" zählt HERBART die dreifache Übung auf: Übung in Anschauen, in Sprechen, in Zählen. (a.a.O. S. 75)

Zeichen" gedachte "Sammlung von Linien und Figuren"[246], zog allerdings das Dreieck dem Viereck, der "Urform" PESTLAOZZIS, vor. Bei aller verschiedenen Auffassung des Begriffs der "Anschauung" fand HERBART einen Grundsatz, dem manche, auch PESTALOZZI, zustimmen könnten: "Übung im Anschauen ist also jenes Allererste, Allerhilfreichste, Allerallgemeinste, was wir vorhin suchten."[247]

HERBART prüfte die auf den Sehakt beschränkte Anschauung gründlich. Das ABC der Anschauung setzt eine gewisse Reihe von Übungen des Sehakts voraus, weil das Sehen eine übungbedürftige Kunst ist. Die Anschauung ist deshalb eine Kunst, welche von der Rohheit zur künstlerischen Vollendung gebildet werden soll: Das Sehen gelangt erst durch Übung zur Bildung der Anschauung am Gleichgewicht des Sehens zum Ganzen, damit das Gesehene genau zu fassen und treu zu bewahren ist. Die Richtigkeit der Anschauung ist hier mit der Aufmerksamkeit auf das Ganze gleichgesetzt. HERBART trennt die rohe und die reife Anschauung. Die rohe Anschauung ist der unwillkürliche Sehakt, in dem "der Gegenstand vor das offene Auge hintritt"[248]; die reife Anschauung ist hingegen der durch die verlängerte Aufmerksamkeit verstärkte Sehakt, in dem das Bild des gesehenen Gegenstandes richtig zu bewahren ist. HERBART setzt das ABC der Anschauung in Beziehung zur Mathematik, denn beide sind vom selben Stoff:[249] "Messen und Rechnen" anhand von "Gestalt und Zahl" gehören zu den ersten, unentbehrlichen Vorübungen der Mathematik, zugleich aber auch zu den Bildungsmitteln der Anschauung. Die rohe Anschauung muß zuerst durch das ABC der Anschauung, dann durch "Arithmetik, Geometrie, Trigonometrie und Algebra", zuletzt durch "höhere Analyse" stufenweise zu ihrer Reife geführt werden.

Aus der engen Auffassung, die Anschauung beziehe sich bloß auf den Sehakt, war HERBART geneigt, seine Zustimmung PESTALOZZIS Anschau-

---

246 a.a.O. S. 72f.

247 ebenda. Hier betont HERBART, daß die Empfehlung der "Übung im Anschauen" nicht allein bei PESTALOZZI zu sehen ist. Die Eigentümlichkeit PESTALOZZIS liegt aber in der Anerkennung des anschaulichen Unterrichts als des Unterrichts in der "ersten, vordersten Stelle unter allem Unterricht".

248 a.a.O. S. 80

249 a.a.O. S. 87

ungslehre zum Teil vorzuenthalten. HERBART wies hin auf die Untauglichkeit der Pestalozzischen Anschauungslehre im Kern der Erziehung, in der sittlichen Bildung. Der anschauliche Unterricht befasse sich nur mit der Außenwelt, ohne die Innenwelt zu berücksichtigen. HERBART hält das Ziel der Pestalozzischen Anschauungslehre für abwegig: PESTALOZZI richte seinen Blick nicht auf die allgemeine Sittlichkeit, sondern auf die Erleichterung der "äußeren Geschäftigkeit des Menschen, jeder Art von Gewerb und Erwerb"[250].

HERBART meint, es sei Zeit, "die Aufmerksamkeit des Menschen auch auf ihn selbst zurückzuwenden."[251] Auf diesen Aufruf folgt eine Betrachtung der Wirksamkeit der Pestalozzischen Anschauung in der sittlichen Bildung; der höchste Zweck der Erziehung liegt offensichtlich in der Sittlichkeit. Aber der Erzieher braucht in der sittlichen Bildung bloß die sinnliche Welt, die "vom Erzieher geordnete Sinnenwelt"[252] darzustellen: Beim Begriff "Sittlichkeit" geht es allein um das Reich der Erscheinung, nicht um das Reich des Transzendenten. Nach HERBART setzt die Pestalozzische Anschauungslehre die moralische Lehre als "schon getan"[253] voraus: Es mangle ihr an einem Ansatz zur reinen Erfahrung, die auf dem Apriorischen beruhe. Weil er die Anschauung PESTALOZZIS ausschließlich im Zusammenhang mit dem Gegebenen versteht, muß sich HERBART zur sittlichen Bildung eine weitere Art der Anschauung auszudenken. Er schlägt die "ästhetische Anschauung" vor, die der Gemütsstimmung bzw. der Synthetisierung der inneren Erfahrungen dienen soll. Das Gemüt ist nach HERBART nicht als "schon getan" wegzulassen, sondern muß als das Wichtigste der Erziehung vom Erzieher positiv geprägt werden: Der Erzieher muß die "Auffassung durch ästhetische Darstellung der Welt früh und stark genug" prägen. Diese ästhetische

---

250 a.a.O. S. 73. Nach HERBART muß die menschliche Bildung sich auf zwei Grundlagen der menschlichen Natur beziehen: die physische Natur und die moralische Natur. Der anschauliche Unterricht PESTALOZZIS wird in diesem Zusammenhang beurteilt als eine einseitige Bildung für die physische Natur, d.h. für "Feldbau, Fabrik, Handlung sowie jede andere Brotkunst oder Brotwissenschaft." (Herbart Bd. I S. 69) PESTALOZZI erklärt es aber 1809 als Irrtum, seine Methode als "bessere Brotmittel für den armen, für den hungrigen Mann im Land" zu verstehen. (KA Bd. XXI S. 227)
251 a.a.O. S. 74
252 a.a.O. S. 106
253 a.a.O. S. 73f.

Auffassung der Welt fördert die ästhetische Auffassung der Sittlichkeit. Die sittliche Bildung verlangt bei HERBART durchweg eine frühzeitige positive Prägung des kindlichen Gemüts. Er empfiehlt zum Beispiel Erzählungen und Fabeln mit sittlichem Inhalt zur Lektüre des Kindes: Sie sollen später dem Kind zu einem sicheren sittlichen Urteil verhelfen. Es wird damit klar, daß HERBARTS "ästhetische Anschauung", durch die er PESTALOZZIS Anschauungstheorie zu ergänzen beabsichtigt, bei PESTALOZZI bereits als innere Anschauung auftritt, wenngleich es PESTALOZZI wegen seiner ausgeprägt pietistischen Überzeugung nicht gelingt, diese Anschauung zu methodisieren.

Bei HERBART ist die durch Lektüre erworbene Erkenntnis linear und direkt an das Handeln angeschlossen; es gelingt dem Menschen die Darstellung der Welt durch drei Komponenten: Erfahrung, Umgang und Unterricht. Durch die ästhetische Darstellung verwandelt der Unterricht die Erfahrung in Erkenntnis und den Umgang in Teilnahme.[254] Die ästhetische Darstellung gilt in diesem Sinne als Mittelpunkt der Erziehung selber.

Die Kritik an der Mangelhaftigkeit der Anschauungslehre PESTALOZZIS hat aber bei HERBART letztlich andere Zwecke: Er entwickelt seine eigene Unterrichtstheorie in Abgrenzung von derjenigen PESTALOZZIS.

6.1.2 PESTALOZZIANISMUS AUS METAPHYSISCHEM INTERESSE

FRIEDRICH FRÖBEL lernte 1805 die Lehrweise PESTALOZZIS kennen an der von GRUNER geleiteten Frankfurter Musterschule. Er hielt sich im Herbst desselben Jahres vierzehn Tage lang in Iferten auf, um PESTALOZZI persönlich kennenzulernen. Aus diesem Besuch ergab sich zwischen 1808 und 1810 ein langer Aufenthalt mit seinen drei Zöglingen in Iferten.

FRÖBEL entwickelt die Kindergartenpädagogik im Geist der Pestalozzischen Methode. Sein Leitwort lautet darin: Allseitige Lebenseinigung.[255] Jede Komponente der Welt ist ihm sinnbildlich: Der Mensch soll durch

---

254 a.a.O. S. 228
255 Vgl. Fröbel 1951, Bd. I S. 178

Wiedereinführung dieser sinnbildlichen Komponenten das "Leben für das äußere und innere Auge" zur "Klarheit und Durchsichtigkeit" führen.[256] Sein "äußeres und inneres Auge" bezieht sich direkt auf die äußere und die innere Anschauung in der Anschauungslehre PESTALOZZIS. FRÖBEL läßt in seiner Betrachtung der Anschauungslehre PESTALOZZIS die "Gott ansehende" innere Anschauung völlig außer acht und versucht sie durch den Begriff "Ahnung" zu ersetzen.

Das Äußere und das Innere verschmelzen in der mystisch-metaphysischen Einheitslehre FRÖBELS, denn diese unterstellt eine Gleichgesetzlichkeit zwischen Natur und Geist. Dieses "ewige Gesetz" macht sich vermittels des Göttlichen "im Äußern, in der Natur, wie im Innern, in dem Geist, und in dem beides Einenden, in dem Leben"[257] geltend. Am Anfang war die Einheit. Die Welt, aufgesplittert in die Gegensätzlichkeit von Äußerem und Innerem, muß wieder zur Einheit gebracht werden: Diese Einheit ist Gott. Die Einheitslehre besteht aus einer Reihe dialektischer Bewegungen zwischen dem Äußern und dem Innern, die nach der Einheit streben. Von dieser Lehre leitet sich die Formel für die Bestimmung des Menschen ab: "Innerliches äußerlich, Äußerliches innerlich zu machen, für beides die Einheit zu finden".[258] Das menschliche Streben ist entsprechend dreigeteilt: Streben nach "Leben in dem Innern"; Streben nach "Insichaufnehmen des Äußern"; Streben nach "unmittelbarer Darstellung des Innern".[259] Diese drei Elemente bringen eine Dynamik zwischen Verinnerlichung, also "Äußerliches innerlich machen", und Darstellung, "Innerliches äußerlich machen". FRÖBEL betont hier die Rolle der Mutter als Vermittlerin zwischen dem Inneren und dem Äußeren.

FRÖBEL stimmt im Grundsatz nachdrücklich mit PESTALOZZI überein, daß die Methode naturgemäß sein soll. FRÖBEL glaubt aber neoplatonisch an eine aller Erscheinung vorhergehende Welt, die allein durch die "Ahnung" wahrnehmbar ist. Er erklärt deshalb, daß er in einem entscheidenden Punkt mit PESTALOZZI nicht einig ist. PESTALOZZI nehme

---

256 Vgl. a.a.O. S. 96
257 Fröbel 1951, Bd. II S. 7
258 a.a.O. S. 32
259 a.a.O. S. 144. Das dreifache Streben ist an einer anderen Stelle folgendermaßen formuliert: Streben der Religion; Streben der Naturbetrachtung; Streben der Selbstdarstellung, der Selbstentwicklung und Selbstbetrachtung

den Menschen "wie er auf der Erde erscheine, in seiner Erscheinung als nur daseiend", während der Mensch "in seinem ewigen Wesen, in seinem ewigen Sein"[260] betrachtet werden müsse. FRÖBEL entwickelt, wie FICHTE, sein Argument gegen PESTALOZZI vom idealistischen Standpunkt aus: Die Auffassung des Menschen als Erscheinung ist eine verfehlte Auffassung, weil die Wahrheit der Menschheit allein im absoluten Sein liegt. FRÖBEL verweigert PESTALOZZI seine volle Zustimmung, weil der Pestalozzischen Methode das Absolute als Grundlage fehlt. FRÖBEL ergänzt diesen "fehlenden" Teil mit dem Begriff "Ahnung". Die Ahnung gibt der dialektischen Bewegung zwischen dem Äußern und dem Innern einen philosophischen Ansatzpunkt für die Einheit, während sie dem Kind pädagogisch eine Grundlage der Anschauung bietet: "Die *Ahnung* liegt eigentlich der von Pestalozzi aufgestellten *Anschauung* als Grundlage des Unterrichts zu Grunde."[261] "Ohne Ahnung überhaupt ganz und gar keine Anschauung. Anschauung ohne Ahnung ist leere Hülle, ist ein Strohmann."[262]

Die Ahnung ist eine innere Wahrnehmung, welche, im Gegensatz zur auf das Endliche bezogenen Erscheinung, sich auf das Unendliche richtet: In der Ahnung begegnet der Mensch sich selbst als einem Glied des Ganzen, und zwar in höherer Bedeutung. Die Ahnung ist in religiösem Ton auch gleichgesetzt mit "Gottesstimme im Innern".[263] Das Wesen des Menschen liegt in der Ahnung, beziehungsweise im Ahnen an sich. Der Mensch geht von seiner Ahnung aus, soll aber so oft wie möglich "mit erhöhtem Bewußtsein zu den früheren und frühesten Ahnungspunkten seines Lebens" zurückkehren, damit er "in seiner Ahnung eigentlich und wahrhaft zu »sich selbst«" gelangt:[264] Je früherer der Rückkehrpunkt, desto höher ist der zu erwartende Einigungsgrad. Die Lebenseinigung, welche bereits am Lebensanfang besteht in der Ahnung, muß befestigt und entwickelt werden, damit der Mensch in seinem Leben Einheit und Ganzheit erreichen kann. Diese Gleichsetzung des Anfangspunktes mit dem Einigungspunkt und die Ahnung von der Einheit und der Ganzheit

---

260 Gumlich 1935, S. 54
261 Fröbel 1951, Bd. I S. 106
262 ebenda
263 Vgl. a.a.O. S. 108. Die Ahnung und das Leben sind unzertrennlich. Die Ahnung gilt zugleich auch als der "Einigungspunkt für *Glaube, Liebe* und *Hoffnung.*"
264 Vgl. a.a.O. S. 106

haben zweifellos bei FRÖBEL einen Halt im Christentum, das die Alleinwirksamkeit Gottes betont. Der Mensch ist ein zur Selbsterkenntnis bestimmtes Wesen, und damit ist die Ahnung der Anfangpunkt dieses Strebens, aber der Endpunkt zugleich. Hier wird die Grundlage der Formel, "Innerliches äußerlich, Äußerliches innerlich zu machen", klar: Die Ahnung geht der Erscheinung voran; der Mensch in der Erscheinungswelt soll aber ständig zur Ahnung zurückkehren. Daraus entsteht die dialektische Bewegung zwischen dem Innern und dem Äußern. FRÖBELS Einheitslehre beruht offensichtlich auf der Ahnung: Denn erst durch die Vermittlung der Ahnung gelangt der Mensch zu dem Bewußtsein, daß er als Glied auf das Ganze bezogen ist.

FRÖBEL hält aus dieser Überzeugung die Förderung der Kindesahnung für die "allergrößte, allerwichtigste, wohl allerschwerste, aber auch allersegensreichste Erziehungsaufgabe."[265] Die Ahnung wird geweckt durch die sinnbildliche Betrachtung der Erscheinung, wie durch "Anschauung öffentlicher Gebäude, Werke, öffentlicher Kunstwerke usw."[266], in denen das Einzelne mit dem "großen, oder zusammengesetzten oder unsichtbaren Ganzen" verknüpft ist. Die Ahnung wirkt hier, indem sie "jedes Einzelne einem großen Ganzen durch innere Verknüpfung" nahe bringt.[267] Die Erziehung soll daher von der Ahnung ausgehen, aber auch zur Ahnung geführt werden. Das Ahnungsvermögen bedarf der Ausbildung. Die Ahnung vom Ganzen, die sich auch im kleinsten Kind findet, ist zu schwach, um sich ohne äußere Unterstützung entfalten zu können: Durch die Kunst soll die Ahnung im Kind festgehalten und entwickelt werden. Das weibliche Geschlecht hat die angeborene Eignung zum Erziehen, weil es der in der Ahnung gegründeten Liebe vertraut.[268]

FRÖBEL findet einen Einklang seiner "Ahnungslehre" mit der Philosophie FRIES', der "sein philosophisches System von der Ahnung aus entwickelt und von da aus zum Wissen etc. emporsteigt."[269] Wenn die Ahnung sich bei FRÖBEL auf eine der Erscheinung vorangehende Welt bezieht, so geht es ihm um den christlich gedachten ursprünglichen Zustand der Welt,

---

265 a.a.O. S. 101
266 ebenda
267 Vgl. ebenda
268 Vgl. a.a.O. S. 107
269 a.a.O. S. 102

die Einheit oder das Einbehaltensein in Gott. Das letzte Ziel der Erziehung besteht auch in der Wiederherstellung dieser Einheit.

Der Unterricht soll zwar das Ahnungsvermögen wecken und entwikkeln, damit die zur Erkenntnis erhobene Ahnung den Menschen zum geklärten Leben führt; die Unterrichtsweise FRÖBELS geht aber, gleich wie bei seinen Zeitgenossen, von der äußeren Anschauung, der Erscheinung, aus. Er empfiehlt die der "Kathederweisheit" entgegengestellte "Naturanschauung" als Mittel zur Seelenentwicklung.[270] Der Lehrgang der Sprachübungen, zum Beispiel, geht "von der sinnlichen Anschauung der Außenwelt aus und steigt zur innern Anschauung empor."[271] Der Ausgangspunkt befindet sich in der Außenwelt. Sie wird aber durch die Außenweltbetrachtung mit Augen, Ohren und Händen zur Innenwelt gebracht, damit die Selbstdarstellung zustande kommt. Dies ist gemeint mit der Formel, "Innerliches äußerlich, Äußerliches innerlich zu machen".

Um diese Formel für die Erziehungswirklichkeit fruchtbar zu machen, baut FRÖBEL eine originelle Theorie auf: die Spieltheorie. Die Spieltheorie hat ihren Ursprung in der Grundstruktur der Einheitslehre FRÖBELS: Das Spiel ist die höchste Form der Kindesentwicklung, denn aus der dialektischen Bewegung zwischen Gesetz und Freiheit, aber auch zwischen Außenwelt und Innenwelt, ergibt sich ein gemeinsames Bezogensein auf das Ganze. Im Prozeß der Seelenentwicklung nimmt die Kindheit eine besondere Phase ein: Das Kind kennt keine Grenze zwischen diesseits und jenseits; alles fließt ihm ineinander. FRÖBEL bezeichnet die Kindheit wegen dieser noch nicht aufgelösten Verbindung von diesseits und jenseits als Blütezeit der Ahnung. Die Kinderseele wird aus diesem Grund gewürdigt und soll sorgfältig behandelt werden. Im Rahmen des Spiels schlägt FRÖBEL drei Anschauungsmittel vor: Ball, Kugel und Würfel. Sie sind eine dreidimensionale Weiterentwicklung der Urform, die bei PESTALOZZI als Quadrat vorkommt und bei HERBART als Dreieck. FRÖBEL hält das Spielen für äußerst wichtig, nicht allein als Ausgangspunkt, sondern auch als Mittelpunkt des Lebens. Das Spielen ist eine in Erscheinung getretene Form der Ahnung, welche die Beschaffenheit der Anschauung in der Einheitslehre verkörpert.

---

270 a.a.O. S. 99
271 Fröbel 1951, Bd. II S. 185

Die meisten Zeitgenossen sahen in der Anschauungslehre PESTALOZZIS ausschließlich die äußere Anschauung, die als Betrachtung des Sichtbaren einfach ins Klassenzimmer einzuführen sei. FRÖBEL zeigt eine Eigentümlichkeit: Er betrachtet die Anschauungslehre PESTALOZZIS im Licht des allem Sichtbaren vorhergehenden Unsichtbaren. Das Argument FRÖBELS, den "fehlenden Teil" PESTALOZZIS, das Absolute, mit dem Begriff "Ahnung" zu ergänzen, erscheint FRÖBEL allerdings ungünstig: Denn was PESTALOZZI mit der "Gott ansehenden" inneren Anschauung meint, ist wesentlich nichts anderes als Hingabe an das Absolute. FRÖBEL beabsichtigt aber über die Anschauungslehre PESTALOZZIS hinaus, die religiöse Akzentuierung der Einheitslehre auf seine eigene Weise umzustellen.

6.1.3 PESTALOZZIANISMUS AUS SCHULDIDAKTISCHEM INTERESSE

FRIEDRICH ADOLPH WILHELM DIESTERWEG gilt als "Organisator des Pestalozzi-Kultes".[272] Er versuchte bereits 1811 als Hauslehrer mit der Pestalozzischen Methode Rechenunterricht zu geben.[273] Während seiner Lehrtätigkeit an der Musterschule in Frankfurt am Main (1813-1818) beschäftigte er sich zum ersten Mal gründlich mit PESTALOZZI, denn GOTTLIEB ANTON GRUNER, ein direkter Schüler PESTALOZZIS, wirkte bis 1810 an dieser Musterschule als Schulleiter.

DIESTERWEG trug wirksam bei zur Ausbreitung des Pestalozzischen Geistes durch seine Schriften über PESTALOZZI, durch die Gedenkveranstaltungen zum hundertsten Geburtstag PESTALOZZIS und durch den Aufruf zur Gründung der Pestalozzi-Stiftung, so daß er die Benennung "zweiter Pestalozzi"[274] gewann.

DIESTERWEG hält den Satz "unterrichte anschaulich!" für den obersten Grundsatz jedes Unterrichts. Die Anleitung zu anschaulichem Erkennen gilt ihm als ein unentbehrliches Verfahren des Unterrichts, im Gegensatz zur Ansicht seiner Zeitgenossen ohne Einschränkung auf den "ersten

---

272 Oelkers 1990, S. 23. OELKERS weist darauf hin, daß DIESTERWEG trotz seiner legendären Assoziation mit PESTALOZZI, die DIESTERWEG selbst schuf, "sich in aller Schärfe" von PESTALOZZI abgrenzt. (a.a.O. S. 4)
273 Bloth 1966, S. 53 sowie Scheuerl 1979, S. 287
274 Bloth 1966, S. 156

Unterricht" oder auf die "Elemente der Zahlen- und Raumlehre"[275]. Die Anschauung ist Ausgangspunkt aller Erkenntnis und bleibt ihre Grundlage: Denn "sowohl das Erkennen äußerer Dinge als das Erkennen innerer Zustände des Geistes selbst"[276] gehen nur aus der Anschauung hervor.

Für DIESTERWEG gibt es folglich keine höhere Aufgabe für den Lehrer "als alle seine Begriffe zuerst selbst auf Anschauungen zurückzuführen, um fähig zu werden, anschaulich unterrichten zu lernen."[277] Unterricht mit Veranschaulichung verlangt also zwei Phasen: vom Lehrer den Vorgang vom Begriff zur Anschauung; vom Schüler den Vorgang von der Anschauung zum Begriff.

DIESTERWEG versteht Anschauung ausschließlich als Empfänglichkeit. In der frühen Kindheit vertritt das "freie Spiel der Einbildungskraft" die selbsttätige Seite des Geistes. Die "Lust zu Anschauungen" vertritt in dieser Phase die geistige Empfänglichkeit[278]. Der Grundsatz der Anschaulichkeit betrifft deshalb bei DIESTERWEG die auf die Sinnesorgane bezogene "äußere Anschauung".

Das Anschauungsvermögen läßt sich nach DIESTERWEG in zwei Kategorien teilen: das äußere und das innere. Während das äußere dem Menschen durch die Sinnesorgane zur Auffassung der "einzelnen Dinge der Welt und ihrer Merkmale" verhilft, verhilft das innere dem Menschen zur Auffassung der "einzelnen Geisteszustände"[279]. Die "dadurch gewonnenen Vorstellungen"[280] nennt DIESTERWEG jeweils die äußere oder die innere Anschauung. Diese Definition weist darauf hin, daß DIESTERWEG als Anhänger der empirischen Psychologie F.E.BENEKES systematisch auf den Vorgang der äußeren Anschauung eingeht. Selbst im Begriff der "inneren Anschauung" sieht er bloß einen rein psychologischen Zusammenhang, wie die "einzelnen Geisteszustände vor das Bewußt-

---

275 Diesterweg 1958, S. 102
276 ebenda
277 a.a.O. S. 104
278 Vgl. a.a.O. S. 90
279 a.a.O. S. 103
280 ebenda

sein" treten: Die übersinnliche christliche Grundlage der "Gott ansehenden" inneren Anschauung bei PESTALOZZI findet hier keinen Platz.

Die Basis aller Erkenntnis ist nach DIESTERWEG die Empfindung, in welcher "der Mensch subjektiv und objektiv noch nicht trennt"[281]. Die Empfindung soll aber über diese Koexisitenz des Subjektiven und des Objektiven hinaus zur Anschauung, zur unmittelbaren Vorstellung geführt werden, indem sie angeregt wird zur Aufmerksamkeit auf den Gegenstand. Die dadurch gewonnene Vorstellung wird unabhängig von der Anwesenheit des Gegenstandes bewahrt und wird schließlich zum Eigentum des Menschen im wesentlichen Sinne. Die Vorstellung, in welcher der Mensch sich subjektiv und objektiv getrennt befindet, erlaubt dem Menschen, diesen Gegenstand unabhängig von der Anwesenheit des Gegenstandes freizuarbeiten: Die Vorstellung dieser Stufe heißt "Begriff". Im Vorgang der Anschauung verwandelt der Mensch sich vom Besitzer der durch das Subjektive und das Objektive verflochtenen Empfindung in den Besitzer des subjektivierten Objekts. Der Eigenwert des Anschauungsvermögens liegt darin, die geistige Selbsttätigkeit zu fördern. Das Grundprinzip der neuen Schule lautet bei DIESTERWEG folglich: "Selbsttätigkeit auf dem Grunde oder aus der Wurzel anschaulicher Erkenntnis – Entwicklung jener auf dieser Basis".[282] Die Selbsttätigkeit gilt hier als Form des Geistes, während die anschauliche Erkenntnis als Inhalt des Geistes gilt.

Die Grundlage der Anschauungslehre liegt bei PESTALOZZI sowohl in der Psychologie wie auch im Christentum. Auch wenn PESTALOZZI sagt, alles solle zum Schluß der christlichen Zielsetzung untergeordnet werden, ergibt sich daraus keine Diskrepanz: Denn das psychologische und das christliche Gesetz sind in seinen Augen ein und dasselbe. DIESTERWEG erarbeitet die Anschauungslehre PESTALOZZIS aber unter dem rein psychologischen Aspekt, unabhängig von jedem spezifisch christlichen Element. Die Zweigliedrigkeit der inneren Anschauung ist aufgelöst: DIESTERWEGS Anschauungslehre bedarf der übersinnlichen, "Gott ansehenden" inneren Anschauung nicht mehr.

---

281 a.a.O. S. 105
282 Diesterweg 1956, Bd. VI S. 260

DIESTERWEG nimmt in der Rezeptionsgeschichte der Pestalozzischen Anschauungslehre eine bedeutsame Stelle ein. Er legte eine schulmethodisch verarbeitete Rezeptionsform der Pestalozzischen Anschauungslehre vor, die wegen seiner schriftstellerischen und seiner organisatorischen Fähigkeit die Rezeptionsrichtung der Pestalozzischen Anschauungslehre in der folgenden Zeit stark prägte. Es war der Beginn der Epoche, in der die Pestalozzische Anschauungslehre in einer auf die Schuldidaktik reduzierten Form wirkte und dadurch den Weg zum Formalismus einschlug. DIESTERWEG bezeichnete zwar den Unterricht ohne Veranschaulichung als "tötenden Formalismus"[283], ahnte aber nicht, daß die von ihm verbreitete Pestalozzische Anschauungslehre bald in einer neuen Art vom Formalismus erstarren sollte.[284]

6.2 DIE REZEPTION IN ENGLAND

Die Rezeption der Anschauungslehre in England hat stattgefunden mit einem Akzent auf die intellektuelle Bildung. DUNNING schreibt: "We are better acquainted in this country with the intellectual side of Pestalozzianism, than the moral."[285] Die Pestalozzische Anschauungslehre fand in England zwar Anerkennung als allgemeines Prinzip für die intellektuelle Bildung, aber keinen Zugang zur sittlichen Bildung.

Diese einseitige Einführung der Pestalozzischen Prinzipien in die intellektuelle Bildung entstand aus der historischen Bedingung im damaligen England, wo die Pestalozzianer auf die große Schwierigkeit religiöser Auseinandersetzungen stießen. Bereits in den 1810er Jahren rief der optimistische Ausgangspunkt der Pestalozzischen Methode, der Mensch sei gut, eine Diskussion hervor: Denn die christliche Vorstellung hält den

---

283 Diesterweg 1958, S. 104. DIESTERWEG hält die Veranschaulichung zwar für ein Hilfsmittel zur Selbsttätigkeit, aber zugleich für ein Hilfsmittel zum Formalen. Vgl. "So muß der Elementarunterricht, der formal wirken will, anschaulich verfahren. (...) Formal und darum anschaulich!" (Diesterweg 1913, S. 29)

284 DIESTERWEG selbst fördert gegen die formalistische Methode eine "heuristisch-didaktische Methode", welche von der Anschauung ausgeht und sich auf das selbständige Nachdenken richtet. Er führt diese Leistung auf SCHLEIERMACHER zurück.

285 Mayo 1873, p. 174

Menschen für verdorben.[286] Die "Letters on Early Education" fachten den Streit um die "angeborenen Ideen" wieder an. Die *Times* schrieb: "He [= PESTALOZZI] has adopted all those absurd notions about innate principles and innate ideas which Mr. Locke so ably refuted."[287] Die idealistische Verkoppelung der "angeborenen Ideen" mit dem Christentum fand bei der empiristischen Schule bloß Spott: Der Mensch, der als ein unbeschriebenes Blatt zur Welt komme, sei weder von Natur gut, noch im Besitz angeborener Kräfte und Anlagen, die zu entwickeln seien.

Den Pestalozzianern blieben nur zwei Wege übrig, die Pestalozzische Methode nach England zu verpflanzen: Sie konnten sie entweder ausschließlich auf die intellektuelle Bildung einschränken, oder sie konnten ihre Schuldidaktik ohne Nennung des Urhebers paraphrasieren. Den ersten Weg wählte ELIZABETH MAYO: Sie wendet zwar die Anschauungslehre in ihrer Schule an und legte diese Lehrweise in einigen Büchern nieder; aber die Anschauungslehre heißt, wie bei JOSEPH NEEF, nur *object teaching*.[288] SAMUEL WILDERSPIN ging den anderen Weg: Er stellte in einem Buch die Pestalozzischen Prinzipien dar, ohne PESTALOZZI zu erwähnen.[289] Die als Vermittlerin des Pestalozzianismus bedeutende Gesellschaft, die *Home and Colonial School Society*, folgte ihm hierin: Sie definierte ihren Zweck, die Anwendung der Pestalozzischen Methode auf den Elemantarunterricht, nicht 1836 bei ihrer Gründung, sondern erst später.[290]

Ein anderes Merkmal der englischen Rezeption der Anschauungslehre liege, wie W.A.C. STEWART sagt, gewissermaßen in ihrer Abwegigkeit. STEWART urteilt: "The implications of what Pestalozzi understood by *Anschauung* were virtually ignored."[291] Denn obschon sich die Anschauungslehre PESTALOZZIS überall in England als eine Grundlage für *object*

---

286 Vgl.Silber 1963, S. 49. JOHN H. SYNGE, ein Pestalozzianer, mußte um die Dämpfung dieser religiösen Kontroverse kämpfen. CHRISTINA, eine irische Verehrerin von "Lienhard und Gertrud", litt auch unter der Verschiedenheit der religiösen Grundlage: Sie hält den Menschen für sündhaft. (Vgl.a.a.O. S. 51)
287 The Times, October 10, 1827
288 Silber 1963, S. 84
289 Vgl.a.a.O. S. 68
290 Vgl.a.a.O. S. 83 auch Silber 1967, S. 439f.
291 Stewart 1967, p. 141

lesson verbreitete, war das Wesentliche der Anschauung aber, meint STEWART, eigentlich nicht etwas für *object lesson*, sondern etwas für "intuition or psychic energy"; mit anderen Worten: "the fundamental power that underlay the operations of the mind relevant to the formation of concepts"[292]. Gerade auf diesen Punkt vermochte die englischen Rezeption der Anschauungslehre keine Rücksicht zu nehmen.

Als Propheten des Pestalozzianismus trugen besonders fünf Personen zur Verbreitung der Pestalozzischen Prinzipien bei: WILLIAM ALLEN, JAMES PIRREPONT GREAVES, CHARLES MAYO, ELISABETH MAYO und EDUARD BIBER.

Für die Zeitschrift "The Philanthropist" schrieb ALLEN 1813 einen Artikel über PESTALOZZI und FELLENBERG: Dieser regte BELL und OWEN dazu an, PESTALOZZI in Iferten zu besuchen.[293]

GREAVES war eine Weile als Mitarbeiter PESTALOZZIS in Iferten und wurde später zum Empfänger einer Reihe von Briefen PESTALOZZIS, den "Letters on Early Education". Er gründete 1837 eine Schule nach den Pestalozzischen Prinzipien in Ham, die *Alcott House*[294] genannt wurde.

CHARLES MAYO hielt sich zwischen 1819 und 1822 als Mitarbeiter PESTALOZZIS in Iferten auf. Gleich nach seiner Heimkehr gründete er eine auf den Pestalozzischen Prinzipien beruhende Privatschule für wohlhabende Knaben:[295] zuerst in Epson, dann in Cheam.[296] Diese Schule hatte Erfolg, zum einen weil die Betriebswirtschaft dieser Schule gut organisiert war, zum anderen weil REINER[297], ein Pestalozzianer,

---

292 a.a.O. p. 140
293 Vgl. Bowen 1981, p. 334
294 GREAVES benannte seine Schule nach AMOS BRONSON ALCOTT, der 1834 in Boston die *Temple School* im Geist PESTALOZZIS gründete.
295 Die Gründung einer Schule für Wohlhabende war die einzige Möglichkeit, in seinem Land die Pestalozzischen Prinzipien in die Tat umzusetzen: Die Kinder der niedrigeren Stände gingen in jener Zeit zu konfessionell strikt geteilten Schulen.
296 In Cheam war KRÜSI Jr. fünf Jahre lang als Lehrer tätig.
297 Nach der Lehrtätigkeit bei PESTALOZZI in Ifelten wurde er 1826 von MAYO nach England berufen: Er verfaßte 1830 "Lessons on Number and Form" nach den Pestalozzischen Prinzipien. Später wurde er Mitarbeiter der *Home and Colonial School Society*. Er unterrichtete auch die Kinder der Queen VICTORIA.

in der Schule einen ausgezeichneten Mathematik-Unterricht abhielt. CH. MAYOS Grundprinzip, "teaching by objects", leitete sich von einem der Pestalozzischen Prinzipien ab: "education more in contact with the child's own experience and observation"[298]. 1826 hatte er die Gelegenheit, am *Royal Institute* eine Rede zu halten: Darin betonte er als Pestalozzianer "the full and harmonious development of all the powers of the mind"[299]. Während seine Zeitgenossen im allgemeinen PESTALOZZIS religiöse Überzeugung für problematisch hielten, befürwortete CH. MAYO die religiöse Toleranz in den Pestalozzischen Prinzipien mit den Worten: "Its religious foundation is sufficiently broad to embrace all the distinctive evangelical sects"[300]. "The application of Christianity" sei die Voraussetzung für "the business of education"[301].

ELISABETH MAYO, die Schwester von CHARLES MAYO, half ihrem Bruder bei der Schulführung in Epson und in Cheam; vor allem hinsichtlich der Methode des Unterrichts.

BIBER ist bekannt als Herausgeber des Buchs, das PESTALOZZIS Tod verursacht haben soll. Vielleicht aus Reue über dieses Ergebnis beginnt er nach seiner Einwanderung in England zu schreiben, um seinen neuen Landsleuten die Erziehungsidee PESTALOZZIS zu vermitteln: Er versucht insbesondere, kulturell bedingte Mißverständnisse zu beseitigen.

6.2.1 PESTALOZZIANISMUS IN DER *HOME AND COLONIAL SCHOOL SOCIETY*

CH. MAYO beteiligte sich 1835 an der Gründung der *Home and Colonial School Society*, die sowohl mit ihrer Schule als auch mit ihrem Lehrerseminar kräftig beitrug zur Verbreitung der Pestalozzischen Prinzipien.

E. MAYO war pädagogische Leiterin der *Home and Colonial Infant and Training School* und zugleich Direktorin des *Home and Colonial Training*

---

298 Krüsi, p. 224
299 a.a.O. p. 223
300 a.a.O. p. 226
301 ebenda.

College[302]. Nach ihrer Auffassung liegt der Zweck der Elementarbildung in der Entfaltung der kindlichen Anlagen. Sie fordert: "exercise the faculties of children according to their natural order of development, aiming also at their harmonious cultivation"[303]. Die Elementarbildung ist zu diesem Zweck in drei Stufen zu teilen: Auf der ersten Stufe brauchen die Kinder Übungen der "perceptive faculties, arresting attention on qualities discoverable by the senses"; auf der zweiten und dritten Stufe brauchen die Kinder außerdem Übungen der "conceptive powers in recalling the impressions made upon the senses by external objects".[304]

"Lessons on Objects" (1829), ein von E. MAYO verfaßtes Buch, gilt als eines der einflußreichsten Bücher der englischen Pestalozzianer. Während E. MAYO ihre Achtung äußert vor der psychologischen Grundlage der Pestalozzischen Prinzipien, entwickelt sie in diesem Buch zugleich eine religiöse Rechtfertigung PESTALOZZIS anhand von Bibelzitaten. Daraus folgert sie: "this principle – the very basis of Pestalozzianism – is precisely that which best harmonises with our holy religion".[305]

Aufgrund dieser Überzeugung führte E. MAYO zehn Prinzipien PESTALOZZIS an. Die Anschauungslehre ist darunter das neunte: "Education should be based on intuition."[306] In der Auflage von 1873 war dieses Prinzip mit einer ausführlichen Fußnote von ROBERT DUNNING versehen. DUNNING, ein englischer Pestalozzianer schottischer Abstammung, war der Ansicht, daß der Unterricht nicht auf der *imagination* sondern auf dem *object* beruhen solle: Denn "the basis of education must rest upon the development of the perceptive faculties"[307]. Aus dieser Ansicht entwickelt er sein Verständnis von PESTALOZZI. Unter dem von E. MAYO angeführten neunten Prinzip soll PESTALOZZI das Folgende verstanden haben: "the child should be taught as much as possible by his own

---

302 Dieses Lehrerseminar wurde 1843 im Rahmen der *Home and Colonial School Society* gegründet.
303 Sheldon 1873, S. 6. Dies ist ein Zitat aus dem Vorwort von MAYOS Schrift von 1855.
304 ebenda
305 Mayo 1873, p. 138
306 a.a.O. p. 215
307 Krüsi, p. 227

examination of things, instead of his knowledge being founded on hearsay evidence."³⁰⁸

DUNNING läßt sich ebenfalls aus über den Begriff der *intuition*, den er zu fassen versucht in allgemeiner und in theologischer Hinsicht. In allgemeiner Hinsicht bedeutet *intuition* "the act of the mind in perceiving truth without argument, testimony, or experience"³⁰⁹: *intuition* ist in diesem Sinne mit *instinct* äquivalent, wenngleich: "Intuition is higher in degree than instinct, arising from the more complex and higher character of the human spirit than that of the brute."³¹⁰ In theologischer Hinsicht gilt ihm *intuition* als synonym zu

'consciousness', 'common sense,' 'first principles,' 'self-evident truths,' 'natural knowledge,' 'fundamental reason,' 'light of reason,' 'light of conscience,' 'inward Divine light'.³¹¹

Die Erläuterung DUNNINGS versteht unter *intuition* in allgemeiner Hinsicht die äußere Anschauung, während *intuition* in theologischer Hinsicht die innere Anschauung meint. *Intuition* in theologischer Hinsicht definiert er folgendermaßen:

It exists as a mere capacity independent of experience for the first occasion of its action, and upon successive experiences for its gradual development and culture.³¹²

Die Erwähnung dieser *intuition* bleibt durchweg außerhalb seines Interesses: "This is intuitional theology, which is German Rationalism transported to a higher temperature and more genial clime."³¹³

DUNNING weist anschließend anhand der *sensuous perception* und *mental, moral and religious intuition* auf die Zweigliedrigkeit von *intuition* hin: Das erstere bezieht sich auf die äußere, das letztere auf die innere An-

---
308 Mayo 1873, p. 103
309 a.a.O. p. 215
310 ebenda
311 a.a.O. p. 216
312 ebenda
313 ebenda

schauung. Nach DUNNING ist *intuition* bei PESTALOZZI einerseits mit *observation* oder *perception* im englischen Sinne gleichzusetzen; aber *intuition* bei PESTALOZZI ist andererseits synonym zu *perception of the understanding, the moral feeling, and the religious faculties of man*:

> The ideas derived from those sources he regarded as distinct from all information derived from outward sources, inasmuch as they rest on internal consciousness. And he would base the intellectual, moral, and religious education of the child upon intuition equally with physical perception.[314]

DUNNING deutet anschließend an, daß diese Erziehungsansicht mit der religiösen Auffassung in England keine Übereinstimmungsmöglichkeit hat, wenn sie *intuition* im zweigliedrigen Sinne als Ausgangspunkt der Erziehung nimmt.

Nach dieser Auffassung von *intuition* ist die *intuitive method* gleichbedeutend mit "object teaching, teaching through the senses, the teaching of things or realities"[315]. DUNNING wirft zugleich auch einen Blick auf die subjektive Seite der *intuition*:

> intuitive teaching must not be considered as confined to mere object teaching", (denn) "by intuition Pestalozzi meant clear, distinct, direct, and immediate perception or contemplation of the subject to be learned, whatever it was.[316]

Die Moralerziehung beruht in diesem Sinne auf der *intuition*. DUNNING schließt aber: "learning by intuition is no more than learning by experience"[317]. Er betrachtet folglich die Anschauungslehre PESTALOZZIS als bloße Weiterführung oder Bestätigung der empiristischen Tradition in England:

> Thus Pestalozzianism is, in one of its phases, merely a new application of what is thoroughly English in its character and appreciation.[318]

---

314 a.a.O. p. 217
315 a.a.O. p. 103
316 Vgl. ebenda
317 a.a.O. p. 105
318 ebenda

Trotz der Erwähnung der subjektiven Seite der Anschauung, sogar trotz der Thematisierung der Moralerziehung, unterläßt er eine nähere Betrachtung der inneren Anschauung. Diese Interpretation kann auch betrachtet werden als eine Taktik der englischen Pestalozzianer zur Einführung der Pestalozzischen Anschauungslehre. Durch die innere Anschauung in PESTALOZZIS Vorstellung von sittlicher Erziehung tritt seine pietistische Denkweise zutage, die aber der empiristischen Denkweise Englands völlig fremd ist. Die Absetzung der inneren Anschauung ist den englischen Pestalozzianern eine notwendige Bedingung, um die Anschauungslehre PESTALOZZIS überhaupt propagieren zu können.

6.2.2 AUFFASSUNGSMUSTER DES PESTALOZZIANISMUS IN DER LITERATUR

EDUARD BIBERS Auslegung der Anschauungslehre gleicht jener von DUNNING. Er versucht in "Henry Pestalozzi and his Plan of Education" (1831) den Engländern zwei *hard words* näherzubringen, die zwischen ihrem englischen und deutschen Sinn eine markante Verschiedenheit aufweisen: "Natur" und "Anschauung". Nach BIBER läßt sich die Anschauung im Pestalozzischen Sinne nicht einfach durch das englische Wort *intuition* ersetzen. In dieser Erläuterung faßt er nicht bloß die äußere Anschauung ins Auge, sondern auch die innere Anschauung. Unter der Anschauungslehre PESTALOZZIS ist seines Erachtens hauptsächlich zu verstehen: "the child should be taught, as much as possible, by his own examination of things."[319] Er unterscheidet *intuitive knowledge*, das heißt *knowledge founded on his own ocular inspection*, von *knowledge founded on hearsay evidence*. Seine Auffassung der Anschauung versteht sich zwar bis hierher als Gegensatz zur wortvermittelten herkömmlichen Erziehungsweise; zudem beschränkt sie sich auf die äußere Anschauung, die von den Sinnesorganen kommt. BIBER wirft aber anschließend auch einen Blick auf die innere Anschauung: *mental, moral, and religious intuition*, oder *internal, or spiritual intuition*. Sie ist "distinct from all information derived from outward sources, inasmuch as it rests altogether on internal consciousness".[320] In der englischen Literatur wer-

---

319 Biber 1831, p. 183
320 ebenda

den also durchaus beide Seiten der Pestalozzischen Anschauung von beiden Aspekten her in Erwägung gezogen.

BIBER ist aber sehr vorsichtig in der Bewertung der religiösen Auffassung PESTALOZZIS. Er weist hin auf einen Unterschied, der besteht zwischen der Denkweise von England und Deutschland: Während die Engländer "the advanced state of doctrinal development" besitzen, sind die Deutschen gleichgültig gegenüber der Doktrin; bei den Deutschen tritt *feeling* an die Stelle der Doktrin.[321] Wegen dieses Unterschiedes können die Engländer und die Deutschen auch nicht übereinstimmen in der religiösen Auffassung. Bei der Analyse des Begriffs "Natur" rechnet BIBER PESTALOZZI zu den Gegnern der heiligen Schrift[322], denn PESTALOZZI hält die Natur des Menschen für gut. Wegen dieser religiösen Problematik scheint sich BIBER von Anfang an von der inneren Anschauung zu distanzieren. Trotz der Erläuterung beider Anschauungen ist die eine bereits bestimmt, in England vernachlässigt zu werden.

6.3 REZEPTIONSGESCHICHTE IN AMERIKA

KRÜSI Jr. teilt die Entwicklungsgeschichte der Erziehung in vier Stufen: Auf der ersten Stufe wird der Mensch von Aberglauben oder von Ignoranz befreit; auf der zweiten Stufe lernt der Mensch in der Schule den Schatten des Wesens; auf der dritten Stufe nimmt der Mensch die dem Menschen entfremdeten Erkenntnisse auf; auf der vierten Stufe entsteht die Entdeckung der wahren Erziehung. Nach KRÜSI Jr. befindet sich Amerika zu seiner Zeit auf der dritten Stufe[323], in der die Erziehung keine Früchte trägt, "because they (= knowledges) are contrary to the eternal laws of God"[324]. Um die vierte Stufe zu erreichen, muß sich die Erziehung ändern: "education must express an inward condition rather than an outward object". Die Schule müsse auf der vierten Stufe zur Ent-

---

321 a.a.O. p. 179
322 a.a.O. p. 180
323 Die dritte Stufe sei zwar "one step beyond the old system of memorizing merely classical subjects", aber der Mensch erkenne auf dieser Stufe "the importance of science in all its relation". (Vgl. Krüsi, p. 230)
324 ebenda. KRÜSI Jr. geht, wie PESTALOZZI, von der festen Formel aus, daß das Gesetz der Erziehung gleich das Gesetz Gottes sei.

faltung der *mental nature* beitragen, indem sie die Erfahrungswelt der Schüler über deren vergangene Erfahrung verbreite.

KRÜSI Jr. glaubte, daß die Zeit reif sei für die vierte Stufe; aber für diesen Fortschritt bedürfe Amerika der Prinzipien PESTALOZZIS:

> In this era the principles of Pestalozzi are imperatively demanded, and are necessary to the next step of progress.[325]

WILLIAM MACLURE, geboren in Schottland, führte wohl als Erster die Erziehungsidee PESTALOZZIS in Amerika ein. 1804 und 1805 besuchte er PESTALOZZI in Iferten und war von seiner Methode begeistert. Aus dieser Begeisterung beteiligte er sich 1825 mit ROBERT OWEN an der Gründung der *New Harmony Community*, um in dieser utopischen Gemeinschaft eine Pestalozzische Schule zu errichten. Während OWEN für die Verwaltung dieser Gemeinde zuständig war, übernahm MACLURE die Verantwortung für die erzieherische Organisation: Nach der Empfehlung PESTALOZZIS lud MACLURE 1805 JOSEPH NEEF, einen Mitarbeiter PESTALOZZIS in Burgdorf, nach Amerika ein, der am Tag der Gründung der *New Harmony Community* die Schule mit den Pestalozzischen Prinzipien leiten sollte. Aber der Grund für MACLURES Begeisterung von den Pestalozzischen Prinzipien lag vornehmlich in der Zusammensetzung von Arbeit und Wissen. Er schrieb folgendes:

> In thus joining mental with corporal labor, the Pestalozzian system has a great advantage in all schools of industry; for it not only produces both knowledge and property at the same time, but gives habits of working and thinking conjointly, which last during life, and double the powers of production, while it alleviates the fatigue of labor by a more agreeable occupation of the mind.[326]

Ein weiterer Grund für seine Begeisterung liegt in der Atmosphäre der Schule PESTALOZZIS: MACLURE erhielt den Eindruck, daß eine *democratic atmosphere* die Schule PESTALOZZIS beherrsche, während eine *dictatorial atmosphere* die Schule FELLENBERG beherrsche.[327] Dieser Eindruck hat auf

---

325 ebenda
326 Monroe 1907, S. 51f.
327 Vgl. a.a.O. 50

MACLURE als ein entscheidendes Moment gewirkt: Denn MACLURE war wegen der Demokratie aus Schottland nach Amerika ausgewandert. Die Auffassung der Anschauungslehre entsprach offensichtlich nicht der Motivation MACLURES, die Pestalozzische Methode nach Amerika zu verpflanzen.

Zu den weiteren Beiträgern zum amerikanischen Pestalozzianismus sind zu zählen: JOSEPH NEEF, WARREN COLBURN, WILLIAM RUSSELL, A. BRONSON ALCOTT, HORACE MANN, LOWELL MASONN, NORMAN ALLISON CALKIN, DAVID PERHINS PAGE usw.

6.3.1 BEGINN DES PESTALOZZIANISMUS IN DER LITERATUR

Als Mitarbeiter PESTALOZZIS lehrte der Elsässer JOSEPH NEEF zwischen 1800 und 1803 in Burgdorf Musik, Gymnastik und Französisch. 1803 wurde er von einer philanthropischen Gesellschaft nach Paris berufen, um dort eine Pestalozzische Schule zu gründen: Diese Schule fand später bei NAPOLEON Gefallen.[328]

MACLURES lud 1805 NEEF nach Amerika ein, denn PESTALOZZI empfahl, anstatt sich selbst, seinen ehemaligen Mitarbeiter NEEF für die Aufgabe, die Pestalozzischen Prinzipien in Amerika zu verkünden. NEEF nahm diese Einladung an und reiste 1806 nach Amerika. Zwei Jahre später verfaßte er "A Sketch of a Plan and Method of Education" (1808), die erste englisch geschriebene Ausführung der Pestalozzischen Methode. Er übersetzte in diesem Buch die Anschauung mit *object teaching*, das auf die intellektuelle Bildung eingeengt wird. Diese Auffassung der Anschauung wurde "von da an in der englischsprechenden Welt weitgehend mit dem Wesen des Pestalozzianismus gleichgesetzt."[329]

NEEF definierte auch in diesem Werk die Erziehung als "the gradual unfolding of the faculties and powers which Providence bestows on the noblest work of creation – man".[330] Denn "The new-born child contains

---

328 Vgl. Schönebaum 1937, S. 398
329 Silber 1963, S. 23. NEEF behandelt hier nur die geistige und körperliche Erziehung des Schulunterrichts, denn die sittliche Erziehung gehört zur Familienerziehung.
330 Monroe 1907, p. 82

the germs of these faculties".³³¹ Er schrieb: "Pestalozzi does not attempt to introduce anything into his pupil, but to develop what he finds in him".³³² Dies scheint die künftige Auffassung der Pestalozzischen Idee in Amerika vor allem als "Entwicklung der innewohnenden Kräfte" zu definieren. Alles wird folglich durch die *observation* gelehrt und verstanden.³³³

NEEF geht in diesem Werk nicht auf die religiöse Erziehung ein: Denn "if children were to be instructed in religious dogmas at all, he thought such instruction should be given in the home". NEEF hält die *Golden Rule* für die sicherste Basis aller sittlichen Erziehung:³³⁴ Im Gegensatz zur *Home and Colonial School Society*, welche das Christentum in den Vordergrund der Erziehung rückte, ging NEEF die Religion eher zurückhaltend an.

Diese Einstellung zur Religion erhielt sich in der *New Harmony Community*. WILLIAM C. WOODBRIDGE³³⁵ schildert den dort geführten Moralunterricht:

all kinds of dogmas of every sect and persuasion are banished from the schools, but the purest and unsophisticated morals are taught by example and precept.³³⁶

Obschon NEEF die Wichtigkeit der innewohnenden Kraft betonte, fand die innere Anschauung keinen Platz: Denn dieser Begriff bedarf notwendigerweise einer religiösen Grundlage, auf welche NEEF in seiner Erziehung, selbst im Moralunterricht, möglichst wenig Gewicht zu legen versuchte. Die "innewohnende Kraft" erhält einige Aufmerksamkeit,

---

331 ebenda
332 ebenda
333 a.a.O. p. 90
334 a.a.O. p. 88
335 Er spielte die Vermittlerrolle zwischen PESTALOZZIS Musiklehrern, PFEIFFER, NÄGELI und LOWELL MASON. WOODBRIDGE brachte die "Method of Teaching Music according to the Principles of Pestalozzi" von PFEIFFER und NÄGELI nach Amerika; er ließ MASON den Inhalt dieses Buchs in die Tat umsetzen. Nachdem MASON seine Musikmethode nach seiner Reise in Europa (1837) vollendet hatte, verbreitete er die Pestalozzischen Prinzipien in der Musik in Amerika.
336 Monroe 1907, p. 120. OWEN und MACLURE waren auch der Meinung: "no dogmatic sectarian religious instruction should be given in the school." (ebenda)

aber nur hinsichtlich der äußeren Anschauung. Dies deutet an, daß die Anschauungslehre in Amerika zuerst in der intellektuellen Bildung aufgenommen wurde.

Das Experiment der *New Harmony Community* endete in einem Mißerfolg, zum Teil wegen des Zwiespaltes zwischen OWEN und MACLURE: Während OWEN die Vereinheitlichung der Mitglieder in der *Comunity* bezweckte, strebte MACLURE nach deren Freiheit. Der Mißerfolg des erzieherischen Experiments in der *Community* sei aber, nach CALKIN, auf den Fehler NEEFS zurückzuführen, keine Rücksicht genommen zu haben auf die Kulturverschiedenheit zwischen Europa und Amerika: NEEF "failed to comprehend the necessity of Americanizing the Pestalozzian system instead of merely transplanting it."[337]

NEEF stützte sich aber nicht allein auf die Pestalozzischen Prinzipien sondern auch auf die Theorie CONDILLACS. NEEF veröffentlicht nämlich 1809 eine Übersetzungsschrift: "The Logic of Condillac's". Diese Publikation war als Illustration des Erziehungsentwurfs für die von ihm in der Nähe von Philadelphia gegründete Schule gedacht. Daraus ist zu ersehen, daß CONDILLACS Theorie auch in der Ansicht der Mitarbeiter PESTALOZZIS als eine Unterstützungstheorie der Pestalozzischen Prinzipien wirksam war. Diese Ansicht wurde sogar bei der Einführung der Pestalozzischen Prinzipien in Anspruch genommen.

WARREN COLBURN machte mit der Publikation von "An Arithmetic on the Plan of Pestalozzi, with Some Improvement" (1821) die mit Nachdruck auf die intellektuelle Bildung gerichtete Rezeptionstendenz deutlich. CUBBERLEY sagt dazu: "The publication of this book marked our first adoption of Pestalozzi's ideas in teaching, and was the only phase of Pestalozzianism to be adopted before 1860."[338] KELLER sagt sogar:

> arithmetic was the only phase of Pestalozzianism in the United States to be widely adopted before 1860.[339]

---

337 a.a.O. p. 123
338 Keller 1923, p. 2
339 a.a.O. p. 10

Der Pestalozzianismus als Unterrichtsmethode wurde also zuerst in der Arithmetik praktiziert.

Die Denkweise PESTALOZZIS wurde auch in Amerika mit dem Empirismus gleichgesetzt, indem seine Leistung als eine Weiterführung BACONS betrachtet wurde: G. CARTER hielt PESTALOZZIS Gedanke, zum Beispiel, für "a mere reflection of Bacon".[340]

6.3.2 BLÜTEZEIT DES PESTALOZZIANISMUS IN DEN LEHRERSEMINAREN

Bereits im Jahr 1839 wurden Lehrerseminare mit Pestalozzischen Prinzipien sowohl in Massachusetts als auch in Westfield aufgebaut.[341]

Der Schotte WILLIAM RUSSEL widmete sich zuerst, zwischen 1826 und 1830, der Publikation des *American Journal of Education*. 1849 gründete er aber selbst ein privates Lehrerseminar in New Hampshire, das später nach Massachusetts überführt wurde. Bei der Gründung dieses Lehrerseminars wurde HERMANN KRÜSI Jr. aus dem Pestalozzischen Lehrerseminar in England beigezogen, damit dieses Lehrerseminar sich auch auf die Pestalozzischen Prinzipien stützen konnte. KRÜSI Jr., der Sohn von PESTALOZZIS Mitarbeiter HERMANN KRÜSI, studierte am Lehrerseminar Gais, später auch in Dresden und Berlin. Nach der Lehrtätigkeit am Lehrerseminar Gais (1838-1846), in der Schule MAYOS in Cheam sowie am Lehrerseminar der *Home and Colonial School Society* in Gray's Inn Road (1846-1852) wanderte er 1852 nach Amerika aus, weil LAWELL MASON ihm RUSSELL empfahl, auch weil er sich für das Referat von HORACE MANN interessierte.[342] Bei RUSSELL lehrte er fünf Jahre lang Zeichnen und moderne Sprache. 1862 wurde er aber von EDWARD AUSTIN SHELDON[343],

---

340 Vgl. a.a.O. p. 10
341 Monroe 1907, p. 137
342 Es ist auch zu vermuten, daß KRÜSI Jr. die bessere Einführungsmöglichkeit nicht in Europa sondern in Amerika sah: Die Europäer scheinen PESTALOZZIS Denkweise für übermäßig "liberal" gehalten zu haben. (Vgl. Silber 1967, S. 440)
343 Er verfaßte 1870 "Lessons on Objects", ein von MAYOS Schriften abhängiges Buch. Dieses Buch wird im Kapitel über die Rezeptionsgeschichte der "Pestalozzischen Methode" in Japan analysiert.

dem Gründer und Leiter der *Oswego Normal School*, nach Oswego berufen, wo er in der Mitte der amerikanischen Pestalozzi-Bewegung 25 Jahre lang zu ihrer Blüte beitrug.

Was in Amerika Pestalozzi-Bewegung genannt wird, ist international als Oswego-Bewegung bekannt. Die Oswego-Bewegung enthielt die *Oswego Normal School* als ihren Kern und führte MAYOS *object teaching* weiter. SHELDON, der führende Kopf der Oswego-Bewegung, hielt "natürliche Gegenstände" für Unterrichtsmittel. Der Pestalozzianismus in Amerika rückte mithin den Anschauungsunterricht ins Zentrum, der als *object-teaching* verstanden wurde.

> The phase of Pestalozzianism with which the Oswego movement has been so intimately identified is object-teaching – the **Anschauungsunterricht** of Pestalozzi.[344]

Allein aus dem *object-teaching* erworbene Erkenntnisse machen es möglich, daß "the faculties of the mind may be successfully cultivated"[345].

SHELDON begegnete 1860 mit Bewunderung einigen im Nationalmuseum Toronto ausgestellten Lehrmitteln der *Home and Colonial School Society*:[346] Diese Lehrmittel waren für *object-teaching* entwickelt worden. Im gleichen Jahr befaßte er sich mit der Änderung der Schulen in Oswego anhand der aus London importierten Lehrmittel "with special reference to object teaching as the core of the system".[347] SHELDON schreibt:

> The system which we have adopted is justly termed Pestalozzian ... . But in no country, perhaps, have these principles been more thoroughly systematized and developed than in a few training colleges in Great Britain.[348]

---

344 Monroe 1907, p. 170
345 Krüsi, p. 245
346 Diese Ausstellung wurde von EGERTON RYERSON, einem kanadischen Pestalozzianer, organisiert. RYERSON war zwischen 1844 und 1846 in Europa. Er gründete in Toronto eine *Normal School* mit den Pestalozzischen Prinzipien, indem er die Preußischen Schulen zum Vorbild nahm. Daneben beschäftigte er sich damit, Lehrmittel für *object lessons* zu sammeln.
347 Monroe 1907, p. 175f.
348 a.a.O. p. 176f.

SHELDONS Vorbild in der Rezeption PESTALOZZIS ist also England, wo die Prinzipien PESTALOZZIS systematisch verarbeitet werden. Ihm gilt die Lehrmethode der *Home and Colonial School Society* mithin als ideales Modell. Weil er unmittelbar bei einem Mitglied dieser Gesellschaft ihre Methode kennenlernen wollte, berief er 1861 MARGARET E.M.JONES, eine Mitarbeiterin von MAYO, zu einem Lehramt nach Oswego. Obschon ihr Aufenthalt bloß anderthalb Jahre dauerte, verbreitete sich ihre Methode durch ihre Studenten, durch veröffentlichte Notizen aus ihren Seminaren sowie durch ihre Schrift "The Laws of Childhood" (1862).

Als Nachfolger von JONES wurde KRÜSI Jr. an die *Oswego Normal School* berufen. Er berichtet über JONES:

Her teaching was essentially based on principles which owe their chief advocacy and practical application to the work of the Swiss school reformer, Pestalozzi. The more exclusive attention to object lessons, as a separate branch of study, was of English origin, and has since been greatly modified. Yet it was this new feature in particular which struck casual observers as worthy of attention and imitation.[349]

KRÜSI Jr. war der Meinung, *object teaching* und *objective teaching* seien voneinander zu unterscheiden: Während *objective teaching*, das heißt die "echte Pestalozzische Lehre", den Kindern zum wahren Verstehen verhelfe, bleibe *object teaching*, das heißt die "engere, von Mayo oder Jones vertretene Methode", bloß als eine Vorbereitung für *objective teaching*[350]: Denn *object teaching* richtet sich allein auf den zerstückelten Teil; *objective teaching* hingegen auf das Ganze. Das oberste Prinzip der Oswego-Bewegung lautete aber entsprechend dieser englischen Modifikation: "all knowledge is derived in the first instance from the perceptions of the senses, and therefore all instruction should be based upon real objects and occurrences."[351]

Die von SHELDON geleitete *Oswego Normal School*, das Zentrum der Oswego-Bewegung, befolgte dieses Prinzip und verwirklichte es in der

---

349 Monroe 1907, p. 178f.
350 Silber 1967, S. 449
351 Monroe 1907, S. 179

ihr angegliederten Übungsschule: Sie gewann bereits 1866 viel Ansehen in Amerika.

Die Oswego-Bewegung erwarb sich zwar durch die Verbreitung der "Pestalozzischen Prinzipien" einen guten Ruf. Sie stellte aber in einem gewissen Sinne eine negative Bilanz auf: Wegen der treuen Übernahme der sensualistisch umgeprägten Anschauungslehre PESTALOZZIS von England blieb ihre Auffassung in Amerika ebenfalls unübersehbar eingeengt. Denn als Weiterführung von MAYOS Methode fehlte ihr bereits die Möglichkeit einer vollständigen Einführung der Pestalozzischen Anschauungslehre: Sie betonte die sinnliche Seite, und vernachlässigte zugleich die Einordnung ins Ganze.

Obschon diese Methode "heuristisch" genannt wurde, beließ sie dem Kind in Wirklichkeit kaum heuristischen Raum. Weil die Lehrer auch die dem Kind bekannten Sachen durch die Gegenstandspräsentation zu lehren versuchten, verlor das Kind das Interesse am Lernen. Auch wenn die Form der Didaktik sich änderte, waren die Buch-Didaktik und die Objekt-Didaktik in ihrer Schablone identisch.

Zwischen 1868 und 1880 war die Schule in St. Louis unter der Leitung von WILLIAM TORREY HARRIS für ihre im Geist PESTALOZZIS geprägte Methode berühmt. MONROE beschrieb diese Schulen mit folgenden Worten:

> The Anschauungsunterricht of Pestalozzi and the object teaching of Sheldon took the form of natural science at St. Louis.[352]

---

[352] a.a.O. S. 198

7. REZEPTIONSGESCHICHTE PESTALOZZIS IN JAPAN

Japan nahm zwar mit Begeisterung eine auf der Anschauungslehre PESTALOZZIS beruhende englische Methode via Amerika auf, ihr Einfluß war aber weder grundlegend noch nachhaltig. Die Pestalozzischen Erziehungsideen sind nicht geeignet, nach Japan verpflanzt zu werden; mindestens läßt die Rezeptionsgeschichte PESTALOZZIS im 19. Jahrhundert diesen Schluß zu.

Japan nahm die Ideen PESTALOZZIS über den Umweg zweier Kulturen auf, in denen diese Ideen zunächst unter dem "wissenschaftlichen" Aspekt "systematisch" umgearbeitet worden waren. Die Anschauungslehre PESTALOZZIS kam nach Japan als "Pestalozzische Methode", *object lesson*, also in einer von der ursprünglichen Lehre entfernten Form. Japan führte sie ungeprüft ein, da der direkte Zugang zu den ursprünglichen Ideen ausgeschlossen war.

Die japanische Auffassung der Anschauungslehre PESTALOZZIS ist vornehmlich gekennzeichnet von dieser Voraussetzung, von Japan als Rezeptor aus dritter Hand. Die vom Begriff der äußeren Anschauung abgeleitete intellektuelle Bildung erstarrte im Formalismus, genauso wie im Westen, aber stärker in Japan. Die sittliche Bildung, welche aus dem Begriff der inneren Anschauung entwickelt werden sollte, erregte, wie im Westen, kaum Aufmerksamkeit: Japan brachte im Moralunterricht sogar anstelle der christlichen Grundlage, welche für die innere Anschauung maßgeblich ist, eine konfuzianische Grundlage ein.

Die Ideen PESTALOZZIS erfuhren bei jeder Rezeption eine Verdrehung in bestimmte Richtungen; in Japan als Endstation einer Rezeptionskette gesellt sich aber zur Verdrehung auch eine Reduktion zugunsten der Schuldidaktik. Im folgenden soll ein Rezeptionstypus der Anschauungslehre PESTALOZZIS aus der japanischen Erziehungsgeschichte des 19. Jahrhunderts herausgearbeitet werden.

7.1 Japan als Empfangsboden

Seit dem letzten Jahrhundert führt Japan energisch fremde Kulturgüter ein. Auffallenderweise läßt sich in der japanischen Geschichte jedoch schwer je eine wirkliche Auseinandersetzung mit einer fremden Kultur finden; dieses Phänomen wird meist auf eine unkritische, oberflächliche Einstellung zu fremden Kulturen zurückgeführt.

Zu Japans Fähigkeit, fremde Kulturgüter zu assimilieren, müssen jedoch zwei Punkte in Betracht gezogen werden. Erstens spielt die geographische Sonderbedingung Japans in der Rezeption jeglicher Kultur eine wichtige Rolle. Weil Japan ein isoliertes Inselland ist, fehlen in Japans Geschichte grundlegende äußere Einflüsse. Der geographische Abstand ermöglicht Japan beliebig ausgewählte, zum Teil äußerst oberflächliche Kontakte mit fremden Kulturen. Die Japaner pflegen bei der Rezeption einer fremden Idee die Prozesse der Verinnerlichung wegzulassen, welche sonst als notwendig und unentbehrlich gelten. Diese eigenartige Assimilationsweise läßt fremdes Kulturgut als rein pragmatisches Objekt zu, das nach Bedarf ausgewählt und aufgegeben werden kann.

Zweitens wirkt auch die schon als irrational bezeichnete Toleranz des japanischen Denkens bei jeder Rezeption mit. Diese Toleranz geht zurück auf die lockere Dogmenstruktur der einzigen in Japan heimischen Religion, des Schintoismus. Wegen seiner Lückenhaftigkeit neigt er zum Einbeziehen fremder Komponenten. Ein gutes Beispiel ist in Einführung des Buddhismus. Der Buddhismus etablierte sich in Japan, indem er dem Schintoismus eine Rollenverteilung anbot: Der Buddhismus verwaltet das Jenseitige, der Schintoismus das Diesseitige.[353] Die tolerante Einstellung zu den fremden Komponenten bestimmt aber zugleich eine unduldsame Seite der Rezeptionseinstellung: Der intolerante Bestandteil der fremden Kultur wird in der Regel noch vor ihrer Assimilation weg-

---

[353] Das Wesen des Schintoismus besteht im Glauben an diese Welt als eine reale Welt und erkennt die Anschließung dieser Welt an die nachtodliche, jenseitige Welt. Der Buddhismus hält hingegen diese Welt für bloß provisorisch; erst nach dem Tod beginnt ein reales Leben. Die zwei Religionen haben also einander widersprechende Vorstellungen. Weil aber der Schintoismus sich hauptsächlich auf das Weltliche konzentriert, wird eine Rollenteilung mit dem Buddhismus möglich, indem der Buddhismus ausschließlich für die Dinge der jenseitigen Welt zuständig ist.

gelassen oder abgeändert. Der Grund dafür, warum sich das Christentum in Japan nicht zu etablieren vermochte, liegt darin, daß das Christentum seinen Gott als das einzig absolute Wesen vom Menschen grundsätzlich abgrenzt: Die japanische Weltanschauung will aber das Weltall nur im kontinuierlichen Zusammenhang mit dem Menschen anerkennen. Das Christentum, das auf dem Glauben an einen einzigen Gott fußt, konnte wegen dieser intoleranten Gottesauffassung schließlich nicht in die japanische Kultur einbezogen werden.

Die Rezeption fremder Kulturen findet statt durch Assimilation, Eliminierung und Abänderung. Dieser Vorgang ist aber nicht mit dem qualitativen Sinken des Rezipierten oder mit der schlechten Rezeptionsfähigkeit des Rezipienten gleichzusetzen. Der Vorgang wirkt sich je nach Fall unterschiedlich aus, enthält aber meist eine positive und eine negative Seite zugleich; dies trifft auch für die Rezeption PESTALOZZIS zu.

7.1.1 GEISTESGESCHICHTLICHER ABRIß

RUTH FULTON BENEDICT, eine amerikanische Kulturanthropologin, bezeichnet in "The Chrysanthemum and the Sword – Patterns of Japanese Culture" (1946) die japanische Kultur aufgrund ihrer Verhaltensmuster als "Kultur der Schande". Nach ihrer Analyse tun Japaner das Gute aus Angst vor der Schande, also wegen äußerem Druck. Christen hingegen tun das Gute wegen des Gewissens, wegen eines inneren Bewußtseins. In der westlichen Weltanschauung geht der Mensch vom Bewußtsein der Erbsünde aus und richtet sich auf die Erlösung, indem er sich dem Gesetz Gottes unterstellt. BENEDICT nennt deshalb die westliche Kultur die "Kultur der Sünde". Angenommen, daß die Japaner also das Gute tun, um Schande zu vermeiden, so sind sie bei ihren guten Taten ständig angewiesen auf Zuschauer. Ist die Sittlichkeit in Japan heteronom? Beruht die Sittlichkeit in Japan nicht auf dem autonomen Individuum?

Die Einführung des Konfuzianismus ist ein gutes Beispiel der gleichgültigen japanischen Einstellung zum Individuum. Als Japan im siebten Jahrhundert einen Verfassungs-Staat gründete, nahm es sich das chinesische Rechtswesen zum Vorbild, in Begleitung der konfuzianischen Lehren, die dem chinesischen Rechtswesen zugrunde liegen.³⁵⁴ Die Einführung des Konfuzianismus beruhte auf politischem Interesse: Er galt in erster Linie als eine praktisch-moralische Philosophie, welche gemäß politischer Erwartungen die Ethik des Volks bestimmen konnte. Der Konfuzianismus stellt die Ethik nicht auf das Individuum ab, sondern auf die in fünf Kategorien aufgeteilten zwischenmenschlichen Beziehungen zwischen Herr und Diener, Eltern und Kindern, Geschwistern, Gatten, Freunden. Diese relativierte Sittlichkeit entspricht dem Ideal der Regierung, wie das Volk sich benehmen soll. Wohl weil Japan den Konfuzianismus auf Initiative der Regierenden aufnahm, scheint es aber eine andere Seite des Konfuzianismus vernachlässigt zu haben: Denn die konfuzianische Auffassung der Sittlichkeit tritt bei MENG-TSE beispielsweise nicht in der Form zwischenmenschlicher Relativität, sondern vielmehr in der Form des kategorischen Imperatives auf: Man tut das Gute, weil man wegen seines Mitleids muß, unabhängig von der Folge und von den zwischenmenschlichen Beziehungen.³⁵⁵ Sittlichkeit in Beziehung zum Mitleid kann allein individuell definiert werden. Diese Auffassung der Sittlichkeit wurde aber bei der politisch motivierten Einführung des Konfuzianismus kaum beachtet.

Läßt sich die japanischen Geistesstruktur aber als eine Spiegelung der Regierungsmeinung betrachten? Oder hat sie eine Kehrseite? Ihre Vorderseite ist durch den aus dem Ahnenkult stammenden Glauben vertreten; ihre Kehrseite durch einen sich auf buddhistische Urverheißung berufenden Glauben.

7.1.1.1 Religiöser Abriß des 19. Jahrhunderts

Bereits im Schintoismus, der in Japan einzig heimischen Religion, unterwirft sich der Glaube dem politischen Zweck. Der Glaube tritt in der Vorderseite der japanischen Geschichte häufig als politisches Mittel auf. Der "Glaube des Hauses", ein vom Schintoismus und dem Konfu-

---

[354] Nach offizieller Auffassung datiert die Aufnahme des Konfuzianismus in Japan auf 513, als die Doktoren der fünf konfuzianistischen Klassiker aus China nach Japan kamen.
[355] MENG-TSE behauptet aus diesem Grund, daß die Natur des Menschen gut sei.

zianismus stammender Volksglaube, definiert zum Beispiel die Sittlichkeit zugunsten politischer Absichten. Der japanische Glaube hat aber eine Kehrseite. Die stärkste buddhistische Sekte in Japan, die Sekte des wahren reinen Landes, bestimmt die Sittlichkeit unter einem individualistischen Gesichtspunkt.

Im 19. Jahrhundert suchte Japan zur Vollendung eines kaiserzentrischen Staates die geistige Stütze seiner Bevölkerung im Schintoismus; in ihm wird der Kaiser als Gott verehrt. 1868 kündigte die Regierung zuerst die Abschaffung der traditionellen Verschmelzung von Schintoismus und Buddhismus an; darauf folgte die öffentliche Bekanntmachung des "göttlichen Wegs", des Schintoismus, als Staatsreligion (1870). Der Schintoismus enthält seine eigene Kosmogenese, vergleichbar der Genesis der Bibel. Diese Geschichte beschreibt, daß der Kaiser der Sohn Gottes ist und die Bevölkerung seine Untertanen. Die darin vorgezeichnete Hegemonie des Nationalismus und der Verehrung des Kaisers sind jeder Prüfung ihrer Gültigkeit entzogen.

Dieser Erlaß hatte jedoch kaum eine Wirkung auf die breite Bevölkerung: Nach wie vor war der dominante Volksglaube der "Glaube des Hauses", welcher ethische Entscheidungen unter dem einzigen Gesichtspunkt fällt, ob eine Handlung dem Haus Schande oder Ehre bringt. Im "Glauben des Hauses" als Volksglaube gilt das "Haus" nicht bloß als die Einheit der Gesellschaft, sondern als die Einheit des Menschen überhaupt, denn das Bewußtsein des Ich selbst soll in diesem Glauben nicht vom Einzelnen, sondern vom "Haus" ausgehen.

Das 1890 erlassene "Kaiserliche Erziehungsedikt" (*Kyoiku-Chokugo*) trug aber bahnbrechend zur allgemeinen Anerkennung des Schintoismus als Nationalreligion bei. Dieser Erlaß legt fest, was der Schintoismus vom Volk als Untertanen des Kaisers erwartet. Eine systematische und energische Propagierung dieses Erlasses ließ die Idee einer Nationalreligion in Begleitung einer mit konfuzianischer Sittlichkeit verbundenen Reichsidee rasch um sich greifen.

7.1.1.2 Schintoismus und Glaube des Hauses

Der Schintoismus ist eine vom Ahnenkult abstammende Religion[356]. Er wurde von den Regierenden selbst eingesetzt und erlitt daher keine Repressionen. Der Glaube des Hauses ist ebenfalls ein vom Ahnenkult abstammender Glaube, aber im Gegensatz zum Schintoismus eher volkstümlich. Der dem Schintoismus und dem "Glauben des Hauses" gemeinsame Grundzug der Anbetung vom halb göttlichen, halb menschlichen Wesen, wurde zwischen Ende des 19. Jahrhunderts und Anfang des 20. Jahrhunderts instrumentalisiert zur Verwirklichung der kaiserlichen Reichsidee: Der Kaiser als halbgöttlich-halbmenschliche Figur erhielt ein religiöses und zugleich ein politisches Charisma, indem die Regierung den Schintoismus und den "Glauben des Hauses" zusammen in das Kaisersystem einbezog.

Die Nationalreligion, der Schintoismus, und der Volksglaube, der "Glaube des Hauses", bestätigen BENEDICTS Vorstellung der "Kultur der Schande": Das Kriterium der Sittlichkeit besteht nicht im Individuum, sondern in der Zusammengehörigkeit; das eine Mal in der Zusammmengehörigkeit des Kaiserreichs, das andere Mal in der Zusammengehörigkeit des Hauses.

Der Schintoismus und der "Glaube des Hauses" sind wegen ihrer Betonung der Zusammengehörigkeit im Höhepunkt des totalitären Nationalismus anfällig, zum Mittel politischer Indoktrination gemacht zu werden. Während der Schintoismus von oben her das Denken der Zeit bestätigte, wirkte dabei der "Glaube des Hauses" von unten her mit. Wie MAX WEBER den Antrieb der kapitalistischen Modernisierung im asketischen Berufsethos des Protestantismus sieht, sieht JIRO KAMISHIMA die subjektive Energie der japanischen Modernisierung in der Sittlichkeit des Hauses.[357] Wenn der Prozeß der japanischen Modernisierung aber mit der Gestaltung der nationalistischen Reichsidee gleichzusetzen ist, so geht die Triebfeder der japanischen Modernisierung sogar auf den Ahnenkult zurück, also auf den gemeinsamen Ursprung des Schintois-

---

356 Das Wort "Schintoismus" tritt in einer altjapanischen Chronik (Nihonshoki), im Artikel über Kaiser YOMEI (585-587), 720 zum ersten Mal auf. YOSHIO TODA sieht darin das aufkeimende Nationalbewußtsein der Japaner. (Vgl. Hori 1977, S. 26)
357 Kamishima 1989, S. 265

mus und des Glaubens des Hauses. Denn die rasche Modernisierung Japans liegt vor allem in der Existenz einer halb göttlichen, halb menschlichen Figur begründet. Der Ahn verwandelt sich nach seinem Tod in eine halb göttliche, halb menschliche Figur, die seinen Nachkommen durch das Zusammengehörigkeitsgefühl ein Kriterium der Sittlichkeit vorzulegen vermag. Diese Vorstellung nimmt in der Familie die Form des Patriarchats an, im Staat die Form des Kaisersystems. Der Ahn gebietet den Lebenden einerseits Ehrfurcht, bleibt aber andererseits in einer Nähe, die Zusammengehörigkeit spürbar sein läßt. Das Göttliche befindet sich in dem vom Ahnenkult abstammenden Glauben nicht in transzendentaler Ferne. Die immanente Beschaffenheit dieses Glaubens verhalf Japan offensichtlich zur Konzentration aller Energien auf das Weltliche, welches aber gefühlsmäßig den Halt des Göttlichen anbot: Indem der Schintoismus das Kaisersystem rechtfertigte und der "Glaube des Hauses" das Patriarchat rechtfertigte, trug dieser Glaube zur Gestaltung der nationalistischen Reichsidee bei, welche wiederum die japanische Modernisierung anspornte.

7.1.1.3 Glaube des kaiserlichen Erziehungsediktes

Die Regierung legte 1890 im Kaiserlichen Erziehungsedikt (*Kyoiku-Chokugo*) die japanischen Tugenden fest, welche für mehr als ein halbes Jahrhundert (1890-1945) als Leitbild der Volkserziehung hochgehalten wurden: Dieses Erziehungsedikt war angeblich kein Regierungsbeschluß sondern eine kaiserliche gnadenvolle Belehrung. Die unverbrüchliche Treue zur Herrschaft und die kindliche Liebe zu den Eltern: Diese Tugenden zeigen, daß sich der Erziehungserlaß sowohl vom Schintoismus als auch vom "Glauben des Hauses" herleitet. Aber dieser Erziehungserlaß ist zugleich stark von der nationalistischen Gesinnung gefärbt. Er fordert auch die Kriegsbereitschaft: "Sollte es sich je nötig erweisen, so opfert euch tapfer für das Vaterland auf!"[358]

Der Inhalt dieses Erziehungserlasses wurde im wichtigsten Lehrfach der Schule, dem Moralunterricht, erläutert und Wort für Wort auswendig gelernt. "Das Programm für die Lehrgegenstände der Grundschule"

---

[358] Stettbacher 1936, S. 266

(17.11.1891) schrieb beispielsweise in seinem zweiten Artikel den Inhalt des Moralunterrichts vor: "Der Moralunterricht beruht auf dem Kaiserlichen Erziehungserlaß und beabsichtigt, das Gewissen im Kind zu entfalten, seine Tugend zu entfalten, Unterweisung für die menschliche Praxis zu erteilen."[359] Darauf folgte die Veröffentlichung vieler Lehrbücher für den Moralunterricht, welche entsprechend dieser Vorschrift geändert wurden: Sie priesen die im Kaiserlichen Erziehungserlaß vorgelegten Tugenden und waren begleitet von Erläuterungen und exemplarischen Erzählungen; in einigen Lehrbüchern war sogar jede Lektion einer einzelnen Tugend zugedacht. Weil der Kaiser, der angebliche Verfasser dieses Erziehungserlasses, im Schintoismus der legitime Nachkomme der Götter ist, galt der Erziehungserlaß selbst als heilig. Die Verbreitung dieses Erziehungserlasses in den Schulen erwirkte ein weites Durchdringen des Schintoismus. Der Erlaß wirkte zwischen 1890 und 1945 sogar beinahe wie eine selbständige Religion.

RUSSELL führt die Pädagogen des modernen Japan als ein erfolgreiches Beispiel an: "The aim of Japanese education is to produce citizens who shall be devoted to the State through the training of their passions, and useful to it through the knowledge they have acquired. I cannot sufficiently praise the skill with which this double purpose has been pursued." [360] Obschon RUSSELL deutlich die Erziehung "zur Zustimmung zu einem Dogma" ablehnt, bleibt die Leistung der japanischen Erziehung ein geschichtlicher Beleg, wie weit eine Regierung durch Erziehung ihre Zwecke erreichen kann. Diese Leistung ist in erster Linie dem Kaiserlichen Erziehungserlaß zu verdanken.

7.1.2 HISTORISCHER ABRIß DES 19. JAHRHUNDERTS

Die erste Hälfte des 19. Jahrhunderts gehört in der japanischen Geschichte noch zur Zeit der Abschließungspolitik (1639-1858), und damit zu einer stabilen, feudalistischen Zeit: Die Bevölkerung lebte ferngehalten von jeglichem Einfluß fremder Kulturen und streng geteilt in vier erbliche Stände (Krieger, Bauern, Handwerker und Kaufleute).

---

359 Vgl. Yamazumi 1980, S. 11
360 Russell 1926, S. 35

Bereits mit der Landesöffnung 1858 und verstärkt nach dem Amtsantritt der *Meiji*-Regierung 1868 begann die hektische Einführung westlicher Kulturgüter: Die neue Regierung nahm eine radikale, westlich orientierte Modernisierung vor. Die ersten zehn Regierungsjahre, die als die japanische Aufklärungsepoche bezeichnet werden, tendierten politisch zum Liberalismus; die vier Stände wurden abgeschafft (1868) und der christliche Glaube zugelassen (1873).[361]

Im zweiten Regierungsjahrzehnt entstand eine Reaktion auf den Liberalismus, die zur japanischen Reichsidee neigte. Nachdem Japan mit der Proklamierung der *Meiji*-Verfassung (1889) zu einer kaiserzentrischen Verfassungsmonarchie umgestaltet worden war, steigerte sich diese anti-liberalistische Reaktion zum Nationalismus. Der Sieg im chinesisch-japanischen Krieg (1894) verstärkte diese Ideologie unter dem Schlagwort "zum Wohl des Landes, zur Stärkung des Landes".

7.1.3 ERZIEHUNGSGESCHICHTLICHER ABRISS DES 19. JAHRHUNDERTS

Vor der Landesöffung von 1858, in der *Tokugawa*-Ära, gab es zwei ständisch geteilte Erziehungsstätten: die Fürstenschule (*Hanko*) für die Oberschicht und die Tempelschule[362] (*Terakoya*) für die niedrigere Schicht. Die erstere richtete sich auf die Bildung der Regierenden; die letztere hingegen auf die reine Lebensnützlichkeit.

---

361 Diese Zulassung bedeutet aber keine wesentliche Änderung der Politik. Weil das Verbot des Christentums in Japan internationale Kritik auslöste, war man zur Zurücknahme dieses Verbotes gezwungen, um mit den westlichen Ländern diplomatische Beziehungen aufnehmen zu können. Im Unterschied zur offiziellen Zurücknahme des Verbotes war die Regierung vielmehr der Ansicht, daß das Verbot des Christentums bereits durchgedrungen sei, so daß dieses Verbot keiner weiteren Ankündigung bedürfe. (Vgl. Hori 1977, S. 194)

362 Die "Tempelschule" ist nicht unbedingt einem Tempel angegliedert. Dieses Wort entstand aus der mittelalterlichen Tradition, daß der Tempel dem Volk Lese-Stunden anbot. Später verwandelte sich dieses Wort aber unabhängig von der Zugehörigkeit zum Tempel zur Bezeichnung aller bürgerlichen Erziehungsanstalten, in denen das Lesen gelehrt wurde (Vgl. Ototake 1908, S. 3).

Die Fürstenschule[363] bestand zur Bildung der künftig Regierenden. Diese Schule weihte den Nachwuchs der Krieger vor allem in die konfuzianische Philosophie ein, auf welche sich das feudalistische und patriarchalische System stützte. Die Lehrtexte waren in erster Linie die konfuzianischen Klassiker im Original.

Die Kinder traten mit fünf oder sechs in die Fürstenschule ein[364] und begannen sogleich, die chinesischen Texte herunterzulesen (Sodoku), ohne sich um ihre Inhalte zu kümmern. Erst nach der Einübung dieses Herunterlesens besuchten die Schüler die Vorlesung (Kogi), die den Schülern zum inhaltlichen Verstehen dieser Texte verhalf. Darauf folgten zur Vertiefung des Verstehens der Lesezirkel (Kaidoku) und der Vorlesungszyklus (Rinko): Die Schüler diskutierten unter Leitung eines Lehrers. Zum Schluß durften die Schüler persönlich dem Lehrer Fragen stellen (Shitsumon).[365] Obgleich die Lehrpläne der Bezirke verschieden waren, ging man überall gleich vor; es wurde vom einfachen Herunterlesen der Texte fortgeschritten zum inhaltlichen Verstehen dieser Texte.

Die Entstehung der Tempelschule hat zwei Gründe: Sie entstand einerseits zur Unterweisung der Kinder in den notwendigen Kenntnissen des alltäglichen Lebens, wie Lesen und Rechnen; andererseits aber aus politischen Interessen, das heißt zur Propagierung der herrschenden Gesinnung; die politischen Bekanntmachungen mußten von den Gelehrten erläutert werden. Die Tempelschulen verbreiteten sich besonders zu Beginn des 19. Jahrhunderts.[366] Die Lehrer waren Krieger, Mönche und Ärzte, denen die Lehrtätigkeit ein Nebenverdienst war.

Die Kinder traten meist mit sieben in die Tempelschule ein. Das Hauptfach, manchmal auch das einzige Fach, war traditionell das Schreiben (Tenarai). Dieses Fach enthielt kalligraphische Übungen und Lesen. Das

---

363 255 von 275 Bezirken besaßen in der Tokugawa-Ära ihre eigene Fürstenschule (Vgl. Ishikawa 1978, S. 28).
364 Es gab zum Teil Fürstenschulen, bei denen der Eintritt erst mit 15 erlaubt war (Vgl. a.a.O. S. 74).
365 Vgl. Ishikawa 1978, S. 76f.
366 Viele von diesen Tempelschulen, die mehr als 1,500 Schüler zählten, verwandelten sich in der Meiji-Ära in Primarschulen.

Schreiben wurde vor allem geschätzt, weil die Schüler die unveröffentlichten Texte selbst abzuschreiben hatten, und weil die Kalligraphie als Schule der Persönlichkeit betrachtet wurde. Die kalligraphischen Fortschritte wurden deshalb mit der Entfaltung der Persönlichkeit und zugleich mit der Entwicklung der Sittlichkeit gleichgesetzt. Die Tempelschulen bestanden daher, auch wenn das Schreibenlernen als einziges Lehrfach genannt wurde, wesentlich aus drei verschiedenen Lehrbereichen: Schreiben, Lesen und Morallehre.

Die Elementarlehrtexte wurden "Briefwechsel" (*Oraimono*) genannt, weil anfänglich den Kindern die elementaren Lehrstoffe in der Form des Briefwechsels vermittelt wurden.[367] In den Tempelschulen erhielten die Schüler ihre Texte je nach Fortschrittsgrad; sie schrieben individuell die ihnen gegebenen Texte ab, und als sie mit dem Abschreiben fertig waren, ließen sie den Lehrer das Abgeschriebene korrigieren. In diesem Sinne wurde die Lektion jeweils als Einzelunterricht abgehalten.

Der Konfuzianismus, dessen Klassiker in den Fürstenschulen der wichtigste Lehrstoff waren, begann auch die Tempelschulen zu durchdringen, nachdem der fünfte Shogun TSUNAYOSHI 1682 "Vasallentreue und Kinderpflicht" (*Chu-Ko*) zu den obersten konfuzianischen Tugenden erklärt hatte. Der Konfuzianismus verstand sich hier allerdings nicht als Philosophie der Herrscher, sondern als reine Morallehre. Der achte Shogun YOSHIMUNE[368] bot auch den Tempelschulen die konfuzianischen Lehrmittel an, indem er 1719 die aus Erläuterungen zu den sechs konfuzianischen Tugenden bestehenden Lehrbücher drucken ließ. 1843 verpflichtete die Regierung die Tempelschulen, nicht nur Schreiben zu lehren sondern auch konfuzianische Moral.[369]

---

367 Die Briefwechsel-Form ging mit der Zeit verloren, während die Benennung der Elementarlehrtexte unverändert blieb. Mehr als 7,000 verschiedene "Briefwechsel" aus jener Zeit sind heute noch vorhanden. (Vgl. Ishikawa 1978, S. 211ff.)

368 YOSHIMUNE ließ 1722 bekanntmachen, daß die Aufgabe der Tempelschulen in der Erläuterung der Gesetzesvorschriften der Regierung liege. Die Tempelschulen wurden damit zum Instrument der Regierung. (Vgl. Ototake 1908, S. 15)

369 Die Lehrer der Tempelschulen sollen als Lehrstoff neben den konfuzianischen Texten auch die von der Regierung erlassenen Artikel behandeln. Die Lehrer der Tempelschulen sollen als "Stütze der Politik" wirken. (Vgl. a.a.O. S. 27)

Die politische Wende wirkte sich unmittelbar in der Erziehung aus. Nach der 219jährigen Landesabschließung stellte sich die Regierung die Aufgabe, den japanischen Kulturstandard auf den westlichen zu heben: Die im Jahre 1868 an die Macht gekommene *Meiji*-Regierung versuchte diese Aufgabe durch die allgemeine Hebung der Volkserziehung anzugehen. Das Hauptgewicht der Erziehung lag dabei auf der intellektuellen Bildung. Um einen "Plan für die Bildung des Volks" (*Gakusei*) zu erarbeiten, wurde im Juli 1871 das Kultusministerium gegründet: Die Veröffentlichung des "Plans für die Bildung des Volks" folgte 1872. Das Kultusministerium übernahm in diesem Plan das zentralistische französische Schulbezirkssystem und das amerikanische Lehrfachsystem. Die gesamte Bevölkerung, unabhängig von Geschlecht und Klasse, wurde damit schulpflichtig. Zusatzverordnungen zur Ergänzung des Plans wurden 1873 erlassen. Der Plan kam aber wegen Gleichmacherei in Verruf und wurde 1879 aufgegeben.

Noch im gleichen Jahr wurde ein "Erziehungserlaß" (*Kyoiku-Rei*) verabschiedet, der von DAVID MURRAY [370] und FUJIMARO TANAKA entworfen worden war. Dieser Erlaß zeichnete sich aus durch Dezentralisierung, Demokratie und Liberalismus. Er forderte aber Kritik heraus wegen seiner radikal liberalistischen Richtung.

In den 1879 bekanntgegebenen "Erziehungshauptpunkten" (*Kyogaku-Taishi*) setzte die Regierung die – konfuzianisch aufgefaßte – sittliche Bildung als Kern der Erziehung fest. Die Regierung kritisierte damit auch die stark intellektualistisch ausgerichteten Erzieher. Diese "Erziehungshauptpunkte" zeigten bereits deutlich die neuen politischen Tendenzen des zweiten Regierungsjahrzehnts, nämlich Zentralismus und Bürokratismus.

---

370 MURRAY nahm durch die japanischen Studenten in Amerika Interesse an der japanischen Erziehung; anläßlich der von ARINORI MORI durchgeführten Umfrage nahm er Kontakt mit der japanischen Regierung auf, wurde anschließend von TAKAYOSHI KIDO nach Japan eingeladen und schloß einen Vertrag mit FUJIMARO TANAKA. Er war von 1873 bis 1878 als Regierungsberater im japanischen Kultusministerium tätig.

1880 wurde der liberale Erziehunserlaß durch einen "neuen Erziehungserlaß" (*Kaisei-Kyoiku-Rei*) ersetzt[371], den TOSHIKANE KONO entworfen hatte. Der "neue Erziehungserlaß" zeigte sich als Reaktion auf den radikal westlich orientierten Liberalismus des ersten Regierungsjahrzehnts und legte den Moralunterricht als Zentralfach der Schulerziehung fest. Er sollte sich richten auf die konfuzianischen Tugenden der Barmherzigkeit, Treue, Kaisertreue und Kinderpflicht. Von dieser Zeit an suchte die Regierung pädagogische Orientierung in der deutschen anstatt in der liberalen englischen Literatur. Der Studienort der auf Regierungsbefehl ins Ausland geschickten Erzieher wurde gleichzeitig nach Deutschland verlegt.

In den 80er Jahren begann damit eine noch stärkere politische Einmischung in die Schulerziehung: 1881 verpflichtete das Kultusministerium alle Schulen zur Meldung der verwendeten Lehrbücher (*Todokede-Sei*). Ab 1883 wurden die Schulen verpflichtet, für ihre Lehrbücher die Genehmigung des Kultusministeriums einzuholen (*Ninka-Sei*). Das Kultusministerium verpflichtete 1886 jeden Verlag, für die Veröffentlichung von Lehrbüchern die Genehmigung des Kultusministeriums einzuholen (*Kentei-Sei*).[372] Das "Kaiserliche Erziehungsedikt" (*Kyoiku-Chokugo*) von 1890, das bis zum Ende des zweiten Weltkrieges maßgebend blieb, legte die Schulerziehung endgültig fest auf eine nationalistische Richtung. Das Schlagwort lautete: "die Schulen verpflichten sich zur Bildung eines kaisertreuen Volks."

7.2 REZEPTION PESTALOZZIS

Die Wirkung PESTALOZZIS in Japan hat zwei deutlich voneinander geschiedene Perioden.

Die Regierung der *Meiji*-Ära nahm sich bei der Einführung westlicher Erziehungswissenschaft in erster Linie die amerikanische Didaktik zum Vorbild: Sie berief amerikanische Erzieher zu Ämtern im Kultusministe-

---

371 Damit wurde TANAKA, der Entwerfer des allzu liberalen "Erziehungserlasses", entlassen. Zu diesem Zeitpunkt begann Japan anstatt der liberalen amerikanischen Erziehung die deutsche Erziehung sich zum Vorbild zu nehmen.

372 1903 wurde sogar ein staatliches Druckmonopol für Lehrbücher beschlossen (*Kokutei-Sei*). Dieses Monopol blieb bestehen bis zum Ende des zweiten Weltkriegs.

rium und auf Lehrstühle des Lehrerseminars; sie schickte zugleich drei Japaner[373] mit dem Auftrag nach Amerika, die amerikanische Schuldidaktik zu studieren.

Mit der damals in Amerika vorherrschenden Schulmethode übernahm Japan eine auf der Anschauungslehre PESTALOZZIS beruhende Methode, die **object lesson** (*Shobutsu-Shikyo*). Diese Methode entwickelte sich in Japan zur **heuristischen Methode** (*Kaihatu-Kyoju*) und verbreitete sich in allen japanischen Schulen. Diese Methode hielt sich aber nur zwischen 1875 und 1890. Zum einen lag der Grund für die kurze Blütezeit der Methode in der Methode selbst: Sie wurde zu formalistisch. Für ihren Niedergang sorgte zum anderen aber auch der politische Umschwung Ende der achtziger Jahre: Die Regierung kehrte sich von der Methode ab.

Nach der Einführung des Herbartianismus in Japan durch EMIL HAUSKNECHT[374] trat die herbartianische Unterrichtslehre an die Stelle der *object lesson*, da sie politisch opportun erschien. Eines ihrer Merkmale, die Auffassung der Moralität als höchstem Zweck der Erziehung, entsprach der Absicht der damaligen Regierung. Diese Unterrichtslehre stieß aber mit der Zunahme des Nationalismus wegen ihrer am Individuum orientierten Basis auf politische Ablehnung. Auch unter Lehrern rief diese Unterrichtslehre Kritik hervor, denn ihre Stufenlehre verfiel mit der Zeit ebenfalls dem Formalismus.

Nach dieser Dekade der Unterbrechung erinnerte man sich 1897 wieder an PESTALOZZI: Die Lehrer begannen in ihm den "wahren erzieherischen Geist" zu sehen. Dies ist die Ankündigung der eigentlichen japanischen Pestalozzi-Bewegung: PESTALOZZI blieb zwar bis zum Ende des 19. Jahrhunderts in Japan bloß Gegenstand eines sentimentalen Personenkults, aber an diese Episode schließt sich die Zeit der gesamtjapanischen, dauerhaften PESTALOZZI-Bewegung, in welcher PESTALOZZI vom pädagogischen und philosophischen Standpunkt aus behandelt wird.

---

373 SHUJI IZAWA zur von A.G. BOYDEN geleiteten *Waterbridge Normal School*, Mass.; HIDEO TAKAMINE zur von E.A.SHELDON geleiteten *Oswego Normal School*, N.Y.; SENZABURO KOZU zur von D.P. PAGE geleiteten *Albany Normal School*, N.Y..

374 HAUSKNECHT hielt von 1887 bis 1890 Vorlesungen über HERBARTS Stufenlehre an der Kaiserlichen Universität Tokio.

7.2.1 1872-1878: ANSCHAUUNGSLEHRE ALS *OBJECT LESSON*

Im August 1872 wurde der "Plan für die Bildung des Volks" (*Gakusei*) bekanntgemacht. Dieser Plan machte zwar alle Kinder im Alter zwischen sechs und dreizehn Jahren schulpflichtig, es fehlte dem damaligem Japan aber an manchem zur Verwirklichung dieser Vorschrift: Unterrichtsmaterialien, Schulgebäude und ausgebildete Lehrer waren nicht in ausreichendem Maße vorhanden. Es gab zwar bis dahin in Japan viele Fürstenschulen (*Hanko*) als Erziehungsanstalten der Oberschicht und viele Tempelschulen (*Terakoya*) als Erziehungsanstalten der unteren Schichten, aber das System des klassenweise abgehaltenen Unterrichts war völlig neu. Nicht nur stellte sich das Kultusministerium die Ausbildung von Lehrern zur dringenden Aufgabe; für den Klassenunterricht mußte auch eine neue Didaktik eingeführt werden. Im Mai 1872, drei Monate vor der Bekanntmachung des "Plans für die Bildung des Volks", wurde das erste staatliche Lehrerseminar Tokio (*Tokyo-Shihan-Gakko*) gegründet: Auf die wichtigste Lehrstelle an diesem Lehrerseminar berief das Kultusministerium einen Amerikaner, MARION MCCARRELL SCOTT. Neben der Förderung der Lehrerausbildung ließ die junge *Meiji*-Regierung auf der Suche nach einer Schuldidaktik zahlreiche amerikanische Bücher dieses Gebietes ins Japanische übersetzen:

JAMES PYLE WICKERSHAMS "School Economy" (1870) (Übers.1874)
JOHN SEELEY HARTS "In School Room" (1868) (Übers.1876)
CHARLES NORTHENDS "The Teacher's Assistant" (1859) (Übers.1876)
DAVID PERHINS PAGES "Theory and Practice of Teaching" (1847) (Übers. 1876)
NORMAN ALLISON CALKINS "Primary Object Lesson" (1870) (Übers. 1877)
EDWARD AUSTIN SHELDONS "Lessons on Objects" 1863 (Übers.1878)
CAHRLES NORTHENDS "The Teachers and the Parents" (1853) (Übers. 1878)
ALFRED HOLBROOKS "The Normal: or Methods of Teaching Common Branches" (1862) (Übers.1879)
IRA MAYHEWS "Universal Education" (1850) (Übers. 1885)

Die meisten dieser Bücher ehren PESTALOZZI als Begründer der *object lesson* und besprechen seine Erziehungsgrundsätze.

In dieser Epoche vermochten die Japaner selbst noch nicht als Begründer des Pestalozzianismus aufzutreten. Vier Amerikaner machten direkt und indirekt die japanische Schuldidaktik vertraut mit der "Pestalozzischen Methode": SCOTT, CALKIN, SHELDON und PAGE.

7.2.1.1 Einführung der *object lesson* am Lehrerseminar Tokio

SCOTT studierte Rechtswissenschaft an der Universität Virginia. Nach dem Studienabschluß war er ein Ausschußmitglied des "State Board of Examiners" in Kalifornien, und wurde später zum Schuldirektor der *Washington Street Grammar School* in San Francisco.[375] Er war bereits 1871 in Japan als Instruktor für Englisch und Allgemeine Wissenschaft an der Kaiserlichen Universität Tokio (*Daigaku Nanko*), und wurde mit der Gründung des Lehrerseminar Tokio 1872 auf die einzige Lehrerstelle in der Hauptabteilung dieses Lehrerseminars berufen.

Bei der Gründung dieses Lehrerseminars standen vier Aufgaben im Vordergrund: Ausbildung schuldidaktisch befähigter Lehrer, Verbreitung der Schuldidaktik, Festlegung des Lehrplans und das Verfassen der Lehrbücher. Zur Lehrerausbildung unterbreitete das Kultusministerium die folgenden Vorschläge:

- Ein Ausländer soll als Lehrer angestellt werden.
- 24 Personen sollen als Studenten des Lehrerseminars aufgenommen werden.
- 90 Personen sollen als Schüler an das Lehrerseminar aufgenommen werden.
- Ein Dolmetscher soll zwischen dem Lehrer und den Studenten vermitteln.[376]

Im August 1872 machten mehr als 300 Kandidaten zwischen 18 und 35 Jahren die Aufnahmeprüfung am Lehrerseminar Tokio. 53 Kandidaten wurde der Eintritt ins Lehrerseminar genehmigt: Die besten 18 als Studenten und die anderen 35 als Schüler des Lehrerseminars. Die 18 Studenten erhielten in der Hauptabteilung Unterricht in Englisch und

---

375 Vgl. Hirata 1978, S. 1f.
376 Kaigo 1980, S. 346f.

Mathematik, der in Begleitung eines Dolmetschers von SCOTT abgehalten wurde; in der Nebenabteilung wurden die anderen Lehrfächer erteilt, die von japanischen Gelehrten anhand der übersetzten Literatur abgehalten wurden. Die Studenten unterrichteten anschließend die 35 Schüler auf die Weise, in der sie unterrichtet worden sind: Die Studenten machten also ihr Unterrichtspraktikum mit Schülern zwischen 18 und 35 Jahren, indem sie diese Schüler als Grundschul-Schüler behandelten.[377]

SCOTT machte während seiner Amtszeit als Instruktor für die modernen Methoden des Klassenunterrichts am Lehrerseminar Tokio (1872-1874) japanische Lehrer mit seiner Schuldidaktik vertraut, indem er sie in Mathematik und Englisch unterrichtete. Er verwendete dabei Lehrmittel und Lehrbücher direkt aus Amerika, ahmte die Anlage der amerikanischen Klassenzimmer nach und brachte den Japanern amerikanische Unterrichtsmethoden bei.

Als für den Klassenunterricht geeignete Didaktik verwendete er in Anlehnung an NORMAN ALLISON CALKIN die *object lesson* (*Shobutsu-Shikyo*: im wörtlichen Sinne "Lehren durch Zeigen der alltäglich gebrauchten Dinge"). Der Grundsatz der *object lesson*, die nachdrücklich als Anschauungsunterricht verstanden wird, lautet, daß man den kleinen Kindern einen Gegenstand zeigen muß, bevor man sie überhaupt von ihm zu unterrichten beginnt. Nach diesem Grundsatz wurde mit Hilfe des Kultusministeriums 1873 eine Reihe von Tabellen, die "Einführung in die Grundschule" (*Shogaku-Nyumon*) als Unterrichtsmaterial hergestellt: Sie bestehen aus Wort-Tabellen, Zahl-Tabellen usw.

Die *object lesson* verlangte aber nicht nur spezielle Unterrichtsmaterialien; sie wurde auch als selbständiges Lehrfach, **Frage und Antwort** (*Mondo-Ka*), in die Stundenpläne der Schulen aufgenommen; darin wurden wöchentlich zwei Stunden abgehalten. Dieses Fach bestand aus vier Teilen: "Farbe", "Linie", "Form" und "Menschenkörper". Der Lehrer sollte in diesem Lehrfach anhand der Präsentation alltäglicher Dinge die Schüler nach Beschreibung, Gebrauch und Eigenschaften dieser Dinge fragen: Das Vorgehen hieß "Frage und Antwort". Der Lehrer sollte den

---

377 Dieses unnatürliche Unterrichtspraktikum löste sich aber auf mit der Gründung einer dem Lehrerseminar Tokio angegliederten Grundschule 1873.

Schülern beispielsweise ein Taschenmesser zeigen und fragen, wozu man es braucht und wie man es trägt; die Schüler sollten antworten, daß man es zum Schneiden brauche und es in der Tasche trage.[378] Inhaltlich mußten die Fragen sich darauf beziehen, was die Schüler in der Lesestunde gelernt hatten. Das Lehrfach "Frage und Antwort" war als Ergänzung zur Lesestunde gedacht, so daß die Schüler die in der Lesestunde erworbenen Kenntnisse repetieren und festigen sollten.

Der Einfluß des amerikanischen Pestalozzianismus war bei SCOTT stark. In der Arithmetik-Stunde verwendete er "The Progressive Primary Arithmetic for Primary Class in Public and Private Schools" (1862) von HORATIO NELSON ROBINSON. Dieses Buch versucht die Idee des gleichzeitig in Amerika aufkeimenden "Pestalozzischen Anschauungsunterrichts" in die Arithmetik zu übertragen, indem es jede Arithmetik-Stunde mit einem Bild beginnt: Dieses Bild sollte dem Kind durch visuelle Wahrnehmung zur Vorstellung der Zahl verhelfen.[379] Das Kultusministerium gab bereits im März 1873 eine japanische Fassung dieses Buchs heraus unter dem Titel "Das erste Buch für die Arithmetik" (*Shogaku-Sanjutsu-Sho*).

SCOTT unterrichtete die amerikanische Schuldidaktik bloß zwei Jahre am Lehrerseminar Tokio[380]; die von ihm erteilte *object lesson* verbreitete sich aber über das ganze Land. Diese erfolgreiche Verbreitung ging zwar unmittelbar hervor aus dem Fleiß der Absolventen des Lehrerseminar Tokio; mittelbar aber wirkte dabei auch die organisatorische Kraft des Kultusministeriums.

Weil die Zahl der Absolventen des Lehrerseminar Tokio nicht den lokalen Bedarf an Lehrern mit Kenntnis der *object lesson* deckte, gründete das Kultusministerium 1873 zwei weitere, 1874 vier weitere staatliche Lehrerseminare. Das Kultusministerium legte dabei fest, daß die Lehrpläne dieser neuen Lehrerseminare denjenigen des Lehrerseminar Tokio ent-

---

378 Naka 1982, Bd. I S. 45 auch Calkin, Bd. I S. 45

379 Vgl. W.COLBURN: First Lesson in Arithmetic. 1821

380 Anschließend war er sechs Jahre lang tätig als Englisch-Lehrer an verschiedenen Hochschulen in Tokio. Dann verließ er Japan und setzte seine erzieherische Karriere in Hawaii fort.

sprechen sollen, indem die Lehrstühle dieser neu gegründeten Lehrerseminare von den Absolventen des Lehrerseminar Tokio besetzt wurden.[381] Die Absolventen wurden damit im Regierungsauftrag systematisch auf die Lehrstühle der lokalen Lehrerseminare berufen. Sie wurden gerühmt als Propheten der Schuldidaktik.

Die *object lesson* wurde außerdem in die Provinz verpflanzt durch die Publikationen von NOBUSUMI MOROKUZU, dem ersten Direktor des Lehrerseminar Tokio. Während MOROKUZU bei SCOTT persönlich die *object lesson* lernte, verfaßte er 1873 das "Handbuch für Grundschul-Lehrer" (*Shogaku-Kyoshi-Hikkei*)[382], damit sich diese Methode unabhängig von SCOTTS direkter Lehre verbreiten konnte. Mit der gleichen Absicht erschien 1875 das "Handbuch für Grundschul-Unterricht" (*Shogaku-Jugyo-Hikkei*) von NAOMASA KANEKO, einem Absolventen des Lehrerseminar Tokio. Diese Bücher schilderten ausführlich und mit vielen Beispielen, wie die Stunde "Frage und Antwort" bei SCOTT ablief. Wenn zu Anfang der Stunde zum Beispiel das Bild eines Kakis auf der Wort-Tabelle gezeigt wird, sollte der Vorgang der "Frage und Antwort" folgendermaßen aussehen:

Was ist ein Kaki? – Das ist die Frucht, die der Kaki-Baum trägt.
Wozu dient es? – Es ist ein Obst und etwas zu essen.
Wie ißt man es? – Meistens roh, selten auch getrocknet.
Wie schmeckt es? – Sehr süß.
Ist sein Geschmack von Anfang an so? – Nein. Wenn es noch grün ist, ist sein Geschmack bitter.
Was für eine Farbe hat es? – Rot.
Ist seine Farbe von Anfang an so? – Nein. Am Anfang ist es grün; je reifer, desto röter.[383]

Die Verwendung der Tabellen und der Frage-Antwort-Form weist unverkennbar hin auf eine getreue Einführung des amerikanischen Pestalozzianismus.

---

381 Vgl. Kultusministerium 1873, S. 150f.
382 Ähnliche Bücher waren überall zu sehen: z.B. "Shogakukyojuho-Shosai" (1874) von *Chikuma-Ken-Shihan-Gakko*.
383 Naka 1982, Bd. I S. 20f.

7.2.1.2 Einführung der *object lesson* in der Literatur

Am Lehrerseminar Tokio verwendete SCOTT als Lehrbuch in erster Linie "New Primary Object Lessons" (1871) von CALKIN, in dem SCOTT ein Vorbild des Klassenunterrichts fand. Dieses Buch, das bereits in Amerika als einfache und standardisierte Einführung in die *object lesson* erfolgreich war[384], wurde 1877 zur raschen Verbreitung der didaktischen Orientierung vom Kultusministerium ins Japanische übersetzt und veröffentlicht. Dieses Buch nimmt die "Frage und Antwort"[385] zur Grundlage des Unterrichts anhand von Gegenstandspräsentation über alltäglich gebrauchte Dinge, über ihren Gebrauch und über ihre Eigenschaften. Wie es im Vorwort dieses Buches heißt, verdankt die *object lesson* ihre Grundidee COMENIUS und PESTALOZZI[386], der das von COMENIUS aufgestellte Prinzip weiter entwickelt habe. Das Prinzip lautet: Der Lehrer muß zuerst die Schüler das betreffende Ding beobachten lassen und darf es erst danach an ein Wort anschließen.[387] Das Wesen der *object lesson* liegt, nach CALKIN, in der dem geistigen Entwicklungsgrad des Kindes angemessenen Einordnung der Lehrstoffe, anstatt in der Mechanisierung des Auswendiglernens: Er hält diese Definition für bestätigt von HERBERT SPENCER.[388]

Der Inhalt widmet sich vornehmlich zwei Themen: Bildung der fünf Sinnesorgane und vielseitige erzieherische Effekte der Konversation.

Nach CALKIN ist die Entwicklung der geistigen Kraft von der sinnlichen Wahrnehmung abhängig, also sollen die fünf Sinnesorgane zweckmäßig ausgebildet werden. Die sorgfältige Bildung der fünf Sinnesorgane des Kindes erwächst damit sowohl den Eltern als auch dem Lehrer als besonders wichtige Aufgabe. CALKIN beruft sich auf ROUSSEAU, der die Notwendigkeit der Bildung der sinnlichen Wahrnehmung behaupte, weil das Gedächtnis des Kindes ausschließlich vom Fertigkeitsgrad im

---

[384] a.a.O. S. 772. Bis 1898 hatte dieses Buch 40 Auflagen.
[385] a.a.O. S. 11
[386] PESTALOZZI behauptete nach CALKIN, daß der Lehrer nicht ohne Wort-Tabelle buchstabieren lehren sollte. (Vgl. Calkin Bd. II S. 35)
[387] Vgl. Calkin Bd. I S. 1 sowie Bd. II S. 35
[388] Vgl. Calkin Bd. II S. 182

sinnlichen Wahrnehmen des Gegenstandes abhängig sei.[389] Die fünf Sinne können zu Hause, aber auch in der Schule, gebildet werden: Die häusliche Erziehung sei vornehmlich für die Bildung des Geruchs-, Geschmacks- und Tastsinns zuständig, die schulische Erziehung hingegen für die Bildung des Gesichts- und Gehörsinns.[390] Zur Bildung der fünf Sinne legt CALKIN auch zahlreiche und ausführliche Methodenvorschläge vor.

Von entscheidender Bedeutung ist in CALKINS "New Primary Object Lessons" neben der Bildung der fünf Sinne auch die in Frage-Antwort-Form abgehaltene Konversation. Für diese Konversation bietet CALKIN auch viele konkrete Themenvorschläge: Katze, Spielzeug, Kleidung, Himmel usw. Für einige Konversationsthemen stehen sogar Exemplare als Muster zur Verfügung. Die Regeln, die unbedingt beachtet werden sollen, sind: Die Konversationsthemen sollen unter Dingen ausgesucht werden, worüber die Schüler in ihrem alltäglichen Leben bereits Bescheid wissen;[391] der Lehrer darf keine Frage stellen, die mit "Ja" oder "Nein" zu beantworten ist.[392] Soweit diese zwei Regeln eingehalten werden, sind umfangreiche erzieherische Effekte von dieser Konversation zu erwarten: Denn diese Konversation ist mit vielseitigen Übungen, wie Übungen der Aussprache, der Buchstabierung, der Rechnung, verknüpft.

Dieses Buch verbreitete sich durch die Empfehlung SCOTTS relativ gut. Diesem Verbreitungsgrad gemäß bürgerte sich der Name PESTALOZZI in Japan ein. Die *object lesson* in diesem Buch ist in gewissem Sinne eine Verarbeitung der Anschauungslehre PESTALOZZIS unter Akzentuierung der äußeren Anschauung. Der Begriff "Anschauung" tritt aber in der japanischen Fassung dieses Buchs trotz mehrmaliger Erwähnung des Namens PESTALOZZI schließlich nicht auf. Der Beitrag PESTALOZZIS zur *object lesson* bleibt beim angeblichen Grundsatz: Das Ding muß dem Wort vorausgehen.

---

389 Vgl. Calkin Bd. I S. 11
390 Vgl. a.a.O. S. 16f.
391 Vgl. a.a.O. S. 44
392 Vgl. Calkin Bd. II S. 186

Dieses Buch wurde von den japanischen Lesern in eigenartiger Weise aufgenommen. Wie MOROKUZU in seinem "Handbuch" schrieb,[393] wurde die *object lesson* am Lehrerseminar Tokio nachdrücklich bezeichnet als wirksames Mittel für das Repetieren und Festigen des neu Gelernten. Nach MOROKUZU setzte die Stunde "Frage und Antwort" sich direkt das Auswendiglernen der im Buch geschriebenen wichtigen Sachen zum Ziel. Diese Einordnung der *object lesson* in die Schulerziehung war nicht MOROKUZUS Eigenheit, sondern am Lehrerseminar als selbstverständlich anerkannt. Obschon CALKIN die *object lesson* ausdrücklich von den Mitteln des Auswendiglernens abzugrenzen versuchte, wurde sie am Lehrerseminar Tokio, wo SCOTT die *object lesson* anhand des Buches von CALKIN erteilte, als Mittel für das Auswendiglernen gesehen. Diese Diskrepanz unterstreicht die auf die schnelle Hebung des intellektuellen Niveaus orientierte japanische Einstellung zur Aufnahme der Unterrichtsmethode. Auch aus dem Grund dieses ausschließlich auf die intellektuelle Bildung gerichteten Interesses wurde das letzte Kapitel dieses Buchs, welches sich der Morallehre widmet, am Lehrerseminar Tokio vollständig ignoriert.

Um die *object lesson* weiter zu verbreiten, wurde 1878, ein Jahr nach Erscheinen des Buchs von CALKIN, "Lesson on Objects" (1870: erste Auflage 1863) von EDWARD AUSTIN SHELDON im Auftrag des Kultusministeriums übersetzt und veröffentlicht.[394] Das Vorwort erklärt, daß die Idee dieses Buches aus einem im Jahre 1855 geschriebenen Werk von ELIZABETH MAYO stammt, das als Lehrbuch für das Lehrerseminar geschrieben wurde. Nach SHELDON liegt die Absicht des Originals im folgenden Punkt:

> to cultivate the senses, to awaken and quicken observation, and lead the children to observe carefully everything in nature about them that comes within the range of the senses, it is important as far as possible to give the children a good deal of latitude, and let the discoveries be their own, except as they may be guided in part by the teacher (in question-answer-form).[395]

---

393 Vgl. Naka 1982, Bd. I S. 24, S. 25
394 Die Übersetzer waren KENSUKE NAGATA und NARUO SEKIFUJI.
395 Sheldon 1873, S. 4

Erst nach diesem Vorgang sollten die Kinder zum Wort hingeführt werden, das ihnen den Ausdruck der von ihnen beobachteten Gegenstände ermöglicht: "observation and language are both cultivated".[396]

SHELDON teilt die Elementarbildung, wie ELISABETH MAYO, in drei Stufen. Auf der ersten Stufe besteht der Zweck der Erziehung in folgendem:

> to lead children to observe with attention the objects which surroud them, and then to describe with accuracy the impressions they convey.[397]

In der frühen Kindheit sollten die Kinder sich nun die Beobachtung zur Gewohnheit machen. Der Grund dafür liege vor allem darin, daß dieses Lebensalter sich auszeichne durch "the ceaseless activity of the perceptive faculties"[398]. Dies begünstige die Kinder, sich die Beobachtung zur Gewohnheit zu machen. Die diesem Lebensalter gestellten Aufgaben sollten bewältigt werden, indem "the development of the perceptive faculties is aimed at, and each sense is called into action, that all may be strengthened by exercise".[399]

Bei diesen Übungen könne der Lehrer den Kindern zwar Hilfen geben, aber nur in der Frage-Antwort-Form: Denn die Fragen des Lehrers helfen den Kindern zu "the best mode of treating a subject, or of leading them to the discovery of any truth".[400] Nach diesem Grundsatz legte SHELDON 214 Beispiels-Lektionen vor: In jeder Lektion wird ein bestimmter Gegenstand gegeben, um den sich der Unterricht in der Frage-Antwort-Form entwickelt. Das Thema der ersten Lektion lautet zum Beispiel, "A Basket, for its Parts". Diese Lektion sollte abgehalten werden nach folgender Prozedur:

> Require the children to name the object, and to tell its use – as to hold potatos, peas, bread, tea, sugar, books, work, paper, &c.; and then to point out its parts, as the lid, the handles, the sides, the bottom, the

---

396 ebenda
397 a.a.O. S. 22
398 ebenda.
399 a.a.O. S. 23
400 a.a.O. S. 23f.

inside, the outside, and the edges; to describe the use of the lid – (...) What would happen if the basket had no lid? The things it contained would be seen, and the dust would get in. (...) Then make the children repeat together the names of the various parts of a basket. "The basket has a lid, a handle," &c.[401]

Die unentbehrlichen Elemente dabei sind: Präsentation des Gegenstandes, Frage-Antwort-Form, Wiederholung abwechselnd vom einzelnen Kind und von allen Kindern usw.

Diese von einem führenden Kopf des amerikanischen Pestalozzianismus gegebene Unterrichtsprozedur hat eine seit 1872 bestehende, auf die Unterrichtsprozedur reduzierte Auffassung PESTALOZZIS in Japan befestigt.

1876 ließ das Kultusministerium "Theory and Practice of Teaching, or the Motives and Methods of Good School-Keeping" (1847) von DAVID PERHINS PAGE, dem Direktor der *Albany Normal School* in New York[402], übersetzen: "Pages Didaktik" (*Page-Shi-Kyoju-Ron*). Dieses Buch galt neben SAMUEL R. HALLS "Lectures on School Keeping" (1829) als der erste Schritt zur Einführung der Pestalozzischen Ideen in Amerika.[403] PAGE präsentiert in diesem Werk aus seinen eigenen Erfahrungen die Erziehungsideen PESTALOZZIS, wie die heuristische Methode oder die "harmonische Entwicklung der intellektuellen, sittlichen und körperlichen Kräfte". PAGE hält es in diesem Buch für das wichtigste Prinzip der Erziehung, den Geist des Menschen zu entwickeln.

In praktischer Hinsicht liegt PAGES Hauptinteresse in "waking up the mind". Der erste Schritt dazu sei:

> to set apart a few minutes once a day for a general exercise in the school, when it should be required of all to lay by their studies,

---

401 a.a.O. S. 25
402 PAGE wurde durch HORACE MANNS Empfehlung zu diesem Amt berufen. (Vgl. Kaigo 1980, S. 270)
403 Nach JAMES JOHONNOT liegt ein weiterer Wert dieses Buchs darin, daß es Amerika das Wesen der *object lesson* erklärt hat.

assume an erect attitude, and give their undivided attention to whatever the teacher may bring before them.[404]

Diese Übung verhelfe den Kindern nicht allein zur Befreiung des Geistes als Voraussetzung der Aufmerksamkeit, sondern auch zu einer gesunden Körperhaltung. Der zweite Schritt zu "waking up the mind" bezweckt neben der Erregung der Aufmerksamkeit auch die Erwerbung neuer Kenntnis: Dieser Schritt ist eine mit Fragen verbundene Gegenstandspräsentation. Zum Beispiel:

The teacher (...) takes the ear of corn from the desk, and displays it before the school[405]; and (...) asks the question. "WHAT IS THIS EAR OF CORN FOR?"[406]

Der Lehrer dürfe von dieser Prozedur ruhig erwarten, daß der Geist der Kinder so gut geweckt werde, daß alle Kinder ihre Hände heben, um ihren Gedanken darzustellen. Wenn das Interesse an diesem Gegenstand bei den Kindern einmal geweckt sei, so können die Kinder nach der Schule in ihren Gärten ihn weiter beobachten (*observe*) und erforschen (*research*), indem sie in ihren Familien darüber Fragen stellen. Das Resultat dieser Methode wird folgendermaßen beschrieben:

It immediately puts the minds of the children into a state of vigorous activity. They feel that they are no longer passive recipients. They are incited to discover and ascertain for themselves.[407]

Die These PAGES lautet also: "it is necessary for the good of all concerned that the interest awakened should be an abiding one."[408]

---

404 Page 1847, S. 87
405 a.a.O. S. 92
406 a.a.O. S. 89
407 a.a.O. S. 99
408 a.a.O. S. 119

Dieses Buch wurde zwar zuerst von SHUJI IZAWA 1875 in einer gekürzten und auch zum Teil geänderten Fassung[409] veröffentlicht, es begann aber erst 1876 mit der im Auftrag des Kultusministeriums übersetzten ungekürzten Fassung überregionale Wirkung zu entfalten. Es wurde zum ersten pädagogischen Buch in Japan überhaupt, das eine breite Leserschaft unter den Lehrern gewann. Durch dieses Buch fand der amerikanische Pestalozzianismus eine gewisse Verbreitung bereits vor TAKAMINE, dem offiziellen Einführer des amerikanischen Pestalozzianismus.

7.2.1.3 Zusammenfassung

Japan begegnet 1872 unter der Leitung von SCOTT dem amerikanischen Pestalozzianismus: *object lesson*, eine mit Frage-Antwort-Form kombinierte Gegenstandspräsentation, war eine damals in Amerika etablierte Auffassungsweise der Anschauungslehre PESTALOZZIS.

Der Begriff "Anschauung" blieb allerdings in Japan aus: Allein im Schlagwort "laß das Ding dem Wort voranlaufen!" fand PESTALOZZI Anerkennung als Schöpfer einer modernen Methode.

---

[409] IZAWAS "Die wahre Erziehungsmethode" (*Kyoikushinpo*) ist von drei amerikanischen Schriften geprägt: "Theory and Practice of Teaching" von D.P. PAGE; "The Teacher's Assistant" von C. NORTHEND; "The Child, Its Nature and Relations" von M.H. KRIEGE. (Vgl. Yamashita 1985, S. 19) Das Hauptanliegen des Buchs von IZAWA liegt in den folgenden zwei Punkten: Unterrichtet dem Gang der Natur entsprechend; unterrichtet in der Verbindung der *object lesson* (*Jitsubutsuka*) mit dem *oral teaching* (*Koju*). (Vgl. Naka 1982, S. 240) IZAWA, der sich eigentlich eine Stelle im Außenministerium wünschte, kam 1873 durch eine Begegnung mit KRIEGES Buch zur Erziehung (Vgl. Izawa 1912, S. 21): IZAWA fand die Erziehungslehre FRÖBELS äußerst interessant und war besonders in folgenden Punkten beeindruckt: Der Mensch solle sich im intellektuellen, sittlichen und physischen Bereich harmonisch entwickeln; Lieder und Spiele haben in der Elementarbildung auf Gemüts- sowie Körperbildung eine gute Wirkung. Als IZAWA 1874 bei der Gründung des staatlichen Lehrerseminars Aichi zum Direktor berufen wurde, begann er diese Prinzipien in die Tat umzusetzen.(Vgl. a.a.O. S. 23ff.) Das von IZAWA geleitete Lehrerseminar Aichi war deshalb, obgleich die Lehrerseminare in der Provinz dem vom Kultusministerium und vom Lehrerseminar Tokio vorgelegten Lehrplan nachzufolgen pflegten, in zwei Punkten sehr originell: Es hatte erstens Lieder und Spiele als selbständige Lehrfächer, zweitens hatte es das Lehrfach "Gegenstandspräsentation", im Unterschied zum Lehrfach "Frage und Antwort" im Lehrerseminar Tokio. Der zweite Punkt war eine Vorwegnahme der Änderung des Lehrplans am Lehrerseminar Tokio vom Jahr 1880, an der auch IZAWA sich mit TAKAMINE beteiligte.

Der japanischen Rezeptionsgeschichte PESTALOZZIS ist eigen, daß die Regierung in der frühen Rezeptionsphase als treibende Kraft hinter der Einführung und Anwendung der Methode stand. Die Regierung unterstützte vor allem die Publikation der einschlägigen Literatur. In dieser Einstellung zur Aufnahme der Methode spiegelt sich die Hebung der Volksintelligenz als Hauptanliegen der Regierung. Dies bewirkte eine Indifferenz gegenüber gewissen Bestandteilen der Methode, wie Kindsgemäßheit und Religiosität, die im amerikanischen Pestalozzianismus hochgehalten wurden.

7.2.2 1878-88: ANSCHAUUNGSLEHRE ALS HEURISTISCHER UNTERRICHT

Zur Gründung des Lehrerseminar Tokio 1872 faßte das Kultusministerium den Entschluß, drei Japaner nach Amerika zu schicken, die sich an Ort und Stelle vertraut machen sollten mit dem Lehrplan und der Lehrmethode in der amerikanischen Lehrerausbildung. Die von SHELDON begründete *Oswego Normal School*, das damals einzige Lehrerseminar mit Übungsschule nach Pestalozzischen Prinzipien, stellte den heuristischen Unterricht in den Vordergrund. Diese wurde zum Studienort TAKAMINES.

HERMANN KRÜSI Jr., bei dem TAKAMINE während seines Studienaufenthaltes in Amerika wohnte, erzählt dieses Ereignis in seiner Autobiographie:

> The most interesting accession to our household was the Japanese, Hideo Takamine, who, in 1875, was sent by his Government to enter our Normal School. (...) he was appointed to proceed to the United States, in order to study the plans and methods of instruction in a Normal School, with a fixed salary and an expectation to be promoted to the principalship of a school of the same kind.[410]

Nach dem Abschluß des Studiums und der Schulpraxis (1877), wurde TAKAMINE 1878 als Lehrer für Zoologie, Pädagogik und Didaktik am Lehrerseminar Tokio angestellt, wo er anatomische Sektion und Gegenstandspräsentation in den Unterricht einführte. Als Vizedirektor leitete

---

410 Krüsi 1875, S. 233f.

TAKAMINE am Anfang mit SHUJI IZAWA[411] das Lehrerseminar Tokio, und wurde 1881 zu dessen Direktor befördert.

TAKAMINE war sehr stark beeinflußt durch den amerikanischen Pestalozzianismus. Er setzte der verhärteten *object lesson* seine eigene Auffassung des amerikanischen Pestalozzianismus entgegen und rief die Lehrer zur Revision der Didaktik auf. Die heuristische Methode, die vor TAKAMINE aus den "Pestalozzischen Grundsätzen" herausgearbeitet worden war, eröffnete nun eine neue Phase der japanischen Rezeptionsgeschichte PESTALOZZIS.

1879 unternahm TAKAMINE mit IZAWA die Reform des Lehrerseminar Tokio.[412] Durch diese Reform sollte nicht nur die Überlieferung des Wissens gelehrt werden, sondern auch die Methode der Wissensüberlieferung.[413] Die Methode wurde nun für den wesentlichen Bestandteil des Lehrerseminars gehalten. Der künftige Lehrer müsse die Methode lernen: Er müsse wissen, wie er die Schüler das Wissen erwerben läßt. Der künftige Lehrer müsse aber auch die Grundlage der Methode lernen: Er müsse wissen, gemäß welchem psychologischen Prinzip diese Methode die Schüler das Wissen erwerben läßt. Denn ohne Kenntnis dieser Grundlage sei die Methode nichts anderes als das Nachahmen einer Technik. Das neue Lehrfach "Psychologie" erhielt damit sehr viel Gewicht.

---

411 Er studierte zwischen 1875 und 1878 an der *Waterbridge Normal School*, Mass., die für ihren Pestalozzianismus bekannt war. Er wurde dabei von A.G. BOYDEN stark beeinflußt. (Vgl. Izawa 1912, S. 35) *Waterbridge Normal School* führte vor allen anderen amerikanischen Lehrerseminaren das System der vierjährigen Lehrerausbildung ein, war aber, im Gegensatz zur *Oswego Normal School*, nicht auf das Referendarpraktikum orientiert: Sie besaß zwischen 1850 und 1891 keine Übungsschule. (Ono 1987, S. 289f.) IZAWA schriebt nach der Heimkehr 1882 in seinem Buch "Pädagogik" (*Kyoikugaku*) folgendes: "Die Erkenntnis beruht zuerst auf dem äußeren Gegenstand, welcher durch die Sinnesorgane wahrzunehmen ist. ...Dies ist der Grund, warum *lesson on objects* in der Elementarbildung notwendig ist." (Kageyama 1967, S. 12f.) Hier ist der sensualistische Ideologie der Oswego-Bewegung unmittelbar zu spüren. IZAWA trug außerdem zur Entwicklung des Musikunterrichts in Japan bei, indem er zwischen 1880 und 1882 LUTHER WHITING MASON, einen amerikanischen Pestalozzianer, einlud.

412 Vgl. Izawa 1912, S. 49. Diese Reform wurde, wie alle nachfolgenden Reformen am Lehrerseminar Tokio, stark von JOHONNOT beeinflußt. (Vgl. Mizuhara 1981, S. 56)

413 Vgl. Izawa 1912, S. 44ff.

TAKAMINE beschäftigte sich 1880 damit, nach der Idee JAMES JOHON-NOTS[414] neue Lehrpläne zu erarbeiten für die dem Lehrerseminar Tokio angegliederte Übungsschule. Die "Frage und Antwort", das bis dahin als Anwendung der Pestalozzischen Anschauungslehre gehaltene Lehrfach, wurde abgeschafft. An seine Stelle trat das neue Lehrfach "Gegenstandspräsentation" (Jitsubutu-Ka). Die "Gegenstandspräsentation" wurde auf der Unterstufe sechs oder neun Stunden pro Woche gelehrt und umfaßte die folgenden Themen: "Zahl", "Farbe", "Form", "Größe", "Stelle", "Tier", "Pflanze", "Mineral" und "das Künstliche". Die "Gegenstandspräsentation" wurde etappenweise auf der Oberstufe in Geographie, Naturgeschichte, Physik, Chemie und Biologie als selbständige Fächer weitergeführt. Dieses neu geschaffene und erweiterte Fach verstand sich daher als Grundstufe der verschiedenen naturwissenschaftlichen Fächer.

1883 wurden die Lehrpläne der dem Lehrerseminar Tokio angegliederten Übungsschule wieder geändert. Es war die entscheidende Änderung: das Lehrfach "Gegenstandspräsentation" wurde ersatzlos gestrichen.[415] Trotz der offiziellen Abschaffung dieses auf der "Pestalozzischen Anschaunglehre" beruhenden Fachs nahm die "heuristische Theorie" aber seit 1882 einen weiteren Aufschwung. Die angeblich von der Pestalozzischen Anschauungslehre stammende Erziehungsidee begann in vielen Lehrfächern angewendet zu werden ohne auf die Pestalozzische Anschauungslehre gerichtete Sonderfächer. Die offiziellen Lehrpläne forderten nun von den Lehrern, daß sie durch die Methode beitragen zur Entfaltung der spontanen Kräfte der Schüler. Die Frage stellte sich, was für Lehrmittel der Entfaltung der spontanen Kräfte dienen konnten.

Die "heuristische Methode" verstand sich zu diesem Zeitpunkt als eine Form des Unterrichts, die auch Gegenstandspräsentation und die Frage-Antwort-Form als unentbehrliche Bestandteile mit umfaßt. Dieser Auffassungswandel des Anschauungsunterrichts war in gewissem Sinne

---

414 TAKAMINE machte nicht SHELDONS sondern JOHONNOTS Idee zum Muster. Die Meinungsverschiedenheit zwischen SHELDON und JOHONNOT wird in einem späteren Abschnitt dieser Arbeit behandelt.

415 In der Übungsschule des Lehrerseminar Tokio entwickelte sich die heuristische Methode im 20. Jahrhundert zum Anschauungsunterricht (Chokkan-Ka), in welchen auch die Heimatkunde einbezogen wurde. (Vgl. Kaigo 1980, S. 381)

eine Verwandlung der Diesterwegschen Auffassung in die Niederersche Auffassung: Die Anschauungslehre PESTALOZZIS wurde bei DIESTERWEG verknüpft mit einem auf die Anschauung gerichteten Sonderlehrfach, während sie bei NIEDERER als ein allgemeingültiges Unterrichtsprinzip für alle Lehrfächer galt. Durch diese Lehrplanänderung wurde der konfuzianisch ausgelegte Moralunterricht als Hauptfach der Schulerziehung aufgenommen. Diese Änderungen waren unübersehbar von Nationalismus, Patriotismus und Kaisertum veranlaßt.

Die heuristische Methode endete im Mißerfolg. Daran waren einerseits die offiziell gegebenen einheitlichen Lehrpläne schuld, die auf die spontanen Kräfte keine Rücksicht nahmen, und andererseits das hartnäckige Bestehen auf Gegenstandspräsentation und Frage-Antwort-Form: Die heuristische Methode mußte zusammenbrechen unter dem Formalismus der Lehrer und dem Nationalismus der Politiker.

In dieser Periode entstand das Interesse an der Persönlichkeit und den Werken PESTALOZZIS; seine zusammengefaßte Biographie und einige seiner gekürzten Werke, übersetzt aus dem Englischen, gingen in Druck.

Als einflußreich auf die Rezeption PESTALOZZIS sind sieben Personen zu nennen: TAKAMINE, TSUJI, WAKABAYASHI, MIYAKE, JOHONNOT, PAYNE und NAKAGAWA.

7.2.2.1 Einführung des "heuristischen Unterrichts"

TAKAMINE, der in den achtziger Jahren die "Pestalozzische Anschauungslehre" im Namen des heuristischen Unterrichts verbreitete, gilt im allgemeinen als Einführer des amerikanischen Pestalozzianismus in Japan. Er studierte von 1875 bis 1877 im Lehrerseminar Oswego, N.Y.; sein Studienaufenthalt fiel gerade in die Blütezeit der Oswego-Bewegung, dem amerikanischen Pestalozzianismus. Als Schüler von SHELDON und HERMANN KRÜSI Jr. waren seine amerikanischen Studien durch Pestalozzische Ideen geprägt. Mit seiner Heimkehr begann in Japan eine neue Anwendungsphase der "Pestalozzischen Methode".

Nach TAKAMINE soll die Erziehung die Kinder erstens zum praktischen Leben, zweitens zum Glück führen. Im Namen dieser zwei Ziele setzte er zur Kritik gegen den herkömmlichen Unterricht an: Der bisherige "mechanische", "langweilige" Unterricht könne die Entfaltung der angeborenen Geisteskräfte bloß verhindern aber keineswegs fördern. Um diese Situation zu überwinden, sollten bessere Lehrer, bessere Bücher und eine bessere Didaktik vorhanden sein. TAKAMINE betonte als Änderungspunkt vor allem die Wichtigkeit der unmittelbaren Gegenstandspräsentation: Er entwickelt über die verhärtete *object lesson* hinaus den "heuristischen Unterricht" (*Kaihatsu-Kyoju*). Der heuristische Unterricht zeichnet sich aus durch seine wissenschaftliche Grundlage in der Psychologie und sein Bemühen, die Kreativität und Selbständigkeit der Schüler anzuregen.

TAKAMINE nahm am Lehrerseminar Tokio SHELDONS Bücher "Lessons on Objects" und "Elementary Instruction" als Lehrtexte auf. Spätere Vorlesungen beruhten aber vorwiegend auf einem Werk JOHONNOTS, "Principles and Practice of Teaching"(1878). Ebenfalls führte er am Lehrerseminar ein Lektüre-Seminar über BAIN.[416]

TAKAMINE beschränkte die Verbreitung der heuristischen Methode nicht auf das Lehrerseminar Tokio. Er hielt 1882 an einer überregionalen Sitzung einen Vortrag zum Thema "intellektuelle Bildung".[417] Die intellektuelle Bildung setzt sich, nach TAKAMINE, zwei Punkte zum Ziel: 1. richtige Erkenntnisse über jedes einzelne Lehrfach zu vermitteln; 2. durch das Lehrfach die Geisteskraft zu entwickeln, die Funktionen der Beobachtung, des Gedächtnisses und der Synthetisierung zu fördern, um damit einen starken Geist zu bilden. Um diese zwei Ziele zu erreichen, muß der Unterricht mit der Beobachtung des Gegenstandes durch die fünf Sinne beginnen.

Die Formel, die intellektuelle Bildung müsse mit der induktiven Methode begonnen und darüber hinaus mit der deduktiven Methode vollendet werden, soll in jedem Lehrfach eingeführt werden. Zu dieser Formel brachte er eine Reihe von Schlagworten vor: statt Worte, Eindruck-Geben; statt Auswendiglernen, Beobachten-Lassen.

---

416 Miyake 1987, *S. 53, S. 37, S59
417 a.a.O. S. 83

TAKAMINE trug auch durch Übersetzungen bei zur Verbreitung der heuristischen Methode. 1885 übersetzte er neben den "Principles and Practise of Teaching" JOHONNOTS auch ein Buch über Geometrie von WILHELM GEORGE SPENCER[418] als praktische Anleitung zum heuristischen Unterricht.

Die von TAKAMINE entfachte Begeisterung für die heuristische Methode wurde außerhalb der Lehrerseminare 1886 verstärkt durch die Gründung des *Kaihatsu-Sha*-Verlags, der die "Entfaltung der Geisteskraft" zu seinem Grundsatz machte und zwecks dessen Verbreitung die Zeitschrift "Aktuelle Kritik der Erziehung" (*Kyoiku-Jiron*) veröffentlichte.[419]

7.2.2.2 Ambivalenz des Initianten

Da TAKAMINE beinahe im Alleingang den amerikanischen Pestalozzianismus in Japan eingeführt hat, ist seine persönliche intellektuelle Prägung zu einem bestimmenden Moment des japanischen Pestalozzianismus geworden. Als seine geistigen Grundzüge treten vor allem seine konfuzianische Denkweise und seine raffinierte Kompromißfähigkeit hervor, denn diese zwei Merkmale spielten eine entscheidende Rolle in seiner Verbreitung der "Pestalozzischen Methode".

TAKAMINES Denken ruht unverrückbar auf dem Konfuzianismus. Er begann mit der Rezitation der konfuzianischen Bücher im Alter von sechs Jahren, und wuchs in der konfuzianischen Sittlichkeit auf. TAKAMINE begegnete mit siebzehn dem westlichen Moralunterricht, seine konfuzianische Grundlage erfuhr dadurch aber keine Änderung. 1871, im Jahr der Gründung des Kultusministeriums, trat er in die Hochschule *Keio* ein, wo der westlich aufklärerische Geist der *Meiji*-Periode unter der Leitung YUKICHI FUKUZAWAS[420] besonders stark war. *Keio* stand zur Zeit von TAKAMINES Eintritt an einem Wendepunkt; an die Stelle der herkömmlichen bloßen Vermittlung von Übersetzungstechnik für englische Literatur trat eine inhaltlich orientierte Auseinandersetzung mit den Originaltexten. Entsprechend erhielt TAKAMINE Moralunterricht anhand ame-

---

418 a.a.O. S. 132
419 Kageyama 1967, S. 17
420 Er war neben MURRAY ein Berater TANAKAS.

rikanischer Texte. Die westliche Morallehre erschütterte sein konfuzianisches Denken aber nicht.

Als TAKAMINE in Oswego, wo er auf Befehl der Regierung die Unterrichtsmethode erlernen sollte, der "Pestalozzischen Methode" begegnete, hielt er sich als konfuzianischer Japaner präzis an den Regierungsbefehl: Er sollte sich in Amerika die Technik des Unterrichts aneignen, nicht aber den Inhalt des Unterrichts, weil allein die Regierung zuständig war für die Bestimmung dieses Inhalts. Er war so stark konfuzianisch geprägt, daß er, trotz des mehrjährigen Familienaufenthalts beim gläubigen Christen KRÜSI Jr., dem Interesse an westlichem Moralunterricht keinen Platz machte. Seine verschlossene Einstellung zum westlichen Denken kam KRÜSI Jr. fast stur vor. Der Konfuzianismus war KRÜSI Jr. vor allem ein Gegenstand der Verwunderung:

These disciples of Confucius seem to consider religion, or philosophy, to be a thing about which there can be no doubt and consequently no dispute, which is more than we can say of ours.[421]

KRÜSI Jr. sah zwar eine bewundernswerte Seite in TAKAMINE:

I obtained a higher idea of principles – whether proclaimed by Confucius or Buddha – which had been able to manifest themselves in **actions**, and not, as is the case with many so-called Christians, in words and professions alone.[422]

KRÜSI Jr. wies aber von seinem christlichen Standpunkt aus auf einen schwachen Punkt des Konfuzianers hin:

it is a certain lack of faith or of imagination, which are required to appreciate the facts, or revelations, on which the Christian religion is based.[423]

Diese Kritik richtet sich hauptsächlich gegen die geistige Diesseitsbezogenheit TAKAMINES, welche der japanischen Auffassung des Konfuzianismus eignet. Dies scheint KRÜSI Jr. ein entscheidender Charakterfehler:

---

421 Krüsi 1875, S. 235
422 a.a.O. S. 234
423 a.a.O. S. 234f.

It is to be regretted that they give so little heed to the idea of immortality, and seem to drop it as a matter beyond their comprehension. While this way of thinking prevents them from indulging in unnecessary fears of eternal punishment, it rather impels them to a strict execution of their duties on this earth, for which alone they consider themselves responsible.[424]

Allerdings verwundert es nicht, daß TAKAMINE, ein treuer Diener der *Meiji*-Regierung, dem Christentum gleichgültig gegenüberstand: Denn trotz der "offiziellen Zulassung" des christlichen Glaubens (1873) wurde die Zulassung von der *Meiji*-Regierung *de facto* nicht anerkannt.

TAKAMINE stand immer erfolgreich an der Regierungsseite.[425] Aufgrund seines konfuzianischen Denkens blieb er der Regierungsmeinung treu. TAKAMINE wußte sich der gegebenen Rollenverteilung reibungslos zu fügen und zeigte in seinem Umgang mit Regierungsbefehlen eine verblüffende Kompromißfähigkeit.

Wie er sich während des Studienaufenthalts in Amerika auf das Erlernen der Unterrichtsmethode beschränkte, beschränkte er sich in der Verbreitung dieser Methode aus Rücksicht auf die Regierung ausschließlich auf die intellektuelle Bildung. Als TAKAMINE 1882 einen Vortrag hielt anläßlich einer überregionalen Sitzung über die Aufgabe des Lehrerseminars, erwähnte er die sittliche Bildung nicht, weil diese bereits durch das Kultusministerium bis ins einzelne festgelegt war.[426] Er beschränkte daher seinen Vortrag auf die intellektuelle Bildung und sprach an dessen Ende die Hoffnung aus, daß durch die Besserung der Didaktik am Lehrerseminar die Kinder zu guten Untertanen werden mögen.

TAKAMINE widmete sich in erster Linie der Entwicklung des staatlichen Lehrerseminars, das damit zu einem direkten Instrument der Regierung wurde. Sein Beitrag zur Verwirklichung des Regierungsprogramms ver-

---

424 a.a.O. S. 235
425 1878 Antritt als Vizedirektor des Lehrerseminar Tokio; 1881 Antritt als Direktor des Lehrerseminar Tokio; 1892 Beitritt eines Komitees zur Auswahl von Büchern für den Moralunterricht; 1892 Beitritt zum vergrößerten Komitee für die Bücher aller Lehrfächer; 1897 Antritt als Direktor des Frauenlehrerseminar Tokio.
426 Miyake 1987, S. 83

stärkte sich 1881 mit seiner Beteiligung an der Herausgabe des "Programms für die Lehrgegenstände der Grundschule" (*Shogakko-Kyosoku*), das vom Kultusministerium ausgearbeitet worden war. Es war zugleich der Moment, wo sich seine Kompromißfähigkeit erwies. Dieses Programm setzte sich die Heranbildung treuer und nützlicher Untertanen zum Ziel. Das Kultusministerium wählte zwei angemessene Personen, SENSHI EGI und TAKAMINE, als Vorsitzende der Programmverfassung. Die Rollenverteilung war eindeutig: EGI war als Konfuzianer für die Artikel über die Sittlichkeit zuständig, während TAKAMINE als Methodiker für die Artikel über die Nützlichkeit verantwortlich war. TAKAMINE fand sich bereit, innerhalb dieser Beschränkung, innerhalb der staatlich festgesetzten Lehrfächer eine Überlebenschance seiner "heuristischen Methode" zu suchen. Als der Kultusminister ARINORI MORI zum Beispiel 1885 die Einführung militärischer Marschübungen in den Stundenplan verlangte, stimmte TAKAMINE ihm trotz seiner anti-militaristischen Gesinnung zu, indem er diesen Märschen die Bedeutung eines Erfahrungsausflugs unterlegte.[427]

Die Kompromißbereitschaft TAKAMINES diente zwar dem Regierungsprogramm, aber nicht unbedingt dem Pestalozzianismus. Durch seine Kompromißbereitschaft machte er das Schicksal der "Pestalozzischen Unterrichtsmethode" uneingeschränkt abhängig von der Regierungsmeinung. Der aufkeimende Pestalozzianismus ging an dieser Abhängigkeit zugrunde: Als die Regierung sich aus zunehmend nationalistischer Gesinnung vom Pestalozzianismus abkehrte, mußte der Pestalozzianismus durch den Verlust von staatlicher Unterstützung und geistiger Führung zusammenbrechen.

7.2.2.3 Verbreitungsrouten

Weil TAKAMINE an die absolute Überlegenheit seiner Unterrichtsmethode glaubte, hielt er es für eine wichtige Aufgabe, diese Methode in Japan dringend durchzusetzen. Er machte sich dabei, vor allem in der Einführungsphase des heuristischen Unterrichts, die Zusammenarbeit mit der Regierung zunutze.

---

427 a.a.O. S. 96f.

TAKAMINE setzte seine Hoffnung besonders auf die Absolventen des Lehrerseminar Tokio. Zwischen 1884 und 1886 übernahmen 809 von 889 Absolventen in der Provinz auf verschiedene Weise die Vermittlungsrolle des heuristischen Unterrichts: 378 an den Lokallehrerseminaren, 122 an den Lokalmittelschulen, 177 an den Lokalgrundschulen, 105 in den örtlichen Schulbehörden usw.[428] Nach der Verordnung des Kultusministeriums mußten die Lokallehrerseminare, die sich Absolventen des Lehrerseminar Tokio als Verbreiter des heuristischen Unterrichts wünschten, beim Kultusministerium ein Gesuch stellen.[429] Das Kultusministerium entsandte die Absolventen des Lehrerseminar Tokio zu den Lokallehrerseminaren über das ganze Land, um den heuristischen Unterricht durchzusetzen.

Die zweite Vermittlungsgruppe des heuristischen Unterrichts waren die Teilnehmer am Seminar, das auf TAKAMINES Wunsch vom Kultusministerium organisiert wurde: Im April 1882 schlug TAKAMINE dem Kultusministerium vor, die Lehrer an den Lokallehrerseminaren und Lokalschulen sollten zur Verbesserung der Unterrichtsmethode in der Provinz befristet an das Lehrerseminar Tokio geschickt werden.[430] Dieser Vorschlag wurde angenommen: 26 ausgewählte Erzieher studierten nun ab September 1882 für zehn Monate am Lehrerseminar Tokio. Nach dem Abschluß dieses Seminars trugen sie gemäß TAKAMINES Wunsch zur Durchsetzung des heuristischen Unterrichts bei, vor allem weil diese Teilnehmer an den Lokallehrerseminaren und an den Lokalschulen in der Provinz leitende Stellungen erhielten.

Außerdem trugen auch die Mitglieder des beratenden Erziehungsausschusses bei zur Durchsetzung des heuristischen Unterrichts. Die Mitglieder dieses Ausschusses waren die Leiter der örtlichen Schulbehörden und die Direktoren der Lokalschulen. Für diesen Ausschuß ließ das Kultusministerium 1882 zur Durchsetzung des heuristischen Unterrichts einen zweiwöchigen Kurs abhalten. Nach dem Kurs besichtigten die Teilnehmer eine Woche lang das Lehrerseminar Tokio und das Frauen-

---

428 Diese Zahl ist errechnet anhand der Tabelle, die der Abhandlung von NAKAGAWA (1979) beigelegt ist.
429 Kultusministerium 1937, S. 789
430 Miyake 1987, S. 78f.

lehrerseminar Tokio: Bei dieser Gelegenheit hielt TAKAMINE vor den Teilnehmern eine Rede über den heuristischen Unterricht.

In jeder Vermittlungsgruppe des heuristischen Unterrichts wirkte die Verbindung TAKAMINES mit dem Kultusministerium entscheidend. Das Lehrerseminar Tokio galt dabei unbestritten als das angesehene, nachahmenswerte Modell für die Anwendung des heuristischen Unterrichts.

TAKAMINE setzte auf diese Weise innerhalb einiger Jahre die "Pestalozzische Methode" durch; die westlichen Länder hatte dies einige Jahrzehnte gekostet. Dieser von oben geleitete Vorgang, geleitet durch die Zusammenarbeit des Lehrerseminar Tokio mit dem Kultusministerium, lief glatt und schnell; alle herkömmliche Erziehungsideen wurden an den Rand gedrängt.

Dieser Vorgang entbehrte nicht einer gewissen Ironie: TAKAMINE rief zwar die Lehrer, im Gegensatz zum traditionellen Einpauk-System, zur Entfaltung der den Kindern eigenen Kräfte auf; er hatte aber offensichtlich keine Hemmung, den Lehrern die neue Unterrichtsmethode einzupauken. Wegen seines heroischen Pflichtbewußtseins scheint TAKAMINE dieses Paradox nicht aufgefallen zu sein: Er sollte ja einzig die richtige Unterrichtsmethode durchsetzen.

TAKAMINE warnte die Lehrer bereits in der Einführungsphase dieser Methode vor einer falschen Auffassung von "heuristisch", um sie von einer falschen Anwendung der Frage-Antwort-Form abzuhalten.[431] Den Schülern bei der Frage-Antwort-Form zu stark zu helfen, wirke zum Beispiel ungünstig auf die Entfaltung der Kräfte der Schüler. Die Gewohnheit, beim Vermitteln der Erkenntnis zu viel zu reden, lernten die Verbreiter des heuristischen Unterrichts aber gerade bei TAKAMINE.

7.2.2.4 Publikationen des Lehrerseminar Tokio

Während TAKAMINE die heuristische Methode verbreitete, veröffentlichte TORAZABURO WAKABAYASHI[432], ein Dozent des Lehrerseminar

---
431 Vgl. Nakagawa 1979, S. 35
432 Er war ein Absolvent des Lehrerseminar Tokio vom Jahr 1875.

Tokio, "Die Reformunterrichtsmethode" (*Kaisei-Kyoju-Ho*) (1883) mit TSU-YOSHI SHIRAI[433], einem Lehrer der dem Lehrerseminar Tokio angegliederten Primarschule. Durch dieses Buch verbreitete sich der amerikanische Pestalozzianismus, zum Teil auf japanische Bedürfnisse zugeschnitten, in ganz Japan. Das Hauptinteresse dieses Buchs gilt der Entfaltung der geistigen Kraft, welche nur durch die Einführung der von PESTALOZZI aufgestellten psychologischen Prinzipien zu erreichen sei.[434]

Dieses Werk ist in erster Linie eine Zusammenfassung eines Buchs von SHELDON, "A Manual of Elementary Instruction", und richtet sich nach der Lehrmeinung TAKAMINES.[435] Die am Anfang dieses Werks dargelegten neun Erziehungsprinzipien zeigen bereits deutlich, von welchem Buch dieses Werk abhängig ist:

1. Die Lebhaftigkeit gehört zum Wesen der Kinder. Laß sie sich an die Bewegung gewöhnen. Laß sie die Hände üben.

2. Der Reihenfolge der Natur gemäß soll jede Kraft erschlossen werden. Zuerst soll der Geist geformt, dann ausgestattet werden.

3. Beginn mit den fünf Sinnen. Was die Kinder selbst finden können, soll nicht erklärt werden.

4. Jedes Lehrfach soll von Grund auf gelehrt werden. Eine Sache auf einmal.

5. Schreite Stufe um Stufe fort. Sei gründlich. Das Ziel des Unterrichts besteht nicht darin, was die Lehrer lehren können, sondern darin, was die Kinder lernen können.

6. Jede Lektion soll, sei es direkt oder indirekt, einen Kern enthalten.

7. Zunächst soll die Vorstellung (*idea*), danach der Ausdruck (*term*) vermittelt werden.

---

433 Er war ein Absolvent des Lehrerseminar Tokio vom Jahr 1880.
434 Naka 1982, Bd. II S. 96
435 TAKAMINE verfaßte zu diesem Buch ein Vorwort. Er bezeichnet darin sein Zeitalter als Wendepunkt der Didaktik vom herkömmlichen "Einpauken und Auswendiglernen" zum "heuristischen Heraustolen".

8. Schreite fort vom schon Bekannten zum Unbekannten, vom Bestimmten zum Allgemeinen, vom Sichtbaren zum Unsichtbaren, vom Einfachen zum Komplizierten, vom Nahen zum Fernen.
9. Zunächst soll synthetisiert dann analysiert werden.[436]

Dies ist eine wörtliche Übersetzung[437] dessen, was als *Pestalozzian Principles* im oben erwähnten Werk SHELDONS[438] erschien. Allerdings wurde das Prinzip "love of variety is a law of childhood – change is rest" in der japanischen Fassung weggelassen.

Beim ersten Punkt geht es um das "Habituellmachen" (*accustom*), das bei PESTALOZZIS Anschauungslehre eine wichtige Stelle einnimmt. Beim zweiten Punkt ist von "Naturgemäßheit" (*natural order*) die Rede. Beim vierten Punkt handelt es sich um die Elementarisierung der Lehrstoffe, die PESTALOZZI seiner Methode zugrunde legte. Der fünfte und der achte Punkt behandeln sowohl die Lückenlosigkeit als auch die Reihenfolge des Unterrichts. Der heuristische Unterricht, welcher sich in Japan unter dem Namen der "Pestalozzischen Methode" verbreitete, stützt sich aber hauptsächlich auf den dritten und den siebten Punkt der neun genannten Prinzipien: Der Gegenstand des heuristischen Unterrichts soll zuerst durch die Wahrnehmung vermittelt werden, bevor er durch die Worte

---

436 Naka 1982, Bd. II S. 99
  Diese neun Prinzipien sind im Original von SHELDON folgenderweise gegeben:
  1. Activity is a law of childhood. Accustom the child to education.
  2. Cultivate the faculties in their natural order – first form the mind, then furnish it.
  3. Begin with the senses, and never tell a child what he can discover for himself.
  4. Reduce every subject to its elements – one difficulty at a time is enough for a child.
  5. Proceed step by step. Be thorough. The measure of information is not what the teacher can give but what the child can receive.
  6. Let every lesson have a point; either immediate or remote.
  7. Develop the idea – then give the term – cultivate language.
  8. Proceed from the known to the unknown – from the particular to the general – from the concrete to the abstract – from the simple to the more difficult.
  9. First synthesis, then analysis – not the order of the subject, but the order of nature.
437 Dieser Hinweis wurde zuerst von YOSHIDA gegeben (Vgl. Yoshida 1922, S. 414ff.).
438 In den von SHELDON formulierten Pestalozzischen Prinzipien ist das Kennzeichen des englischen Pestalozzianismus, der Grundton des englischen Empirismus, unüberhörbar; beispielsweise in der Auffassung, der Geist müsse geformt werden. Es ist auch im Werk von E. MAYO in der folgenden Formulierung zu sehen."First form the mind, then furnish it" (Mayo 1873, p. 237).

vermittelt wird. Sowohl im Original SHELDONS als auch in der japanischen Fassung fehlt aber der Begriff "Anschauung": Was dem Begriff des Lehrgegenstandes vorausgehen soll, ist hier nicht die Anschauung des Lehrgegenstandes, sondern die sinnliche Beobachtung des Lehrgegenstandes.

Dieses Buch läßt es aber nicht bewenden bei einer treuen Übersetzung von SHELDONS Werk. In zwei Punkten haben es die japanischen Verfasser frei verarbeitet: zum einen schlagen sie der japanischen Kultur angemessene Exemplifikations-Inhalte vor, zum anderen entspricht die relative Gewichtung der Lehrfächer den aktuellen Vorstellungen der Regierung.

Die konkreten Unterrichtshandlungen und Unterrichtsmittel werden zum ersten Mal in diesem Buch grundlegend vom japanischen Standpunkt aus auf jedes einzelne Lehrfach gerichtet.[439] Die vielen ausführlichen Exemplifikationen, die meist in Frage-Antwort-Form gehalten sind, sollten alle Lehrer, selbst die unerfahrenen, unverzüglich zum heuristischen Unterrichten befähigen. Hier ist ein Beispiel für den Moralunterricht:

Unterrichtsmethode: Beispiel eins
Zweck: Ausdruckskraft, Rekonstruktionskraft, Urteilskraft, moralische Tugenden, Übung der Schriftzeichen und der Sprache.
Umriß: Vorstellung von Gut und Böse
Das Gute soll getan werden, auch wenn es klein ist.
Das Böse soll nicht getan werden, auch wenn es klein ist.
Die Wörter sowie die Buchstaben, die damit zu tun haben, lernen.
Titel: Man darf nicht das Gute vernachlässigen, auch wenn es klein ist, und man darf nicht das Böse tun, auch wenn es klein ist, weil beim Guten sowie beim Bösen Großes aus Kleinem wird.
Methode: (L-Lehrer, S-Schüler)

L: (einen Tropfen Wasser auf ein Blatt auftragend) Was ist denn das?
S: An der Spitze des Blatts steht Wasser.
L: Wieviel Wasser steht dort?
S: Sehr wenig. Nur ein Tropfen.

---

439 Vgl. Kaigo 1980, S. 378ff.

L: Wie wird es, wenn sich dieser Tropfen sammelt?
S: Es wird viel.
L: Wie wird es, wenn es weiter zunimmt?
S: Es wird sehr viel.
L: Wozu wird schließlich sehr viel Wasser?
S: Es wird zu einem Fluß.
L: Wozu wird schließlich ein Fluß?
S: Er wird zu einem Meer.
L: Dann, woraus besteht ein großes Meer?
S: Es besteht aus einem Tropfen Wasser.
L: Was für eine Rolle spielt ein Tropfen Wasser für ein Meer?
S: Eine sehr wichtige Rolle.
L: Warum?
S: Weil kein Meer entsteht, es sei denn, daß Wassertropfen sich sammeln.
L: Absolut richtig. Ihr sollt es euch merken. Nun, jetzt will ich mit euch ein wichtiges Ding finden. Was nennt ihr die guten Handlungen?
S: Unsere Kindespflicht zu erfüllen.
L: Noch etwas?
S: Zu den anderen freundlich zu sein.
L: Noch etwas?
S: Treu zu sein.
L: Richtig. Mit welchem Wort sind alle diese guten Handlungen auszudrücken?
S: Mit dem Wort "**das Gute**".
L: Schreibt das Word "**das Gute**" ins Heft.
S: (Schreiben)
L: Also, was nennt ihr böse Handlungen?
S: Den Eltern nicht gehorsam zu sein.
L: Noch etwas?
S: Faul zu sein.
L: Noch etwas?
S: Die anderen zu belästigen.
L: Noch etwas?
S: Zu lügen.
L: Richtig. Dies alles sind böse Handlungen. Könnt ihr das Wort "**das Böse**" schreiben?
S: (Schreiben)

L: Ihr sagtet vorhin, das Erfüllen der Kindespflicht sei das Gute. Also, wie kann man dieses Gute tun?
S: Indem man seinen Eltern gehorsam bleibt.
L: Kann man dieses Gute auch tun, wenn man nur ab und zu seinen Eltern gehorsam ist?
S: Nein. Es ist dann nicht mehr gut zu nennen.
L: Kann man also dieses Gute tun, wenn man während längerer Zeit nur einmal auf seine Eltern nicht hört?
S: Nein. Auch wenn es nur einmal ist, ist es nicht mehr richtig gut zu nennen.
L: Also, wie soll man handeln, um die Kindespflicht zu erfüllen?
S: Man soll jederzeit den Eltern gehorsam bleiben.
L: Mit anderen Worten, aus welchen Handlungen besteht es, die Kindespflicht zu erfüllen?
S: Kindespflicht zu erfüllen, besteht aus der Handlung, jederzeit auf die Eltern zu hören.
L: Also, wie wird ein Mensch zum bösen?
S: Durch das böse Tun.
L: Dürfte er von Anfang an das große Böse gemacht haben?
S: Nein. Er dürfte am Anfang nur das kleine Böse gemacht haben.
L: Was ist das kleine Böse?
S: Einmal auf die Eltern nicht zu hören.
L: Noch etwas?
S: Ein Stück Obst des Nachbarhauses zu stehlen.
L: Noch etwas?
S: Die von den Eltern nicht erlaubten Süßigkeiten zu essen.
L: Noch etwas?
S: Eine geliehene Sache nicht zurückgeben.
L: Richtig. Also, wie wird ein Mensch zum bösen?
S: Ein Mensch wird zum bösen, durch Wiederholung des kleinen Bösen.
L: Richtig. Dann, wie entsteht das Gute oder das Böse?
S: Durch Sammlung des kleinen Guten, oder Sammlung des kleinen Bösen.
L: Richtig. Was habe ich am Anfang vom Wasser gesagt?
S: Wir lernten, daß das Meer aus einer Sammlung von Tropfen besteht.
L: Richtig. Das Gute wie das Böse wird zum großen Guten wie zum großen Bösen, durch Sammlung wie ein Tropfen Wasser durch

Sammlung zum Meer wird. Ihr sollt es euch hinter die Ohren schreiben. Jetzt zeige ich euch ein Sprichwort. **Beim Guten, beim Bösen wird Großes aus Kleinem.**
S: (Schreiben, mündlich repetierend.)
L: Wie soll man handeln, wenn das Gute klein ist?
S: Man soll das Gute tun, auch wenn es klein ist.
L: Wie soll man handeln, wenn das Böse klein ist?
S: Man soll das Böse nicht tun, auch wenn es klein ist.
L: Richtig. Schreibt es.
("Man soll das Gute tun, auch wenn es klein ist. Man soll das Böse nicht tun, auch wenn es klein ist." schreibend.)
S: (Schreiben, mündlich repetierend.)
L: Ihr sollt euch diese Worte zu Herzen nehmen, und euch diesen Worten entsprechend benehmen. Ich beobachte eure Handlungen aufmerksam, ob sie diesen Worten entsprechen.[440]

Die Bemühung der Lehrer, die Frage-Antwort-Form und Gegestandspräsentation einzuhalten, mußte fruchtlos bleiben wegen der Vernachlässigung des inhaltlichen Zusammenhangs: Im angeführten Beispiel denkt der Fragesteller sich zwecks der Erfüllung der Frage-Antwort-Form und Gegenstandspräsentation die Gleichsetzung des Gut-Böse-Verhältnisses mit dem Meer-Tropfen-Verhältnis aus, obschon offensichtlich keine wesentliche Beziehung zwischen dem Meer-Tropfen-Verhältnis und dem Gut-Böse-Verhältnis besteht. Wenn die Schüler bloß Suggestivfragen und bedeutungslose Gegenstandspräsentation erwarten können, so lassen sich ihre Kräfte auch nicht anregen. Die Unvereinbarkeit von Frage-Antwort-Form und Gegenstandspräsentation als Mittel und der heuristischen Tätigkeit des Kindes als Ziel ist nicht nur bei diesem, sondern bei den meisten angeführten Beispielen dieses Buchs auffällig. Die Lehrer hatten anhand dieses Buchs keine Möglichkeit, der Absicht der "heuristischen Tätigkeit des Kindes" gerecht zu werden: Die rechthaberische, sinnleere Frage-Antwort-Form und Gegenstandspräsentation dieses Buchs widersprechen der heuristischen Tätigkeit des Kindes. Die Verknüpfung der angeführten Beispiele mit der Förderung der heuristischen Tätigkeit war der Verwirklichung des heuristischen Unterrichts ein Hindernis.

---

[440] Naka 1982, Bd. II S. 107ff.

Der heuristische Unterricht rannte bald nach dem Erscheinen dieses Buchs in die Sackgasse des Formalismus; das Buch hat wohl teilgehabt an diesem Ergebnis, vor allem durch seine Exemplifikationen. Diese exzessiven Exemplifikationen als eine auf Sofortwirkung gerichtete Maßnahme wirkten massiv: Sie dienten erwartungsgemäß der Verbreitung der Methode, aber zugleich ihrer Formalisierung. Dieses Buch machte die arglosen Lehrer abhängig von seinen in Frage-Antwort-Form vorgelegten Beispielen. In der Fesselung an die Beispiele hatten die Lehrer keine andere Wahl, als den Weg zum Formalismus zu gehen.

Dieses Buch ist neben seinen exzessiven Exemplifikationen auch gekennzeichnet durch seine blitzartige Anpassung an die kurz vor seinem Erscheinen geänderte Einstellung der Regierung. Der Grundsatz der Regierung spiegelt sich in diesem Buch vornehmlich in Bezug auf die Volksmoral: Der Moralunterricht nimmt die Zentralstelle aller Lehrfächer ein; die Geschichte ist mit dem Moralunterricht verbunden, damit sich Kaisertreue und Patriotismus vermitteln lassen.[441]

Dieses Buch versucht die Frage-Antwort-Form und Gegenstandspräsentation als allgemeingültige Mittel auch in diesem Bereich geltend zu machen. Um die Ehrfurcht vor dem Kaiser dem kindlichen Gemüt einzuprägen, mußte der Geschichts-Unterricht als Ergänzungsfach des Moralunterrichts mit dem mythologischen Zeitalter, in dem der Kaiser als Gott die Welt beherrschte, beginnen. Die Verfasser sind der Meinung, daß auch hier die Regel der Frage-Antwort-Form und Gegenstandspräsentation beachtet werden müsse. In einem in Frage-Antwort-Form angeführten Exempel dieser Lektion werden Bilder von mythologischen Figuren als Mittel der Gegenstandspräsentation verwendet.[442]

Die Anschauungslehre PESTALOZZIS war bereits in Amerika auf die Frage-Antwort-Form und Gegenstandspräsentation als Unterrichtsmethode reduziert. Aber der amerikanischen Verarbeitung der Pestalozzischen Anschauungslehre lag eine naturwissenschaftliche Methodik zugrunde. Indem die japanischen Autoren die Bilder der mythologischen

---

441 Vgl. Kageyama 1967, S. 16
442 Naka 1982, Bd. II S. 186ff. In diesem Zusammenhang ist die Einstellung YONEKICHI MIYAKES bemerkenswert. (Vgl. Morita 1974, S. 189)

Figuren als Mittel der Gegenstandspräsentation wählten, verzichteten sie auf den amerikanischen Grundsatz. Während die Frage-Antwort-Form und Gegenstandspräsentation als Mittel beibehalten wurden, wurde der Grundsatz "vom naturwissenschaftlichen Standpunkt aus" völlig ausgeschaltet.

Die Rezeption PESTALOZZIS neigte immer und überall zum Formalismus, weil die Pestalozzianer seine Anschauungslehre angeblich naturwissenschaftlich rezipierten, um den Unterrichtshandlungen "Form" zu geben. Das einseitige Interesse an der "Form" spitzte sich aber in Japan zu. Regierungstreue Pestalozzianer entschieden zugunsten der Förderung der nationalistischen Gesinnung unverhohlen gegen den naturwissenschaftlichen Grundsatz, und behielten bloß die inhaltlose "Form" bei. Hier hing die Wende der Rezeptionsgeschichte wieder mit der Abhängigkeit der japanischen Pestalozzianer von der Regierungsmeinung zusammen. Die "Pestalozzische Methode" hatte nur als reine "Form" eine Überlebenschance.

WAKABAYASHI vertritt in gewissem Sinne die Wende der Rezeptionsgeschichte PESTALOZZIS. Er verfaßte über seine "Prinzipien der Anschaulichkeit" auch zahlreiche Lehrbücher. Die Prinzipien lauten: Erstens soll durch die Frage-Antwort-Form über das Bild die Vorstellung des Gegenstandes entfaltet werden; zweitens soll die Aussprache geübt werden; drittens soll das Schriftzeichen geübt werden. Die Prinzipien trugen einerseits dazu bei, den bis dahin als Theorie verstandenen heuristischen Unterricht in die Schulpraxis umzusetzen; sie dienten aber andererseits als Träger der Regierungsmeinung und der Stärkung einer kaisertreuen Gesinnung.[443] In seinem Buch stehen folgende Sätze: "Mögt Ihr die Militärübung? Werdet gute Soldaten, indem Ihr Militärübung lernt. Wenn einmal etwas passiert, sollt Ihr Euer Leben einsetzen und mit den Feinden mutig kämpfen, damit Ihr dem Kaiser Euren Dank bezeugen könnt."[444]

---

443 Er leitete ab 1881 ein Experiment des Moralunterrichts in der dem Lehrerseminar Tokio angegliederten Grundschule: Ab 1882 erschien Unterricht über den Konfuzianismus wieder im Lehrplan des Lehrerseminar Tokio.
444 Vgl. Kaigo 1964, Bd. IV S. 578

7.2.2.5 Publikation aus Privatinteresse

Im August 1882 wurden drei Lehrbücher für die Naturgeschichte im *Fukyu-Sha*-Verlag veröffentlicht: "Die gewöhnlichen Tiere" (*Tsujo-Dobutsu*), "Die gewöhnlichen Pflanzen" (*Tsujo-Shokubutsu*) und "Die gewöhnlichen Mineralien" (*Tsujo-Kinseki*). NORIYUKI TSUJI, der Verfasser dieser drei Lehrbücher, hatte 1877 das Lehrerseminar Tokio absolviert und wurde zum führenden Kopf des *Fukyu-Sha*-Verlags: Neben den bedeutendsten Werken über die heuristische Unterrichtsmethode, zum Beispiel "Die Reformunterrichtsmethode" (*Kaisei-Kyoju-Ho*) (1883) von WAKABAYASHI und SHIRAI und "Die neue Lehre der Erziehung" (*Kyoiku-Shinron*) (1885) von TAKAMINE, veröffentlichte dieser Verlag viele Lehrbücher und Wandkarten. Im Klappentext jedes Lehrbuchs sind die von SHELDON dargelegten Pestalozzischen Prinzipien angeführt als die neuen Prinzipien des heuristischen Unterrichts, auf die sich der Verlag verpflichtete.

Die drei Lehrbücher halten sich nicht an die wissenschaftliche Reihenfolge der Naturgeschichte, sondern an die "erzieherische Reihenfolge" der Naturgeschichte, also vom Nahen zum Fernen.[445] Die Gegenstände sind in jedem Lehrbuch nach dieser Reihenfolge geordnet: in "Die gewöhnlichen Tiere" von Katze über Hund, Pferd, Kuh und so weiter. Als Unterrichtsform wird zur Entfaltung der Geisteskraft für jede Lektion eine Anleitung zur Frage-Antwort-Form über die Abbildung des Textes vorgelegt. TSUJI ließ für jedes Lehrbuch zusätzlich auch eine Wandkarte fertigen.

TSUJI verkörpert in seinen Publikationen den Prototyp der anfänglichen Auffassung der "Pestalozzischen Methode" in Japan: Unter dem Motto "Entfaltung der Geisteskraft" wurde die Anschauungslehre auf eine vereinfachte Unterrichtsform, auf die Frage-Antwort-Form über die Abbildung des Textes, reduziert.

1883 erschien eine kurze Lebensdarstellung PESTALOZZIS in einer Zeitschrift. Es war eine gekürzte Übersetzung von HERMANN KRÜSIS "Pestalozzi: His Life, Work and Influence" (1875). Der Übersetzer, YONE-

---

445 Kaigo 1964, Bd. XXI S. 481

KICHI MIYAKE, zählt drei Grundsätze zu den bedeutsamsten Einsichten
PESTALOZZIS:

1. Die Schule muß den Charakter der Familie weiterführen.
2. Der Erzieher muß das Gemüt des Kindes berücksichtigen, nicht Worte.
3. Die Erziehung soll dem Gang der Natur gemäß lückenlos sein.

MIYAKE stimmte wohl PESTALOZZI bei, daß der Kern der Erkenntnis im Inneren des Kindes liegt, dem durch Anreiz und Pflege zur Entwicklung verholfen werden soll; offensichtlich sah er aber nicht, daß bei PESTALOZZI dieser Kern im Christentum ruht. Trotz der begeisterten Anerkennung des "Inneren des Kindes" steht MIYAKE diesem Begriff ohne eigentliches Verständnis gegenüber.

MIYAKE beschäftigte sich in seiner Jugend mit PESTALOZZI, und zwar unabhängig von der Regierungsmeinung. Er veröffentlichte in einer Zeitschrift zwei Artikel: "Das Leben PESTALOZZIS" (*Pestalozzi-Den*) (1883) und "Die Mitarbeiter PESTALOZZIS" (*Pestalozzi-Joseisha-Retsuden*) (1884). MIYAKE scheint 1880 auf die Erziehungsidee PESTALOZZIS aufmerksam gemacht worden zu sein durch NORIYUKI TSUJI[446], seinen damaligen Arbeitskollegen am Lehrerseminar Chiba und zugleich einen führenden Verbreiter der heuristischen Methode. Außer TSUJI regte wohl auch TAKAMINE[447] MIYAKE direkt und indirekt an, PESTALOZZI zu erforschen, denn TAKAMINE war MIYAKES Englisch-Lehrer in *Keio* zwischen 1872 und 1875: Als MIYAKE 1881 seine Lehrtätigkeit am Lehrerseminar Tokio antrat, war TAKAMINE Direktor dieses Seminars. MIYAKE wurde in der Atmosphäre des Lehrerseminars Tokio in seinem Interesse an PESTALOZZI intensiv geprägt, denn unter TAKAMINE herrschte der auf PESTALOZZI beruhende heuristische Unterricht vor. MIYAKE faßte die Erziehungsidee PESTALOZZIS zusammen: PESTALOZZI achtet auf den im Kinde liegenden Keim der Intelligenz und versucht ihn zu leiten, kultivieren und entwickeln.[448] In einer Abhandlung, "Die Erziehungsmethode von EKKEN"

---

446 Morita 1974, S. 191
447 Vgl. Miyake 1987, *S. 90. Er unterhält Beziehungen mit TAKAMINE bis zu dessen Tod. MIYAKE ist später wie TAKAMINE im Kaiser-Museum angestellt: Ein Jahr nach dem Tod TAKAMINES gibt MIYAKE dessen Biographie heraus.
448 Morita 1972, S. 8

(*Ekken-No-Kyoiku-Ho*) (1890), ordnete MIYAKE die Idee PESTALOZZIS in der Erziehungsgeschichte ein als bloße Weiterführung LOCKES und des Sensualismus, also der äußeren Anschauung. Diese Auffassung ist typisch für Japan in jener Zeit.

Der Grundsatz MIYAKES lag im Zusammenschluß der Erziehung mit der Wissenschaft.[449] Er widersetzte sich von diesem Standpunkt aus 1883 der Aufnahme jenes schintoistischen Schöpfungsberichts in ein Geschichtslehrbuch, nach welchem der Kaiser ein Sohn Gottes ist. Seine Haltung in dieser Frage provozierte die Regierung aufs äußerste: Denn die Regierung hatte 1879 im "heiligen Willen der Bildung" (*Kyogaku-Seishi*) die Verknüpfung des schintoistischen Kaiserzentrismus und der konfuzianischen Tugendlehre festgelegt. Die doktrinäre Definition von Volk und Staat in dieser Schrift ließ keine wissenschaftliche Prüfung zu.[450]

MIYAKES Gesinnungsänderung kam 1889, im Jahr der *Meiji*-Verfassung, und 1890, im Jahr des Erlasses des Kaiserlichen Erziehungsediktes: 1890 trat er eine Stelle im Lehrerseminar Tokio an und verließ die Redaktion 1895. Seit dieser Zeit war seine Einstellung, im Gegensatz zu seiner früheren Radikalität, stets kompromißbereit. Obschon er am Lehrerseminar Tokio, das eine von der Wissenschaft isolierte Verbreitung der "Pestalozzischen Methode" betrieb, bis zu seiner Pensionierung lehrte, wollte er sich nicht mehr darin einmischen. Mit der Wende seiner Gesinnung verlor die heuristische Methode auch eine Korrekturmöglichkeit.

7.2.2.6 Literaturquellen aus Amerika

JOHONNOTS "Principles and Practice of Teaching" war in der von TAKAMINE gehaltenen Vorlesung am Lehrerseminar Tokio Pflichtlektüre. Dieses Werk wirkte damit nachhaltig als Grundfeste des "heuristischen Unterrichts", der sich sodann anläßlich eines Seminars der überregionalen Lehrerseminare 1883 in Japan durchzusetzen begann.

---

449 Vgl. a.a.O. S. 197
450 a.a.O. S. 205

Die erste Übersetzung dieses Werkes wurde von NAGAO ARIGA 1885 unter dem Titel "Die Pädagogik JOHONNOTS" (JOHONNOT-*Kyoikugaku*) herausgegeben; drei Monate später publizierte auch TAKAMINE eine Übersetzung desselben Werkes. Durch diese Übersetzungen wurden die Erziehungsideen PESTALOZZIS, die in "Die Reformunterrichtsmethode" nur oberflächlich vorgestellt waren, ausführlicher bekannt. Wie die Auflagenhöhe von 30,000 Exemplaren zeigt, beherrschte dieses Werk die Erziehungswelt des damaligen Japans maßgeblich: Jedes Lehrerseminar der Präfektur pflegte damals seinen Lehrern einen der beiden übersetzten Texte zur Verfügung zu stellen. Die Darstellung PESTALOZZIS in diesem Buch bietet deshalb einen guten Anhaltspunkt, das damalige Verständnis seiner Ideen zu überblicken. Außerdem zog JOHONNOT mit diesem Werk die Aufmerksamkeit der Erzieher auf sich, so daß weitere Übersetzungen seiner Werke folgten. JOHONNOT trat nun an die Stelle von PAGE als Verfasser des bedeutsamsten Buchs in der Einführungsepoche der "Pestalozzischen Methode".

TAKAMINE übersetzt nicht die Werke SHELDONS oder KRÜSIS, bei denen er sich persönlich der wissenschaftlichen Leitung unterzog, sondern die Werke JOHONNOTS. Durch diese Entscheidung TAKAMINES erhalten namentlich die Abgrenzungsversuche JOHONNOTS von der Oswego-Bewegung eine stärkere Bedeutung für den japanischen Pestalozzianismus.

JOHONNOT, der Direktor der *Warrensburg Normal School*, Missouri, richtete seine Kritik am stärksten gegen das Auswendiglernen aus Schulbüchern. Denn: "this practice (...) is one calculated directly to stultify, rather than expand, the mind"[451]. Er pflegte die Psychologie, *mental science*, als "Queen of the Sciences" zu bezeichnen:[452] *mental science* ist die Grundlage aller Wissenschaften über das Verhalten des Menschen. Der Lehrer beschäftige sich normalerweise zwar mit der Frage, wie der Unterricht jedes Lehrfachs abzuhalten sei; aber nach JOHONNOT sollte die Frage, wie der Geist des Kindes zu entwickeln sei, eigentlich als Mitte der erzieherischen Tätigkeit des Lehrers gelten. Von diesem psychologischen Standpunkt äußerte JOHONNOT seine Unzufriedenheit mit dem bisherigen Pestalozzianismus in Amerika, wo eine Lektion nicht in Be-

---

451 Johonnot 1878, S. 51
452 Vgl. a.a.O. S. 25

ziehung zu einer anderen gesetzt wurde.[453] Besonders heftig richtete er sich gegen SHELDON, dessen 214 Lektionen in "Lessons on Objects" ohne den geringsten Zusammenhang aneinander gereiht sind:

> Lesson 1. A Basket, for its parts
> 2. A Needle, for its parts
> 3. A Penknife, for its parts (...)[454]

Nach JOHONNOT sollte jede Lektion systematisch in Beziehung mit den anderen Lektionen gesetzt werden,' und zwar entsprechend den Prinzipien der Psychologie.

JOHONNOT führte aus, die Erkenntnis entstehe nicht – wie bei PESTALOZZI – aus der Anschauung, sondern aus Gegenstand (*object*), Geist (*mind*) und Sinnesorganen (*sense organs*)[455]: Zum Beispiel nehme der Geist die Idee des Lichtes auf, indem das Auge das Licht als Gegenstand wahrnehme. Die sechs Sinne (*six senses*), Muskel, Tastsinn, Geschmackssinn, Geruchssinn, Gehörsinn und Gesichtssinn, bedürfen der Pflege: "the senses must be cultivated."[456] Diese Pflege sollte besonders im früheren Lebensalter stattfinden[457]. Denn: "in childhood the senses and the observing powers are keen and active, and the mind eagerly takes in and retains impressions from the outward world."[458] Für diese Pflege eigne sich die "systematic object-lesson":[459] Die *object-lesson* "appealed to experience, and excited the observing powers to intense activi-

---

453 Vgl. a.a.O. S. 12
454 Sheldon 1873, S. 8
455 Vgl. Johonnot 1878, S. 30
456 a.a.O. S. 31
457 JOHONNOT gliederte, wie SHELDON, die Elementarbildung in drei Teile. Vgl. a.a.O. S. 299f. "First. – The exercises are all objective, training the perceptive powers, and storing the mind with the knowledge most necessary for future use./ Second. – As much as possible the pupils are required to handle the objects of study for the purpose of bringing muscular training to the aid of perception, and of making the impression more deep and lasting./ Third. – A great variety of exercises is introduced, so that attention is continually awakened, and the weariness resulting from monotony is avoided."
458 a.a.O. S. 47
459 a.a.O. S. 78

ty."⁴⁶⁰ Die *object-lesson* sei eine ideale Methode zur "exercise of observation" und "training of the perceptive powers"; sie sei zugleich "the first steps in the unfolding of every science".⁴⁶¹ Die Sinnesorgane sollen nun durch die *object-lesson* gepflegt werden, damit die Erziehung von ihren herkömmlichen Übeln befreit wird; "the slough of inattention and listless inactivity produced by the old process of mere routine"⁴⁶² soll überwunden werden:

> by directing the observing powers to the objects and phenomena nearest at hand, the mind becomes possessed of real knowledge; and from this sure basis of home knowledge it gradually extends outward toward the unknown.⁴⁶³

Somit wurde die *object lesson* als eine attraktive Unterrichtsmethode in Japan eingeführt. Diese wissenschaftlich ausgerichtete Grundlage wurde aber bei der japanischen Rezeption JOHONNOTS nicht beachtet. Möglicherweise ist diese flüchtige Aufnahme der Grund für den in Japan zugespitzten Mißbrauch der *object lesson*, vor dem JOHONNOT bereits in diesem Buch warnte. Er führte einige Beispiele des Mißbrauchs an:

> Pupils were often required to obtain from objects ideas with which they were already familiar. (...) Facts were communicated by the teacher which the pupils could readily discover for themselves. The lessons (...) were often so isolated and fragmentary that no relations could be discovered.⁴⁶⁴

Was Japan bei der Rezeption JOHONNOTS hinsichtlich seiner wissenschaftlichen Grundlage übersah, war nicht allein diese Warnungen vor dem Mißbrauch, sondern auch den Hinweis auf die Grenze der *object lesson*. Die *object lesson* sei zwar eine hervorragende Methode; aber dies gelte nur für die Erkenntnis der wahrnehmbaren Gegenständen. Denn:

---

460 a.a.O. S. 84. Die daraus sich ergebenden "curiosity and zeal" können die Kinder sogar zu einer "new discovery" führen (Vgl. a.a.O. S. 91).
461 a.a.O. S. 91
462 a.a.O. S. 84
463 a.a.O. S. 81
464 a.a.O. S. 85

supersensuous knowledge, or that which is above the senses, and is the result of reflection, is aided only indirectly by object-lessons.[465]

Die *object lesson* könne dem Schüler sogar "obstacles (...) to the highest attainments"[466] in den Weg legen: Wenn der Mensch zu lang bei der *object lesson* und damit bei der Abhängigkeit von den Sinnen bleibe, werde die "ability to deal with abstract relations and principles"[467] nicht geweckt.

Im Kapitel über PESTALOZZI bezeichnet JOHONNOT PESTALOZZI als Urheber der *object lesson*. Als PESTALOZZI für die Kinder in Stans eine Leiter zeichnen wollte, fragte ein Kind ihn, ob er anstatt der Zeichnung einer Leiter eine richtige Leiter zeigen könnte.

From this suggestion the idea for the first time dawned upon the mind of Pestalozzi that the things themselves were better than any representatives of them – when lo! object-teaching was born into the world.[468]

Hier ist beachtenswert, daß PESTALOZZI als Urheber der *object lesson* bezeichnet wird; nicht der Urheber des Anschauungsunterrichts. Im Buch JOHONNOTS fehlt eben der Begriff *intuition* überhaupt. Das kennzeichnendste der Pestalozzischen Prinzipien ist hier nichts anderes als daß "the systematic study of things should precede that of books"[469].

Die Absicht JOHONNOTS, den bisherigen Pestalozzianismus in Amerika zu überwinden, entging seiner japanischen Rezeption. Obgleich JOHONNOT betonte, die Verwendung der *object lesson* müsse die Erkenntnis der psychologischen Prinzipien als Grundlage der *object lesson* voraussetzen, wurde die *object lesson* in Japan weiter für eine gebrauchsbereit angebotene Unterrichtstechnik gehalten: In Japan galt die "Pestalozzische Methode" nach wie vor als eine Methode, die ohne Notwendigkeit prinzipieller Überlegung nachgeahmt werden konnte.

---

465 a.a.O. S. 93
466 ebenda
467 ebenda
468 a.a.O. S. 121
469 a.a.O. S. 127

Der Grund für die Popularität von JOHONNOTS "Principles and Practice of Teaching" in Japan liegt nicht in seinem Versuch, den bisherigen Pestalozzianismus zu überwinden. Er liegt in zwei Grundzügen dieses Werkes, die im damaligen Japan Anerkennung fanden: seine religiöse Neutralität und seine "milde" Wissenschaft.

Die religiöse Neutralität wurde von TAKAMINE erklärt: Er schätzte dieses Werk, weil "es die Wissenschaft respektiert, von den Konventionen nicht gefesselt ist und religiös weder einseitig noch parteiisch ist".[470] Zur Zeit der ersten Veröffentlichung dieses Buchs war die nationalistische Tendenz bereits faßbar; das Kennzeichen "religiös neutral" mußte also bewußt hervorgehoben werden. Aber bei der japanischen Rezeption JOHONNOTS wurde nicht nur der religiöse sondern auch der moralische Aspekt außer aller Acht gelassen: JOHONNOT entwickelte zwar keine auf einer bestimmten Konfession beruhende Morallehre, bestand aber als Interpret PESTALOZZIS unablässig darauf, daß Intellekt und Moral keine Eigenexistenzen führen: "Intelligence he deemed valuable chiefly as it promoted morality"[471]. Die japanische Rezeption JOHONNOTS war eine Fehlrezeption, da sie sich ausschließlich auf die intellektuelle Bildung konzentrierte.

Die "milde" Wissenschaft war der allgemeine japanische Eindruck von JOHONNOT. JOHONNOT betrachtet wissenschaftliche Erkenntnis als das oberste Ziel des menschlichen Lebens, das er sowohl in der Psychologie verwirklicht sah als auch in Kunst und Literatur. Er klang damit milder als SPENCER, der einen harten Positivismus vertrat und dessen Werk bereits von SHINPACHI SHAKU 1880 übersetzt worden war.

JOHONNOTS Werke wurden nun neben IZAWAS "Pädagogik" (*Kyoiku-Gaku*) zu den meistgelesenen Büchern über didaktische Theorie.

Inhaltlich ist die Identifizierung der Anschauungslehre PESTALOZZIS mit der sinnlich angewandten Wissenschaft COMENIUS' auch grundlegend für JOHONNOT. Indem die Mode-Didaktik des "heuristischen Unterrichts" hauptsächlich anhand des Werks JOHONNOTS in die Tat umgesetzt

---

470 Miyake 1987, S. 128
471 Johonnot 1878, S. 129

wurde, befestigte JOHONNOT die Gleichsetzung von COMENIUS und PESTALOZZI, die von CALKIN eingeführt worden ist.

Ein Buch, das die Methode PESTALOZZIS ausführlich behandelt, wurde 1887 ins Japanische übersetzt: "Pestalozzi, the Influence of his Principles and Practice on Elementary Education" (1875) von JOSEPH PAYNE.

Für PAYNE liegt die Bedeutung PESTALOZZIS vor allem darin, daß er die Elementarbildung als das Wichtigste erkannte, in der das Kind nicht mit dem Wort beginnen darf, sondern mit der Sache. Darauf folgen zwei Zitate, deren Quelle ungenannt ist:

> wenn ich zurückdenke und mich frage, womit ich zum Fortschritt der Elementarbildung beitrug, finde ich die Antwort darauf: Ich erkenne die Beobachtung an als die einzige Quelle aller Erkenntnis und lege diese Anerkennung als den wichtigsten Grundsatz fest.
> Die Beobachtung ist die einzige Quelle aller Erkenntnis. Mit anderen Worten, alle Erkenntnis muß von der Beobachtung ausgehen und auf die Beobachtung zurückgeführt werden.[472]

Diese zwei Zitate stammen aus dem neunten Brief in "Wie Gertrud ihre Kinder lehrt".[473] Die Zitate sind dem Originaltext ziemlich treu übersetzt, mit Ausnahme des bedeutsamen Begriffs "Anschauung". Der Begriff "Anschauung" ist stets als "Beobachtung" wiedergegeben. Dies ist nicht auf die Ungeschicklichkeit des japanischen Übersetzers zurückzuführen, sondern auf die begriffliche Auffassung des englischen Autors. PAYNE definiert zwar die Beobachtung als "Einsicht mit dem Herzen": Die Beobachtung heißt "sowohl mit allen Sinnesorganen wie auch mit dem Herzen sich auf den Gegenstand zu richten".[474] Aber PAYNE beschäftigt sich trotz dieser Definition ausschließlich mit der sinnlichen Beobachtung. Er erklärt, daß die Äußerung PESTALOZZIS, "die einzige Quelle der Erkenntnis liegt in der Beobachtung", bereits bei BACON zu sehen

---

472 Zitiert und übersetzt nach Payne S. 50ff.
473 Vgl. für das erste Zitat: KA Bd. XIII S. 305
   Vgl. für das zweite Zitat: KA Bd. XIII S. 309
474 Vgl.Payne 1887, S. 52

sei.[475] PAYNE setzt also die Anschauung bei PESTALOZZI mit der *observation* bei BACON gleich. Mit dieser Auffassung ist seine ausführliche Erläuterung der Beobachtung viel leichter zu verstehen. Nach PAYNE soll der Lehrer diesem Grundsatz gemäß vor allem die fünf Sinne des Kindes pflegen und gebrauchen lassen, damit das Kind ein guter Beobachter wird; allein die gedankliche Vorstellung legt das Fundament aller Erkenntnis. Nach seiner Erläuterung ist die Bildung der fünf Sinne gleich Selbsterziehung und bedarf als Bildungsmittel der sichtbaren Gegenstände: Alle sichtbaren Gegenstände, wie Wandtabelle, Knetmasse und Bauklötze, eignen sich für *object lesson*, die Bildung der fünf Sinne oder die Bildung der Beobachtungskraft.[476]

PAYNE analysiert den Grundsatz der Elementarbildung PESTALOZZIS weiter und schließt: Es ist durch die Elementarbildung, daß das Kind sich durch Förderung der Beobachtungskraft und des Experimentiervermögens bildet.[477]

Der Kontrast zwischen der Elementarbildung als induktiver Analyse und der wissenschaftlichen Bildung als deduktiver Synthese, auf den DIESTERWEG hinwies, nimmt PAYNE zum Anlaß, die Elementarbildung aufgrund ihrer Beschäftigung, Beobachtung und Experiment, als "heuristische Methode" zu bezeichnen. PAYNE zählt es auch zu den Einsichten PESTALOZZIS, den herkömmlichen Schulunterricht der deduktiven Synthese für ein Übel zu halten.[478]

Zum Schluß faßt PAYNE die Erziehungsprinzipien PESTALOZZIS in neun Punkten zusammen:

1. Das Erziehungsprinzip muß von der inneren Menschennatur ausgehen.
2. Die körperlichen, geistigen und sittlichen Kräfte suchen nach Förderung.

---

475 a.a.O. S. 53
476 a.a.O. S. 57
477 a.a.O. S. 61
478 Vgl. a.a.O. S. 68

3. Die Erziehung hat eine negative und eine positive Seite.
4. Die Elementarerkenntnisse werden durch Wahrnehmung und Begriffe gebildet.
5. Die Selbsttätigkeit und ihre Kraft sind unentbehrlich.
6. Das Wissen und das Tun hängen zusammen.
7. Die Beobachtung des Gegenstandes muß allem anderen vorangehen.
8. Das Kind vermag zu beschreiben, was es durch seine Beobachtung erwirbt.
9. Von den Gegenständen der Nähe ist zu den Gegenständen der Ferne überzugehen.

Es ist spürbar, daß die didaktische Reduktion auf die Interpretationen PAYNES einwirkt. Seine Konzentration auf die Beobachtung durch die fünf Sinne verdrängt die Betrachtung dessen aus seinem Blickfeld, was der Sinnestätigkeit vorangeht. Obgleich er im Zusammenhang mit der Beobachtung zweimal das "Herz" erwähnt, bleibt sein Interesse daran bloß beiläufig. Sein Interesse richtet sich auf die sinnliche Beobachtung, das heißt die äußere Anschauung. Da der Empirismus das Wissen der Moral vorangehen läßt, ist bei PAYNE das Interesse an PESTALOZZI durch den Standpunkt der intellektuellen Bildung geleitet, nicht den Standpunkt der sittlichen Bildung. Für die intellektuelle Bildung ist die äußere Anschauung zweifellos ein bedeutsamer Ansatzpunkt. Aber selbst in der intellektuellen Bildung bleibt ein Punkt in PAYNES Auffassung unklar: Wie verhält sich die sinnliche Beobachtung zur heuristischen Methode? Der eigentliche Kern der heuristischen Methode, die innere Anschauung, ist nicht durch die sinnliche Beobachtung überprüfbar. Nach der Anschauungslehre PESTALOZZIS wirkt die innere Anschauung nicht allein bei der sittlichen Bildung mit, sondern auch bei der intellektuellen Bildung: Denn das Entstehen aller Erkenntnis setzt die Anschauung in ihren beiden Aspekten voraus.

Das erste in ganzem Umfang PESTALOZZI gewidmete Buch war in Japan PAYNES "Pestalozzi, the Influence of his Principles and Practice on Elementary Education". Es ist daher ein wichtiger Wegweiser der japanischen Rezeption PESTALOZZIS. Die japanische Rezeption PESTALOZZIS wurde allein durch englische Literatur vermittelt, und der Auffassungsbereich oder die Auffassungsrichtung der Pestalozzischen Anschauungslehre blieb durch diese empiristische Literatur bestimmt, also durch eine Auffassung, die sich auf die äußere Anschauung beschränkt. Aber diese Einschränkung brachte eine unerwartete Nebenwirkung: Die Unterschlagung der inneren Anschauung ermöglichte Japan eine rasche, glatte Einführung der Anschauungslehre PESTALOZZIS. Hätte diese Einführung in einer Auseinandersetzung mit der inneren Anschauung bestehen müssen, hätten die auf der christlichen Denkweise beruhenden Aspekte der inneren Anschauung sicher deren Einführung gehemmt. In jener Zeit, als Japan vornehmlich nach der Einholung des Westens in rationalen Bereichen strebte, konnte ein wissenschaftlich klingender Begriff wie die äußere Anschauung hingegen keinen Widerstand hervorrufen. Daher steht die Unterschlagung der inneren Anschauung unter einer Ambivalenz: Zwar verunmöglichte sie von Anfang an die Rezeption der vollständigen Anschauungslehre PESTALOZZIS; andererseits ermöglichte sie eine reibungslose teilweise Rezeption.

7.2.2.7 Beginn des Interesses an Pestalozzis eigenen Werken

Das erste Werk PESTALOZZIS, das ins Japanische übersetzt wurde, war der Erziehungsroman "Lienhard und Gertrud". Diese Übersetzung, die unter dem Titel "*Reppu-Joketsu-Tan*" (Die Geschichte von einem kleinmütigen Mann und einer großartigen Frau) 1888 von TEIZABURO YAMAGATA und KORENAKA OMORI übersetzt in fünf Fortsetzungen bei einer Zeitschrift in Druck ging, ist hergeleitet von einer gekürzten amerikanischen Fassung namens "Leonard and Gertrud" (1874) von EVA CHANNING. Die Übersetzung ging zwar nicht auf das Original zurück, doch hier lernte man in Japan zum ersten Mal ein Werk PESTALOZZIS kennen; nicht bloß die Literatur einer sich auf ihn berufenden Erziehungsmethode.

Ein Jahr später, 1889, erschien "Die Abendstunde eines Einsiedlers" in einer gekürzten japanischen Fassung. Als Vorwort stellte der Übersetzer, SHIGERU NAKAGAWA, PESTALOZZI kurz vor als Vertreter der Humanitätsidee: Er sei der Vater von erziehungsbedürftigen Kindern, halte die Mutterliebe und die Erkenntnis der Mutter für das Wichtigste der Erziehung, lehre das Recht der Armen auf Erziehung und sei ein führender Kopf der aufklärerischen Didaktik. Dieses Vorwort war folgendermaßen gegliedert: 1. Erforschung der Menschennatur. 2. Erklärung des Wesens der menschlichen Erziehung. 3. Darstellung des Verhältnisses zwischen Mensch und Außenwelt.

"Die Abendstunde eines Einsiedlers" ist eine Sammlung von Aphorismen, die aber in der japanischen Übersetzung nicht vollzählig wiedergegeben werden, sondern ausgewählt aufgrund eines kulturell-religiösen Vorurteils. Die Äußerungen über Gott und den Glauben wurden vollständig weggelassen, obgleich sie den eigentlichen Grundzug des Werks ausmachen. Während keine einzige Aussage über Gott aufgenommen wurde, tritt der "Segen" fünfmal auf, angeglichen allerdings an die chinesische Himmels-Philosophie als "Gnade des Himmels" (*Tenkei*). Der "innere Sinn", PESTALOZZIS Vorgriff auf die innere Anschauung, wurde ebenfalls weggelassen. Die Maximen über den "Vatersinn" und den "Kindersinn" wurden hingegen betont, dies aber bloß im Verhältnis zwischen dem Hausvater und dem Kind oder im Verhältnis zwischen dem Herrscher und dem Diener. Vom Verhältnis zwischen Gott und dem Menschen wurde abgesehen. Die Formulierung der Kaiser-Untertanen-Beziehung in der Allegorie der Vater-Kind-Beziehung war ein Ausgangspunkt der Kaiserlichen Verfassung von 1890. Neben dem "Vatersinn" und dem "Kindersinn" wurden die Aussagen über den Sinn der Familie geschätzt wegen ihrer Nähe zum "Glauben des Hauses" (*Ie-No-Shinko*).

7.2.2.8 Zusammenfassung

Mit der Heimkehr TAKAMINES begann eine neue Rezeptionsperiode der "Pestalozzischen Methode". Der heuristische Unterricht, der an die Stelle der *object lesson* trat, bedurfte, im Gegensatz zur *object lesson*, keines Sonderlehrfachs mehr, denn er verstand sich als ein für alle Lehrfächer gültiges Unterrichtsprinzip. Die Japaner übernahmen zu diesem Zeitpunkt in der Verbreitung dieser Methode die Initiative; Text und Abbildungen wurden japanischen Verhältnissen angepaßt.

Die Regierung unterstützte im zweiten Jahrzehnt der *Meiji*-Ära diese Methode weiterhin kräftig, sie betonte aber die nationalistische Tendenz. Sie beschränkte den Wirkungsbereich dieser Methode immer strenger

REZEPTIONSGESCHICHTE PESTALOZZIS IN JAPAN 149

auf die Nützlichkeit. Die heuristische Methode verzichtete schließlich selbst auf die Grundlage der "Wissenschaftlichkeit".

Der Begriff "Anschauung" fehlt in der Literatur: Der Begriff "Beobachtung" tritt kennzeichnenderweise an seine Stelle.

7.2.3 1889-1897: STILLSTAND DES INTERESSES AN PESTALOZZI

In den 90er Jahren schwand das Interesse an PESTALOZZI. Während die auf der Idee PESTALOZZIS beruhende heuristische Methode an ihrem Formalismus zugrunde ging, betrat der Herbartianismus die Szene. Dieser bezog seinen Schwung aus der Vorlesung HAUSKNECHTS an der Kaiserlichen Universität Tokio. Der Herbartianismus entsprach der Forderung der Zeit, daß die Form der Erziehung wissenschaftlich und systematisch sein müsse. Seine Bestimmung, die Moral habe als Grunderfordernis jedes Lehrfachs zu gelten, entsprach der Regierungsmeinung.

Die Aufnahme der herbartianischen Erziehungsideen fand aber statt, ohne Berücksichtigung des Zusammenhangs zwischen ihrem Ziel und ihren Mitteln. Die japanische Rezeption hielt zwar die Ethik für den Zweck der Erziehung, aber die Ethik verstand sich nicht als auf das Individuum gerichtet, sondern als Ethik im Geist des Nationalismus. Unter den Mitteln der Erziehung zogen vor allem die Formalstufen die Aufmerksamkeit der Lehrer auf sich: Anstelle der heuristischen Frage-Antwort-Form schienen die Formalstufen dem Schulunterricht eine überschaubare Ordnung gebracht zu haben. Der Herbartianismus war aber letztlich ein Mittel des Einpauk-Systems, ein Mittel "von außen her".

Der japanische Herbartianismus geriet in der Schule wegen der unabhängig von seiner Zielsetzung überbetonten Formalstufen bald ebenfalls in eine formalistische Krise. Außerdem übte die Regierung Kritik an der herbartianischen Gemütsbildung, welche zeitweilig in den Moralunterricht der Schule eingeführt worden war. Die Gefolgschaft der Regierung beschuldigte die herbartianische Gemütsbildung, der Inhalt des Kaiserlichen Erziehungsediktes sei kaum durchgedrungen; die Gemütsbildung sei nicht den Tugenden und der Vermittlung des Kaiserlichen Erziehungsedikts zuträglich, sondern nur dem "Interesse" und der "Rührung" des Kindes. Dieser Gehalt der Gemütsbildung wurde von den Vertretern der nationalistischen Reichsidee als allem japanischen Erziehungsgeist zuwiderlaufend empfunden; die herbartianische Erziehungsidee wurde als "Beleidigung"[479] verurteilt. Die Zeitgenossen betonten, daß die sittliche Bildung nicht – wie im Herbartianismus – vom individuellen Standpunkt, sondern vom kollektiven Standpunkt erteilt werden soll.

7.2.4 1897-1899: WIEDERERWACHEN DES INTERESSES AN PESTALOZZI

Nach dem Niedergang des Herbartianismus begannen einige die "erzieherische Gesinnung" für das wichtigste Anliegen der Erziehung zu halten: Die Lehrer sollen angesichts eines durch eine Reihe imperialistischer Angriffskriege verwüsteten Volksgeistes nicht mehr streben nach einer formalen Unterrichtsmethode, sondern vielmehr nach dem menschlichen Vorbild, wie es sich darbietet in PESTALOZZIS Leben. Im Jahre 1897 wurde aus Anlaß des hundertfünfzigjährigen Geburtstags PESTALOZZIS die "Histoire de Pestalozzi, de sa pensée et de son Oeuvre" von R.DE GUIMPS von MASATARO SAWAYANAGI und TEICHU HIROSAWA übersetzt. Damit entstand am Ende des 19. Jahrhunderts ein erneutes Interesse an PESTALOZZI, das allerdings zur unkritischen Vergötterung seiner Person neigte.

SAWAYANAGI[480], der Verfasser von "Die praktische Pädagogik" (*Jissaiteki Kyoikugaku*), suchte die Grundlage der Erziehung im Konkreten: Erziehungsrealität und Erziehungstatsache. PESTALOZZI war für SAWAYANAGI zwar ein angesehener Erzieher, der "durch Liebe und Glauben mit der harmonischen Entwicklung aller Kräfte die wahre Menschenbildung bezweckt hatte"[481], SAWAYANAGI fand ihn aber als Didaktiker unattraktiv: Denn die "Methode PESTALOZZIS ist im großen und ganzen deduktiv, obschon sie zu einem kleinen Teil von der Beobachtung abgeleitet wurde"[482]. Nach SAWAYANAGIS Ansicht sollte die Didaktik grundsätzlich induktiv aufgebaut sein, weil die deduktive Denkweise die Entwicklung

---

479 Yoshida 1942, S. 80f.
480 Er lernte zwischen 1875 und 1878, in der Zeit SCOTTS, an der dem Lehrerseminar Tokio angegliederten Grundschule.
481 Sawayanagi 1979, Bd. II S. 68
482 a.a.O. Bd. I S. 469

der Didaktik verlangsame. Deshalb bedürfe die Didaktik PESTALOZZIS einer Korrektur hinsichtlich der künftigen Entwicklung der Didaktik. Während die didaktische Leistung PESTALOZZIS im damaligen Japan unumstritten war, schätzte SAWAYANAGI den Didaktiker PESTALOZZI also ziemlich tief.

SAWAYANAGI versuchte nun durch viele Schriften das Interesse an PESTALOZZI zu wecken, nicht weil PESTALOZZI als Urheber der modernen Erziehungsmethode bedeutsam war, sondern weil PESTALOZZIS Lebensweise und edle erzieherische Gesinnung zu respektieren sei. SAWAYANAGI klagte, daß der Markt mit Didaktik-Büchern überschwemmt sei, daß sich darunter aber nur wenige Bücher finden lassen, die den Erziehern bei der Pflege der erzieherischen Gesinnung helfen könnten.[483] Er rechnete die Biographie PESTALOZZIS als erstes zu diesen "wenigen Büchern".

Vor der Übersetzung der "Histoire de Pestalozzi, de sa pensée et de son Oeuvre" verfaßte SAWAYANAGI 1895 "Die erzieherische Gesinnung" (*Kyoikusha No Seishin*). Der Titel eines Kapitels lautet: "Jeder Erzieher kann zu einem PESTALOZZI werden." Jeder Erzieher könne also, wie PESTALOZZI, zu einem Erzieher mit erzieherischer Gesinnung werden, weil der Erwerb der erzieherischen Gesinnung nicht von der Begabung abhängig sei, sondern bloß von Strebsamkeit.[484]

Jeder Erzieher vermöge, wie PESTALOZZI, der Nachwelt seinen Namen zu überliefern, obgleich dies unmöglich sei für diejenigen, die außerhalb der Erziehung arbeiteten. Der Erzieher brauche, wie PESTALOZZI, bloß zwei notwendige Bedingungen zu erfüllen: Ehrlichkeit und Fleiß.[485] Der Beruf des Erziehers sei so schön, weil jeder einzig mit diesen Bedingungen, unabhängig von seiner Begabung, berühmt werden könne. Damit rief SAWAYANAGI alle Erzieher zur Pflege der edlen erzieherischen Gesinnung auf, die PESTALOZZI gehabt habe.[486]

---

483 Vgl. a.a.O. S. 365
484 Vgl. a.a.O. Bd. VI S. 365
485 Vgl. a.a.O. S. 44
486 Am 100. Todestag PESTALOZZIS rief SAWAYANAGI die Erzieher zur Erinnerung an das Leben PESTALOZZIS auf (Vgl. a.a.O. Bd. VI S. 365).

SAWAYANAGI hielt die erzieherische Gesinnung auf seine eigene Weise für eine Gesinnung, die nicht von außen her gegeben wird, sondern die von innen her entsprießt: Im Gegensatz zur Ansicht der damaligen Pädagogen, meinte er, die Pflege der erzieherischen Gesinnung solle keineswegs von der Regierung diktiert werden. Aber dies heiße nicht, daß der Erzieher sich allein um sein Inneres kümmern müsse, während er sich über die Regierungsmeinung hinwegsetze: Denn der Aufstieg der erzieherischen Gesinnung soll, nach SAWAYANAGI, notwendigerweise den Lehrer zur Übung von Kaisertreue und Vaterlandsliebe führen. SAWAYANAGI führt später zwanzig Punkte an, die der auf edle erzieherische Gesinnung gefaßte Erzieher beachten soll. Der erste Punkt lautet: "Immer bevor Sie zur Schule gehen, sollen Sie das Kaiserliche Erziehungsedikt ehrerbietig lesen. Danach denken Sie fünf Minuten lang fest darüber nach, wie Sie den Inhalt des Kaiserlichen Erziehungsedikts in die Tat umsetzen können.[487]" Der Erzieher soll nun zwar beachten, was von innen her entsprießt; er soll aber zugleich unbedingt beachten, was das Kaiserliche Erziehungsedikt vorschreibt. Das vergöttlichte Bild PESTALOZZIS, der erzieherische Ehrlichkeit und Fleiß verkörpert, soll dabei zur Pflege der erzieherischen Gesinnung beitragen.

Auf die Phase, in der PESTALOZZI als Verkörperung der erzieherischen Gesinnung vergöttlicht wurde, folgte nun eine ernsthafte wissenschaftliche Auseinandersetzung; dies aber erst zu Beginn des 20. Jahrhunderts. Nach der Veröffentlichung einer Abhandlung von PAUL NATORP, "Herbart, Pestalozzi und die heutigen Aufgaben der Erziehungslehre", begann 1900 in Japan die PESTALOZZI-Forschung unter dem Gesichtspunkt der philosophischen Pädagogik. Die Initiative wurde vor allem am Lehrerseminar Hiroshima ergriffen, wo ARATA OSADA[488] und MASAO FUKUSHIMA[489] die Japanische Gesellschaft für Pestalozzianismus gründeten.

---

487 a.a.O. S. 55
488 Die Universität Zürich verlieh ihm für seinen Beitrag zur Verbreitung des Pestalozzianismus in Japan die Doktorwürde.
489 1927 wurde er zur Pestalozzi-Feier nach Brugg eingeladen.

7.3 KATEGORIE DER ANSCHAUUNG IN DER JAPANISCHEN REZEPTION

Die Pestalozzische Anschauungslehre kam erst nach einer Reihe von Reduktionsprozessen nach Japan: Sie ist bereits auf dem Weg nach Japan in England und Amerika vom wissenschaftlichen Standpunkt aus auf die *object lesson* als Schuldidaktik reduziert worden. Die *object lesson* ist eine mit der Gegenstandspräsentation verbundene Frage-Antwort-Form; als wissenschaftlich aufgearbeitete Form der Pestalozzischen Anschauungslehre erhielt sie den Namen "Pestalozzische Methode" und verbreitete sich über die Grenzen der Kulturen.

Die "Pestalozzische Methode" erfuhr nun in der japanischen Rezeption eine weitere Reduktionsphase. Während die *object lesson* in England und Amerika an der Wissenschaft einen Halt hatten, fiel der wissenschaftliche Gesichtspunkt in Japan weg, indem Japan die mit der Gegenstandspräsentation verbundene Frage-Antwort-Form auf eine reine Unterrichtsprozedur reduzierte, um die japanische Reichsidee durchzusetzen.

Das japanische Wort *Chokkan*, das dem Begriff "Anschauung" entspricht, entstand erst Ende des 19. Jahrhunderts. Im Wörterbuch der Philosophie von 1881 steht als Übersetzungswort für die "Anschauung" noch *Chokkaku*, das heißt "intuitive Ahnung". Der erste Wortteil, *chok*, heißt "direkt" oder "unvermittelt", *kaku* bezeichnet eine sinnlich aufgenommene Vorstellung, während *kan* eine mit der erleuchteten Erkenntnis verbundene Vorstellung ist. Das Wort *Chokkaku* war als Übersetzungswort für den englischen Begriff "intuition" geläufig, bevor das Wort *Chokkan* auf den deutschen Begriff "Anschauung" gemünzt wurde. Beim Wandel des Begriffs von *Chokkaku* zu *Chokkan* scheint eine qualitative Änderung der aufgenommenen Vorstellung entstanden zu sein: Während *Chokkaku* ausschließlich auf den Sinnesorganen beruht, bezieht *Chokkan* sich implizite auf den mit der buddhistischen Tradition verbundenen Begriff der Erleuchtung.

In der japanischen Didaktik-Literatur fehlt das Wort *Chokkan* bis 1894 überhaupt. Der Grund dafür ist aber nicht das Fehlen des Begriffs. Vielmehr fehlte der Begriff in der damals in Japan greifbaren Literatur der amerikanischen Pestalozzianer, die als einzige Quelle zur "Pestalozzischen Methode" galt. Der Begriff *intuition* und zum Teil sogar "Anschauung" wurde zwar verwendet in der britischen Literatur; zu dieser hatte aber Japan hinsichtlich der Didaktik anfänglich keinen direkten Zugang. Während die englischen Pestalozzianer sich mit dem großen Wort "Anschauung" direkt zu befassen versuchten, tendierten die amerikanischen Pestalozzianer dazu, diese Konfrontation zu meiden. In der Phase, als Japan ausschließlich durch die amerikanische Literatur über die "Pestalozzische Methode" informiert wurde, sah man höchstens die Begriffe *observation* oder *experience* als etwas spezifisches der "Pestalozzischen Methode".

Dieser Umstand ist nachweisbar anhand der Darstellungen der "Pestalozzischen Methode" in den zeitgenössischen japanischen Didaktik-Lehrbüchern. In der Zeit, als Japan sich über die "Pestalozzische Methode" anhand der amerikanischen Literatur informierte, erschien das Wort *Chokkaku*, das als Übersetzungswort für *intuition* längst vorhanden war, nicht in den Lehrbüchern. *Chokkan* trat erst nach der politisch motivierten Zuwendung zur deutschen Literatur auf.

Das Lehrbuch "Die Geschichte der Erziehung" (*Kyoikushi*) wurde 1881 für die Studenten an den Lehrerseminaren verfaßt. Nach diesem aus dem Amerikanischen übersetzten[490] Buch lauten die Pestalozzischen Prinzipien, daß die Erziehung gemäß dem Weg der Natur allmählich und lückenlos stattfinden soll, und daß die Elementarbildung von Form, Zahl und Wort ausgehen soll.[491] Dabei sollte man auf die Bildung der Wahrnehmungskraft Rücksicht nehmen. Als Unterrichtsform ist angegeben, daß die Schüler die von den Lehrern mündlich mitgeteilten neuen Kenntnisse wiederholen, und daß sie die Fragen des Lehrers beantworten müssen.[492] Obschon in dieser Darstellung der Pestalozzischen Prinzipien die Bildung der Wahrnehmungskraft erwähnt wird, scheint die Gegenstandsdarstellung von keiner Relevanz für den Unterricht zu sein, sondern einzig die Frage-Antwort-Form. Das Übersetzungswort für

---

490 Nishimura 1881, I. S. 1. Dieses Buch ist eine wörtliche Übersetzung von HILOBIBLIUS (= LINUS PIERPONT BROCKETT) "History and Progress of Education" (1869).
491 Vgl. Nishimura 1881, II. S. 66. Das Wissen von Gott soll von der Mutter in der frühen Kindheit vermittelt werden.
492 Vgl. a.a.O. S. 67

die Anschauung, *Chokkaku* oder *Chokkan*, fehlt in diesem Text vollständig. Außerdem werden hier selbst die dem Anschauungsunterricht unentbehrlichen Ausdrücke "beobachten" und "anschauen" nicht verwendet.

SHUJI IZAWA verfaßte 1882 anhand der Notizen aus A.G.BOYDENS Vorlesungen, die er während seiner Studienzeit in Amerika gehört hatte, ein Buch namens "Pädagogik" (*Kyoikugaku*); es besteht aus drei Teilen, der intellektuellen, der sittlichen und der physischen Bildung. Im Teil über die intellektuelle Bildung geht IZAWA auf vier Vermögen ein: Anschauungs-, Ausdrucks-, Erinnerungs- und Reflexionsvermögen. Weil während des Studienaufenthalts IZAWAS die von BOYDEN geleitete *Waterbridge Normal School* gerade unter dem Einfluß des amerikanischen Pestalozzianismus stand, bezieht sich das Anschauungsvermögen hier auf die Anschauungslehre PESTALOZZIS. Diesen Begriff vermittelte IZAWA mit dem Übersetzungswort *Chokkaku*.[493]

SAKAE NOSE verfaßte 1894 als Lehrbuch für die Studenten der Lehrerseminare "Die Geschichte der Erziehung im In- und Ausland" (*Naigai-Kyoikushi*): Dieses Lehrbuch war vom Kultusministerium genehmigt. Als Ausnahme für jene Zeit war dieses Buch von keiner bestimmten Literatur abhängig: Der Verfasser schrieb es frei und ließ drei Experten[494] aus verschiedenen Bereichen korrekturlesen. Im Teil über die Geschichte der Erziehung im Ausland führt dieses Buch acht bedeutsame europäische Pädagogen an und stellt ihr Leben und ihre Wirkung dar: MONTAIGNE, COMENIUS, LOCKE, ROUSSEAU, PESTALOZZI, FRÖBEL, SPENCER und HERBART.

Chokkan, das Übersetzungswort für den deutschen Begriff "Anschauung", hatte sich während der Niederschrift dieses Buchs noch nicht eingebürgert. NOSE schrieb im Kapitel über das Leben PESTALOZZIS, PESTALOZZI habe die Erleuchtung des Kindes über den Gegenstand dem Be-

---

493 Vgl. Izawa 1912, S. 303
494 Die drei Experten waren SEIICHI NOJIRI (Geschichte der Erziehung im Ausland), YONEKICHI MIYAKE (Geschichte der Erziehung im Inland) und ENRYO INOUE (Buddhismus).

griff des Gegenstands vorhergehen lassen.[495] Dem Kontext zufolge hätte aber anstelle der "Erleuchtung" (*Satori*) eigentlich der Begriff "Anschauung" kommen sollen. Die Auffassung der "Anschauung" in diesem Text schwankt zum Teil, wohl vor allem weil der Begriff "Anschauung" noch kein fest anerkanntes Übersetzungswort hatte.

Im darauf folgenden Kapitel stellte NOSE die von MORF angeführten zwölf Punkte als Pestalozzische Prinzipien vor. Der erste Punkt, der Unterricht solle auf der Erfahrung der Schüler beruhen, ist begleitet von einem deutschen Satz: "Das Fundament des Unterrichts ist die Anschauung."[496] Als Übersetzungswort für "Anschauung" wählt NOSE hier, im Gegensatz zum vorhergehenden Kapitel, *Chokkan*. Dieses Übersetzungswort ist mit der Anmerkung versehen:

> Das Wort "Anschauung" läßt sich ins Englische als **intuition** übersetzen. Intuition läßt sich zwar im allgemeinen als **Chokkaku** übersetzen; aber die "Anschauung" ist mehr als **Chokkaku**, denn die "Anschauung" bedeutet eine "Beobachtung von Innen her", oder eine "unabdingbare Wahrnehmung". Deshalb übersetze ich das Wort "Anschauung" hier mit **Chokkan**.[497]

Die Anschauung wird hier nicht nur verstanden als "äußerliche", sinnliche Wahrnehmung, wie *intuition*, sondern als äußerliche und innerliche Wahrnehmung. Weil die japanische Sprache in jener Zeit noch keinen fest eingebürgerten Begriff für die "innere und äußere" Wahrnehmung besaß, scheint der Verfasser gewagt zu haben, den Lesern, also den Studenten an den Lehrerseminaren, den kürzlich erfundenen Begriff *Chokkan* beizubringen. Dabei wollte er festhalten, wie sich der Begriff *Chokkan* als "innere und äußere" Wahrnehmung vom Begriff *Chokkaku* als "äußere" Wahrnehmung unterscheidet.

Nach NOSE geht die japanische Rezeption der Pestalozzischen Prinzipien auf die Ankündigung des "heuristischen Unterrichts" vom Jahr 1881 zurück: Denn zur Durchsetzung des "heuristischen Unterrichts" wurden

---

495 Vgl. Nose 1984, S. 354
496 a.a.O. S. 359
497 Vgl. a.a.O. S. 359f.

die von SHELDON aufgestellten neun Pestalozzischen Prinzipien im Buch SHIRAIS als Prinzipien des "heuristischen Unterrichts" vorgestellt.[498]

NOSE legt aber auf die sogenannten "Pestalozzischen Prinzipien" nicht allzu großen Wert: Denn die meisten seiner Prinzipien, wie "unterrichte dem Gang der Natur entsprechend", oder "schreite fort vom Einfachen zum Komplizierten", sind bereits bei COMENIUS und ROUSSEAU zu finden. Was PESTALOZZI zu einer großen Figur in der Geschichte der Erziehung mache, seien nicht seine Prinzipien oder seine Leistungen, sondern seine edle Gesinnung; sein Leben voller Mißerfolg aber voller Eifer.[499] Diese Ansicht bot den japanischen Erziehern um die Jahrhundertwende eine Rechtfertigung des biographischen Interesses an PESTALOZZI.[500]

Im Jahre 1901 erschien ein Lehrbuch für die Studenten der Lehrerseminare mit dem Titel "Der historische Umriß der Didaktik" (*Kyojuho-Enkakushi*) von JINTARO OSE und NOBUHARU NAKATANI. Die Art und Weise, wie dieses Lehrbuch den Anschauungsunterricht darstellt, sollte einen Überblick über die Kategorie der Anschauung in der japanischen Rezeption des 19. Jahrhunderts geben. Die politische Wende ist diesem Buch abzulesen: Es ist nicht mehr ausgerichtet nach der anglo-amerikanischen Literatur, sondern nach der deutschen.[501] Die darin angeführten Pädagogen sind entsprechend hauptsächlich die deutschen.[502] Die Ausrichtung nach der deutschen Erziehungsliteratur hat auch entscheidend beigetragen zur Befestigung des Begriffs "Anschauung"; das Buch entwickelt sich um *Chokkan*, um das Lehnwort, das nach dem deutschen Begriff der Anschauung geprägt wurde.

Nach diesem Buch sollte der Anschauungsunterricht in den Sprach-Unterricht einbezogen werden. Die Prinzipien des Anschauungsunter-

---

498 Vgl. a.a.O. S. 361
499 Vgl. a.a.O. S. 363
500 Ein typisches Beispiel ist SAWAYANAGI, der in der Biographie PESTALOZZIS ein Vorbild des Erziehers fand, eine Persönlichkeit mit Ehrlichkeit und Eifer.
501 Japan erfuhr Ende des 19. Jahrhunderts eine politische Wende, in der es sich den Einflüssen Amerikas und Englands verschloß und sich Deutschland als politischem Vorbild zuwandte.
502 OSE (1901, S. l) meint, es lohne sich nicht, den historischen Umriß der japanischen Didaktik darzustellen.

richts gingen zwar auf BACON und MONTAIGNE zurück, sie seien aber erst bei RATKE didaktisch in die Tat umgesetzt worden; das letzte seiner neun Prinzipien lautet nämlich "lehrt anschaulich anhand der Beispiele oder der Experimente, anstatt auswendig lernen zu lassen."[503] Diese Prinzipien habe COMENIUS weiter entwickelt: Er habe das Prinzip vertreten, daß beim Lernen die Reihenfolge einzuhalten sei, vom Ding übers Gedächtnis hin zum Wort, entsprechend den Regeln der Natur.[504] In Frankreich habe ROUSSEAU dieses Prinzip übernommen: Er habe von den Erziehern verlangt, die Welt als Lehrbuch zu betrachten, den Unterricht mit der Anschauung zu beginnen, und den Schüler selbst denken und sich bewegen zu lassen.[505] In Deutschland habe BASEDOW dasselbe Prinzip ähnlich entwickelt: Der Unterricht solle von der Anschauung ausgehen; der Lehrer solle beabsichtigen, die Schüler selbst denken zu lassen, indem er die Frage-Antwort-Form in den Unterricht einführt.[506]

In der Schweiz sei es aber PESTALOZZI gelungen, die Entwicklung dieses Prinzips von seinem psychologischen Standpunkt aus weiter fortzusetzen. PESTALOZZI führe vier Prinzipien an: Die Sinnesorgane sollen naturgemäß entwickelt werden, indem sie gebraucht werden; jede Erkenntnis müsse von der Anschauung ausgehen und auf sie zurückgeführt werden, denn die Anschauung sei das absolute Fundament aller Erkenntnis; die Reihenfolge des Erziehungsvorgangs sowie des Lehrmaterials solle mit dem Gang der Natur genau übereinstimmen, damit die Schüler, vom Einfachen zum Schweren, zu einer lückenlosen Entwicklung geführt werden können; jeder Unterricht solle auf die drei Elemente der geistigen Bildung "Zahl, Form und Sprache" reduziert werden, indem der Lehrer die Schüler nach der Zahl, der Form und dem Namen der ihnen vorgezeigten Gegenstände fragt.[507] Diese vier Prinzipien stammen aus "Wie Gertrud ihre Kinder lehrt". Die Prinzipien PESTALOZZIS werden wegen ihres psychologischen Standpunkts gegen frühere Didaktiker abgegrenzt und erhalten damit eine Sonderstelle in der Entwicklungsgeschichte des Anschauungsunterrichts.

---

503 a.a.O. S. 3
504 Vgl. a.a.O. S. 6
505 Vgl. a.a.O. S. 13
506 Vgl. a.a.O. S. 16
507 Vgl. a.a.O. S. 19f.

Das Lehrfach "Anschauungsunterricht" sei in Europa ein Teil des Sprach-Unterrichts, denn es beabsichtige sowohl das Erlernen der Aussprache und der Rede als auch das Erwerben der Kenntnis über die Gegenstände.[508] Die Verbreitung des Anschauungsunterrichts habe aber erst unter dem Einfluß PESTALOZZIS begonnen. Nach seinen Prinzipien solle das Ganze der Elementarerziehung auf der Anschauung beruhen: Er habe die Übungen für die Anschauung angegeben, welche die Mutter bereits zu Hause ihrem Kind geben solle. Diese Übungen für die Anschauung fange mit dem Körper des Kindes an: Wenn der Erzieher auf einen bestimmten Körperteil des Kindes mit dem Finger hindeute, müsse das Kind diesen Körperteil anschauen, damit es ihn zu einem Begriff erheben könne. Die Verfasser dieses Buches weisen aber darauf hin, daß das Kind nur schwer seine eigenen Körperteile anzuschauen vermöge. Daraus sei zu schließen, daß der Anschauungsunterricht PESTALOZZIS einen Fehler enthalte.[509]

Ausgehend von dieser fehlerhaften Methodisierung des Anschauungsunterrichts bei PESTALOZZI habe DIESTERWEG seine Methodisierung weiterentwickelt. Die Elementarbildung solle sich nach DIESTERWEG auf den Anschauungsunterricht beziehen, der die Entfaltung der Anschauungskraft und die Einübung der Sprache bezwecke[510]: Die Anschauung und die Sprache bilden somit die Basis der Elementarbildung. Das Kind soll zuerst die Gegenstände durch seine Sinnesorgane beobachten; dann soll der Lehrer per Frage-Antwort-Form das Kind von diesen Gegenständen reden lassen, denn diese Form rege die Aufmerksamkeit des Kindes an. Außer dieser Form empfehle DIESTERWEG zugunsten der erzieherischen Wirksamkeit die Technik des Wiederholenlassens der Antwort vom Einzelnen gefolgt vom Wiederholenlassen der ganzen Klasse.[511] Als die Reihenfolge der Gegenstände für den Anschauungsunterricht schlage DIESTERWEG, im Gegensatz zu PESTALOZZI, vor, mit den Dingen im Klassenzimmer zu beginnen: Der Menschenkörper folgt erst auf die Haustiere.[512]

---

508 Vgl. a.a.O. S. 70
509 Vgl. a.a.O. S. 72f.
510 Vgl. a.a.O. S. 80
511 Vgl. a.a.O. S. 82
512 Vgl. a.a.O. S. 79

Nach dem historischen Überblick über die Entwicklung des Anschauungsunterrichts kommen OSE und NAKATANI zum Schluß, daß auch in Japan die Anschauung der Gegenstände oder deren Bilder und die Frage-Antwort-Form in den Sprach-Unterricht eingeführt werden sollten.[513]

Der Grund dafür, daß die "Pestalozzische Methode" in Japan anfänglich als ein Teil des Lehrfachs "Lesestunde" angewendet wurde, liegt darin, daß die Auffassung der Anschauungslehre sich damals hauptsächlich im Sprach-Unterricht geltend machte, obgleich in der anfänglichen Rezeption der "Pestalozzischen Methode" die wesentlichen Schlüsselworte für den Anschauungsunterricht noch nicht erschienen: weder "anschauen" noch "beobachten"

7.3.1 UNABSICHTLICHE VERDREHUNG: BESCHRÄNKUNG AUF DAS SINNLICHE

Aufgrund der Aussage, "to teach always by things, rather than by words",[514] fand die Anschauungslehre PESTALOZZIS zunächst in England eine Anwendung, und einen gewissen Einklang mit dem englischen Empirismus.[515] Die Anschauungslehre wurde unter empiristischen Gesichtspunkten so zur *object lesson* umgearbeitet, daß die Gegenstandspräsentation die Abgrenzung bildet zum wortvermittelten Unterricht.

Weil unter dem Namen "Pestalozzische Anschauungslehre" eine bereits in England und Amerika aus der Pestalozzischen Anschauungslehre einseitig herausgearbeitete Unterrichtsmethode nach Japan kam, setze die japanische Rezeption PESTALOZZIS die auf die äußere Anschauung eingeengte Auffassung der Pestalozzischen Anschauungslehre in England und Amerika voraus.

---

513 Vgl. a.a.O. S. 131
514 KA Bd. XXVI S. 122
515 Vgl. Locke 1989, S. 163ff.

7.3.2 ABSICHTLICHE VERDREHUNG: INSTRUMENTALISIERUNG IN DER POLITIK

In der japanischen Rezeption fand aber eine weitere Einengung statt. Während die Auffassung in England und in Amerika die *object lesson*, den "Pestalozzischen Anschauungsunterricht", auf den wissenschaftlichen Grundsatz abstellte, übernahm die japanische Rezeption im Namen der *object lesson* bloß die Frage-Antwort-Form durch Gegenstandspräsentation als Unterrichtsmethode. Die japanische Regierung erwartete, daß die Einführung dieser Methode unter der Bedingung einer absichtlichen Reduktion funktioniere. Weil diese Unterrichtsmethode isoliert vom wissenschaftlichen Gesichtspunkt umgesetzt wurde, mußte sich Japan ausschließlich mit der Entwicklung einer wortspielartigen Frage-Antwort-Form beschäftigen. Diese Anlehnung an das Wort war unvermeidbar, obwohl sie der ursprünglichen Idee der *object lesson* widerspricht: Was die *object lessson* zu überwinden suchte, setzte sie in konzentrierter Form fort.

Die aus der *object lesson* abgeleitete heuristische Methode bewirkte trotz ihrer klingenden Schlagworte "von innen her" und "heuristisch" keine wesentliche, sondern bloß eine formelle Änderung des herkömmlichen Einpauk-Systems: Der Lehrer paukte dem Kind nach wie vor einseitig Lehrstoff ein, jetzt aber in der heuristischen Frage-Antwort-Form. Der Grund für die landesweite Begeisterung für den heuristischen Unterricht in den achtziger Jahren lag nicht zuletzt darin, daß die Erziehung im Schulunterricht dank der Einführung dieser Form überschaubar wurde und anscheinend reibungslos vor sich ging. Um die Unterrichtsordnung zu wahren, spielte der Lehrer als Fragesteller ständig eine aktive Rolle, während das Kind sich als Beantworter mit der passiven Rolle begnügte. Daß damit die Rollen des Lehrenden und Lernenden unverändert blieben, wurde in der Regel übersehen, obgleich das Interesse des Kindes an dieser Rollenverteilung ersticken mußte. Was diese "Pestalozzische Methode" bot, war eine Tarnung, die über die Wirklichkeit des weitergeführten Einpauk-Systems hinwegtäuschte. In Japan galt dieser Zeitpunkt als Beginn der Erziehungsgeschichte; das von außen gesteuerte Erziehen versuchte ein "von innen her geleitetes Erziehen" zu simulieren.

Die heuristische Methode erfüllte als eine von der Regierung unterstützte Dressur-Methode ihre Aufgaben: Mit dem Beginn der nationalistischen Epoche, in der man keine Tarnung für das Einpauk-System mehr benötigte, mußte die heuristische Methode untergehen.

7.3.3 ZUFÄLLIGE ÄQUIVALENZ IN DER AUFFASSUNG DER WOHNSTUBE

Die Bedeutung des Hauses in Japan ist mit derjenigen der Wohnstube PESTALOZZIS vergleichbar. Das Vaterhaus ist bei PESTALOZZI "Schule der Sitte und des Staates",[516] in dem die "häuslichen Verhältnisse" als "die ersten und vorzüglichsten Verhältnisse der Natur"[517] gelten. Die häusliche Beziehung ist wichtig sowohl als Ausgangspunkt wie auch als zentraler Bezugspunkt des Lebens; die Wohnstube ist unabänderlich die wichtigste Erziehungsstätte.

Den Grundsatz, die ideale öffentliche Erziehungsstätte müsse die Wohnstube nachahmen, vertrat PESTALOZZI bereits 1775.[518] Er beabsichtigte in seinem frühen Schaffen die Rettung seines Zeitalters durch die Wohnstube des Volks, in der Vatersinn und ein patriarchalischer Ton herrschten: "Vatersinn bildet Regenten – Brudersinn Bürger; beide erzeugen Ordnung im Haus und im Staate."[519] Die Hochschätzung der Wohnstube beruhte folglich besonders auf ihrer Wirkung auf die Nationalbildung:[520] Der Vater- und der Kindersinn in der Wohnstube hießen zugleich im nationalen Geist "Quelle alles reinen Nationalsegens".[521] PESTALOZZI rief sein Zeitalter zur Wiedererweckung des Vatersinns in dessen doppelter Vorstellung auf. Obschon seine Überzeugung von der Parallelität zwischen dem Gott-Mensch-Verhältnis und dem Staat-Volk-Verhältnis 1793 in "Ja oder Nein" hinfällig wurde, blieb sein Vertrauen in die Bildungskraft der Wohnstube ungebrochen. Denn die Wohnstube schließt die "wesentlichen Grundmittel aller wahren Menschenbildung [die sittliche, intellektuelle und physische Bildung] in ihrem ganzen Umfang" ein.[522]

---

516 KA Bd. I S. 271
517 ebenda
518 Vgl. KA Bd. I S. 145
519 KA Bd. I S. 271
520 Vgl. ebenda
521 KA Bd. I S. 277
522 KA Bd. XXV S. 313. Vgl. Das häusliche Leben nennt er "erste und wesentlichste Schule aller Erziehung, allen Unterrichts" (KA Bd. XXVIII S. 25).

Die Wohnstube gilt nun als Muster der Elementarbildung überhaupt. Sein absolutes Vertrauen in die Bildungskraft der Wohnstube rechtfertigte selbst die körperliche Strafe, weil "die Vater- und Mutterstrafen" "selten einen schlimmen Eindruck" machen.[523] Die Erziehungsanstalt PESTALOZZIS sollte im Sinne der Wohnstube vom Vatersinn ausgehen, und auf den Kindersinn wirken.[524] Die Wohnstube ist die Stätte, "wo das Gleichgewicht der menschlichen Kräfte in ihrer Entfaltung gleichsam von der Natur selbst eingelenkt, gehabt und gesichert wird".[525]

Der Vergleich der Vater-Kind-Beziehung mit der Regierender-Regierter-Beziehung ist auch in Japan geläufig: Wie PESTALOZZI den Vater- und den Kindersinn nicht nur im Vater-Kind-Verhältnis, sondern auch im Regierung-Volk-Verhältnis[526] sowie im Gott-Mensch-Verhältnis gelten läßt, versteht Japan den Vater- und den Kindersinn im Vater-Kind-Verhältnis und im Kaiser-Untertanen-Verhältnis. Da der Kaiser den Staat und zugleich Gott verkörpert, stehen sich die Auffassung des Vater- und des Kindersinnes bei PESTALOZZI und diejenige in Japan ganz nahe. Obschon die Betonung der Gleichsetzung zwischen dem Regierung-Volk- und dem Gott-Mensch-Verhältnis bei PESTALOZZI allmählich verloren geht, bleibt er beim Grundsatz: Die sittliche Bildung soll von der häuslichen Beziehung ausgehen und darüber hinaus auf die göttliche Beziehung übertragen werden.

PESTALOZZIS Grundsatz, daß das Wesen der Schule eine Weiterführung der häuslichen Erziehung sein soll, verlor sich auf dem Weg nach Japan bereits in England und Amerika: Die Rezeption dieses Grundsatzes konzentrierte sich in England und Amerika darauf, aus der Pestalozzischen Anschauungslehre eine Schuldidaktik zu machen. Wäre aber die Erziehung der Wohnstube mit PESTALOZZIS ursprünglicher Betonung überliefert worden, wäre Japan zur Rezeption dieser Idee bereit gewesen. Die

---

523 KA Bd. XIII S. 18
524 Vgl. KA Bd. XXII S. 267
525 KA Bd. XXV S. 293
526 "Regierung" heißt bei PESTALOZZI jede Obrigkeit. Wenn bei ihm vom Staat die Rede ist, geht es um den patriarchalischen Staat, nicht um den absolutistischen Staat. Die Auffassung des "Staates" stand allerdings im damaligen Japan dem Staat im absolutistischen Sinne näher.

Regierung hätte wahrscheinlich sogar die Pestalozzischen Erziehungsprinzipien umso stärker instrumentalisiert zur politischen Manipulation des Volks. Denn PESTALOZZIS Idee der Wohnstube hätte der Bildung der nationalistischen Gesinnung dienen können, indem sie durch den Vater- und Kindersinn die Gleichsetzung des Kaisersystems und des Patriarchats rechtfertigt.

7.3.4 ZUFÄLLIGE ÄQUIVALENZ IN DER AUFFASSUNG DER VERINNERLICHUNG

Anfangs der *Meiji*-Ära trat der Begriff "Gott" auf in vielen aus dem Französischen und Englischen übersetzten Lehrbüchern für den Moralunterricht. Weil der Begriff den Japanern fremd war, waren die Texte über Gott unverständlich. Der Begriff wurde mit der Zeit weggelassen oder durch andere ersetzt. Um das Ende des 19. Jahrhunderts nehmen sich die japanischen Didaktiker in bezug auf die sittliche Bildung das Lehrsystem Frankreichs zum Vorbild, denn Frankreich hatte seit 1882, im Gegensatz zu den anderen westlichen Ländern, Moral- statt Religionsunterricht.[527] In der sittlichen Bildung in Frankreich ging es mithin darum, die Schüler über Gewissen und Vernunft zu belehren, anstatt über das Wesen Gottes.[528] Dieses Vorbild schien den japanischen Didaktikern auf die japanischen Verhältnisse anwendbar zu sein. Sie interessierten sich aber ausschließlich dafür, die Moral im Sinne des Kaiserlichen Erziehungserlasses zu pflegen[529], wofür sie den auf den Begriff "Gott" gerichteten Religionsunterricht zur Seite schoben. Als Richtlinien des Moralunterrichtes wurde das Folgende angeführt: Der Moralunterricht soll sich auf die Erfahrungen der Schüler beziehen; anhand von Beispielen soll die Frage-Antwort-Form entwickelt werden; zugunsten der Anschaulichkeit soll entweder das Ding oder dessen Bild vorgezeigt werden.[530]

Der Begriff "Gott" ist der japanischen Religiosität völlig fremd. Wird aber der Begriff "Gott" wie im Pietismus als Gegenstand der absoluten Ver-

---

527 Vgl. Ose 1901, S. 42
528 Vgl. a.a.O. S. 59
529 Vgl. a.a.O. S. 65
530 Vgl. a.a.O. S. 67f.

innerlichung verstanden, wird eine Betrachtung dieses Begriffs auch in Japan möglich.

Die politische Wende von 1868 zwang fast alle bestehenden buddhistischen Sekten zu grundlegenden Veränderungen. Einzig die "Sekte des reinen Landes" (*Jodo-Shin-Shu*) entzog sich fremden Einflüssen und blieb nach wie vor das stärkste buddhistische Element. KARL BARTH weist hin auf die gemeinsamen Punkte zwischen dieser Sekte und dem evangelischen Christentum in "Die kirchliche Dogmatik" (1938)[531]. Nach BARTH besteht eine Parallele der reformierten Konfession zu zwei zusammenhängenden buddhistischen Verbindungen im Japan des 12. und 13. Jahrhunderts[532]: Die von GENKU[533] gestiftete "Sekte des reinen Landes" (*Jodo-Shu*), und die von GENKUS Schüler SHINRAN[534] gestiftete "Wahre Sekte des reinen Landes" (*Jodo-Shin-Shu*).[535] Die beiden Sekten popularisierten im 12. Jahrhundert den Buddhismus, der bis dahin nur in der Aristokratie verbreitet war. Im Gegensatz zu den anderen buddhistischen Sekten, in denen die Erlösung durch die eigene Kraft des Menschen erstrebt wird, lehrte GENKU die Erlösung durch eine fremde Kraft, die Urverheißung des *Amida-Buddha*[536]. Seine Lehre ist schlicht: Wenn man an den barmherzigen Erlöser *Amida* glaubt und seinen Namen anruft, kann man das Paradies (*Jodo*) erreichen. SHINRAN entfaltete zwar die Lehre GENKUS weiter, aber mit stärkerer Betonung des Innerlichen: Alles kommt auf den Glauben des Herzens an. Nach seiner Lehre bleibt zur Erlösung nicht mehr zu tun, als das ganze Vertrauen auf den Erlöser zu setzen. BARTH stellt fest, daß der Glaube an diese Urverheißung der Gabe Gottes im evangelischen Christentum entspricht. Er fährt fort: Die Welt der Religion ist nur für die Offenbarung zugänglich,

---

531 *Jodo-Shin-Shu* wird in "Die Lehre vom Wort Gottes" zweites Kapitel 372-377 erwähnt.

532 Barth 1933, S. 372ff.

533 a.a.O. S. 1133-1212

534 a.a.O. S. 1172-1262

535 FRANZ XAVIER, der erste christliche Missionar in Japan (1549-51), hielt diese Sekten für "lutherische Ketzerei". (Vgl. a.a.O. S. 374)

431 Diese Sekten haben heute rund 20 Millionen Gläubige. (Dez. 1984) (Vgl. Kajimura 1988, S. 5)

536 Weil die Erlösung durch eine fremde Kraft dem Buddhismus fremd ist, gibt es die Ansicht, daß die *Jodo*-Bewegung als Folge christlicher Einflüsse entstanden ist. (Vgl. Iwamoto 1964, S. 179)

aber nicht für die Vernunft des Menschen.[537] Diese Religionsauffassung verlangt Selbstverleugnung und darüber hinaus Verinnerlichung der Gottheit, was sowohl im Christentum wie auch in der *Jodo*-Bewegung auftritt. SHINRAN lehrt:

> soweit ihr an diese Urverheißung glaubt, braucht ihr kein anderes Gutes zu tun, da kein anderes Gutes die Anrufung seines Namens [= des **Amida-Buddha**] übertrifft. Fürchtet kein Böses; da kein Böses schlimmer ist, als die Urverheißung des **Amida-Buddha** zu behindern.[538]

Der Mensch selbst ist nicht fähig zur Erlösung aus eigener Kraft. Das Gute aus seiner eigenen Kraft nützt für die Erlösung nichts. Nur wenn der Mensch das Vertrauen in seine eigene Kraft aufgibt, erst wenn der Mensch das absolute Vertrauen in die Gottheit des *Amida-Buddha* in sich spürt, wird ihm die Erlösung möglich. Die Verinnerlichung der Gottheit ist hier ein unentbehrlicher Vorgang der Erlösung: Die Gottheit als eine Persönlichkeit des *Amida-Buddha* soll zuletzt verinnerlicht in uns leben. Diese Lehre erinnert unmittelbar an die Worte des PAULUS: "darum lebe nun nicht mehr ich, sondern Christus lebt in mir".[539] Die Selbstverleugnung des PAULUS ist mit dem absoluten Glauben an Gott gleichgestellt, welcher PAULUS leben läßt: Gott lebt verinnerlicht in PAULUS. Diese durch Selbstverleugnung und Verinnerlichung der Gottheit herbeigeführte Erlösung ist ein Vorgang der Überwindung, oder, buddhistisch gesprochen, ein Vorgang der Erleuchtung. In diesem Vorgang entsprechen sich die *Jodo*-Bewegung und das Christentum.[540]

PESTALOZZI hält Gott im Geist der Pietisten für den Gegenstand der absoluten Verinnerlichung; wir finden bei seiner Auffassung der Verinnerlichung viele Ähnlichkeiten mit der mächtigsten buddhistischen Sekte Japans. Seine religiöse Auffassung, die sich im Begriff "innerer An-

---

537 SCHLEIERMACHERS "Religion als Schlechthinniges Abhängigkeitsgefühl" scheint nahe bei KARL BARTH zu stehen, obschon SCHLEIERMACHERS Religionanschauung als Anthropozentrismus kategorisiert wird.
538 Shinran 1931, S. 41
539 Galater. 2-20.
540 HOSHINO verweist auf diese Parallelität im Verhältnis des Heiligen zum Weltlichen, welches vermittels der Liebe Gottes, der Selbstverneinung, zugänglich wird (Vgl. HOSHINO 1967).

schauung" verdichtet, ist der japanischen religiösen Auffassung nicht so sehr fremd. Die bereits durch die britische und amerikanische Rezeption unterschlagene "innere Anschauung" der Pestalozzischen Anschauungslehre verhalf zwar Japan durch die Regierung zu einer glatten partiellen Einführung der "Pestalozzischen Methode", aber durch diese Unterschlagung verpaßte Japan die Einführung der Pestalozzischen Anschauungslehre als Ganzes, denn gerade der weggelassene Teil hätte im Volk Zustimmung finden können.

7.3.5 ZUSAMMENFASSUNG

PESTALOZZI versuchte die sittliche Bildung in Beziehung zur intellektuellen Bildung zu setzen. Dabei wollte er das dynamische Verhältnis zwischen der äußeren und der inneren Anschauung dialektisch zu einer Einheit führen. Diese Struktur der Anschauungslehre kommt erst dann vollständig zustande, wenn die äußere und die innere Anschauung gemeinsam um ein "Ich" zu kreisen beginnen.[541] In der intellektuellen Bildung wird von den Kindern erwartet, daß sie von den eigenen Sinnen ausgehen und sich auf den eigenen Gedankengang richten: Die intellektuelle Bildung sollte mit der Selbsttätigkeit beginnen und nach der Selbsttätigkeit streben. In der sittlichen Bildung tritt die Scheinstruktur gerade umgekehrt auf: Das Christentum verlangt vom Menschen unter dem Begriff der Sittlichkeit eine bedingungslose Hingabe an Gott, Selbstverleugnung. Selbstverleugnung bedeutet Selbstvollendung; der Vorgang der sittlichen Bildung ist also folgender: Die Kinder gehen vom eigenen Herzen aus und richten sich auf die eigene Vollendung. Daraus folgt, daß die äußere und die innere Anschauung sich nicht vereinigen können, solange das Anschauen nicht um das "Ich" kreist. Die Anschauungslehre PESTALOZZIS geht schließlich von der Überzeugung aus, daß das Zentrum das "Ich" selbst sei.

Im Gegensatz zur Vorstellung der Anschauungslehre PESTALOZZIS tritt das auf das "Ich" gerichtete Denken zumindest auf der Bühne der offiziellen, politischen Geschichte Japans nicht auf. In der sittlichen Bildung fehlt die Rede von der auf die Selbständigkeit oder auf das Individuum

---

541 Vgl. KA Bd. XIII S. 248

orientierten Moral fast völlig. Der "Glaube des Hauses" und das Kaiserliche Erziehungsedikt schreiben sogar die heteronome Moral vor, um das Verantwortungsgefühl des Volks als Untertanen zu fördern. Auch in der intellektuellen Bildung sieht diese Tendenz nicht anders aus. Die *object lesson*, eine aus der Pestalozzischen Anschauungslehre zwecks der Selbsttätigkeit wissenschaftlich herausgearbeitete Methode, verlor in Japan den Zweck der "Selbsttätigkeit", und überlebte bloß in Form von Frage-Antwort und Gegenstandspräsentation.

Hinter den Kulissen der offiziellen Geschichte fehlte jedoch ein auf das "Ich" gerichtetes ethisches Denken keineswegs. Die "Sekte des wahren reinen Landes" löste den Glauben vom gesellschaftlichen Verhältnis, und richtete sich über das Ich-Bewußtsein hinaus auf die Selbstverleugnung.

Japan interessierte sich in der Rezeptionsperiode der "Pestalozzischen Methode", zumindest offiziell, bloß für ein neues, effizientes Einpauk-System. Die Zusammensetzung der intellektuellen mit der sittlichen Bildung, in der sich das dialektische Verhältnis zwischen der äußeren und der inneren Anschauung spiegeln sollte, fand keine Aufmerksamkeit. Die intellektuelle Bildung bedurfte eines Einpauk-Systems zur raschen Einholung des westlichen Wirtschaftsniveaus; die sittliche Bildung bedurfte ebenfalls eines Einpauk-Systems zur raschen Durchsetzung der nationalistischen Gesinnung.

8. KATEGORIE DER ANSCHAUUNG IN DER REZEPTION PESTALOZZIS

Die Rezeption der Pestalozzischen Anschauungslehre fand im 19. Jahrhundert statt nach Maßgabe der damaligen Forderungen an die Pädagogik, insbesondere der Forderung nach einer Schuldidaktik. Dies führte jedoch zu einem Reduktionsprozeß. Die Zweigliedrigkeit der inneren Anschauung verschwand bereits am Anfang der Rezeptionsgeschichte der Pestalozzischen Anschauungslehre, indem der zweigliedrige Begriff der "inneren Anschauung" einseitig auf die "mich ansehende" Anschauung reduziert wurde: Denn die Pestalozzianer beschränkten ihr Interesse an der Pestalozzischen Anschauungslehre ganz im Sinne ihrer Zeit einzig auf die erzieherische Wirkung der Sinnlichkeit.

Während es das Hauptanliegen PESTALOZZIS war, eine ganzheitliche Anschauungslehre zu entwickeln, betonten die Pestalozzianer einzig ihren positivistischen Aspekt. PESTALOZZI glaubte also, daß seine Anschauungslehre sowohl eine religiöse als auch wissenschaftliche Grundlage hat; die Pestalozzianer glaubten jedoch, daß PESTALOZZIS Anschauungslehre allein hinsichtlich ihrer wissenschaftlichen Grundlage wertvoll sei.

Die "Pestalozzische Methode" wurde aufgrund dieser Überzeugung zu einer wissenschaftlich bestätigten modernen Didaktik entwickelt: Dank dem großen Vertrauen in ihren positivistischen Grundzug vermochte diese Methode die Pädagogen in verschiedenen Ländern zu ihrer Durchsetzung zu bewegen. Die Anschauungslehre, die den Begriff "Anschauung" auf das Sinnliche reduziert, wirkte als Grundlage dieser Methode und begünstigte ihre Durchsetzung dadurch, daß sie weltanschauliche und religiöse Konflikte in verschiedenen Kulturkreisen zu vermeiden wußte.

Aus diesem Reduktionsvorgang ergab sich eine einflußreiche Interpretation der Pestalozzischen Anschauungslehre: die *object lesson*. Diese

Interpretation wurde nun weltweit unter dem Namen "Pestalozzische Methode" bekannt.

Die japanische Rezeption der "Pestalozzischen Methode" vollzog einen weiteren Reduktionsprozeß: Die *object lesson* fand, wie in England und in Amerika, bloß Anerkennung als die Schuldidaktik der Gegenstandspräsentation und Frage-Antwort-Form: Anders als in England und in Amerika wurde in Japan aber keine Rücksicht genommen auf ihren positiv wissenschaftlichen Halt.

PESTALOZZIS Anschauungslehre war religiös und wissenschaftlich gleichzeitig; auf dem Weg nach Japan wurde sie jedoch reduziert auf ihre bloße Wissenschaftlichkeit. In Japan wurde sie selbst der Wissenschaftlichkeit entkleidet. Denn Japan wollte die *object lesson* nicht für ein Zeichen von Wissenschaftlichkeit halten, sondern für eine reine Unterrichtsprozedur, um die Durchsetzung der japanischen Reichsidee in den Schulunterricht einzubeziehen. Wenn bei PESTALOZZIS Anschauungslehre die Religiosität das Ziel der Erziehung darstellte und die Wissenschaftlichkeit die Technik der Erziehung, so übernahm Japan den Bestandteil der Anschauungslehre über die Erziehungstechnik ohne jeden wissenschaftlichen Halt und ersetzte den religiösen Bestandteil der Anschauungslehre als Erziehungsziel durch den Bezug auf die japanische Reichsidee. Die japanische Rezeption als Endglied der Rezeptionskette zeigt deshalb den Typus der fortschreitend reduzierenden Rezeption der "Pestalozzischen Anschauungslehre" in verschärfter Form: Die Erziehungstechnik geriet in den didaktischen Formalismus; das Erziehungsziel unterwarf sich der politischen Instrumentalisierung.

9. SCHLUSS

Die Kategorie der Anschauung zählt zu den Hauptanliegen der Pädagogik. Sie erscheint in der Pädagogik, wie in der Philosophie, im Spannungsfeld zwischen Subjekt und Objekt. Der subjektive Sehakt und die dadurch angeeigneten Gegenstände werden als "innere Anschauung" bezeichnet; was sich auf die objektive Sehweise bezieht, heißt hingegen "äußere Anschauung". In der Erziehung stellt sich die Frage der äußeren Anschauung als Grundlage des Wissens, und die Frage der inneren Anschauung als Grundlage des Sollens. Zugunsten der "systematischen" Didaktik verschiebt sich das Schwergewicht von der inneren zur äußeren Anschauung.

Die Pädagogik der Neuzeit ist gekennzeichnet durch intensive Bemühungen um eine systematische Didaktik. Der Glaube an die Mathematisierbarkeit des Verhältnisses zwischen dem Menschen und der Welt bereitet dem neuzeitlichen Erziehungsgedanken eine neue erzieherische Wirksamkeit durch Technik: Diese Technik soll dem Menschen Wissen garantieren. Mathematisierung als Schlüssel zum Wissen, zur Beherrschung der Natur, befähigt den Menschen, indem sie ihm die Technik für die Berechenbarkeit und die Überschaubarkeit anbietet.

Der Anspruch der Pädagogik ist in der Neuzeit in erster Linie die Entwicklung einer Wissen versichernden, systematischen Didaktik, und zwar vornehmlich in Begleitung der äußeren Anschauung. Durchschaubarkeit und Überprüfbarkeit sind in der Erziehungssituation vorausgesetzt: Die Elemente, die diese Voraussetzungen nicht erfüllen, sollen an den Rand gedrängt oder gar ausgeschlossen werden. Die Anschauungslehre trägt zu dieser neuzeitlichen Vorstellung der Erziehung bei, indem sie zwei Bedingungen, Durchschaubarkeit und Überprüfbarkeit, erfüllt: Durchschaubarkeit durch die Lenkung der Aufmerksamkeit durch Gegenstandspräsentation und Überprüfbarkeit durch die Frage-Antwort-Form.

PESTALOZZI gilt als Gründer der Anschauungslehre. Seine Leistung sollte aber eher als Anreger der unzähligen Umgliederungsversuche der Anschauungslehre gesehen werden. Seine Anschauungslehre ist eindeutig ein Versuch, die zu seiner Zeit didaktisch in den Vordergrund gerückte äußere Anschauung in Beziehung zur inneren Anschauung zu setzen. Er geht von der Formel aus, daß alle Erkenntnis aus der Anschauung stammt, und versucht die äußere Anschauung mit der inneren Anschauung zu verknüpfen: Die durch die äußere Anschauung erworbene Intelligenz soll mit der durch die innere Anschauung erworbenen Sittlichkeit in Einklang gebracht werden. Dieser Versuch gelingt ihm allerdings nicht.

PESTALOZZI rechnet die Kategorie der "Gott ansehenden" inneren Anschauung zum unbeschreiblich Mystischen, die Kategorie der äußeren Anschauung und der "mich ansehenden" inneren Anschauung hingegen zum positiv Wissenschaftlichen. Der Anschauungslehre PESTALOZZIS gelingt es nicht, diese zwei Kategorien in einem System einzuordnen.

In der Rezeptionsgeschichte erscheinen diese zwei Kategorien der Anschauungslehre nicht mit gleichem Gewicht: Die Rezeption der Pestalozzischen Anschauungslehre betonte die äußere Anschauung: die einzige Ausnahme ist FRÖBEL. Die "Pestalozzzische Methode", welche sich im Westen aus dieser auf die Hälfte reduzierten Pestalozzischen Anschauungslehre ergab, wurde in Japan rezipiert, indem sie weiter auf ihre inhaltlose Hülle, die Frage-Antwort-Form durch Gegenstandspräsentation, reduziert wurde: Der positiv wissenschaftliche Halt als einzige in der "Pestalozzischen Methode" verbleibenden Kategorie der Anschauung fand in der japanischen Rezeption keinen Platz.

Ironischerweise wurde PESTALOZZI, dem die Erarbeitung einer systematischen Didaktik nicht gelingt, in der folgenden Zeit für den "großen Didaktiker der Anschauungslehre" gehalten. Dieser Irrtum kommt einerseits durch das Schwanken seiner Anschauungslehre selbst, welche beliebige Interpretationen zuläßt; andererseits aber auch durch die ausgeprägte propagandistische Fähigkeit seiner Schüler, die einen Pädagogen mit einer nicht-originellen Anschauungslehre als eine große Figur und "Gründer der Anschauungslehre im pädagogischen Bereich" zu befestigen vermochten.

10. LITERATUR

AARSLEFF, H.: From Locke to Saussure. Essays on the Study of Language and Intellectual History. Minneapolis 1982

ANDO, Y.: Pestalozzi und Mathematikunterricht. (*Pestalozzi To Sanjutsu Kyoju*) In: Kyoiku-Kenkyu. Tokio 1927

AUGUSTINUS, A.: Der Lehrer. Paderborn 1974

B = PESTALOZZI, J.H.: Sämtliche Briefe. 13 Bde. Zürich 1946ff.

BACON, F.: Essays. Leipzig 1940

BACON, F.: Neues Organon. Hamburg 1990

BALLAUFF, Th.: Pädagogik. Eine Geschichte der Bildung und Erziehung. Freiburg/München Bd. I.1968, Bd. II.1970, Bd. III.1973

BANDO, T.: Das Wesen Gottes in der Pädagogik Pestalozzis. (*Pestalozzi Kyoikugaku Ni Okeru Kami No Honshitsu*) In: Kyoiku-Kagaku. Tokio 1954

BANDO, T.: Die Entwicklung der Pestalozzi-Bewegung. (*Pestalozzi Undo No Hatten*) Tokio 1964

BANDO, T.: Moral und Religion bei Pestalozzi. (*Pestalozzi Ni Okeru Shukyo To Kyoiku*) In: Kyoikugaku-Kenkyu. Tokio 1954

BANDO, T.: Reformpädagogik und Pestalozzi-Bewegung. (*Shinkyoiku To Pestalozzi Undo*) Tokio 1956

BANDO, T.: Studie über die Moral- und Religionserziehung bei Pestalozzi. (*Pestalozzi No Dotoku Shukyo Kyoiku No Kenkyu*) Tokio 1962

BARTH, K.: Die kirchliche Dogmatik. Zollikon 1933

BASEDOW, J.B.: Ausgewählte pädagogische Schriften. Heraugegeben von A.Reble. Paderborn 1965

BASEDOW, J.B.: Elementarwerke. Heraugegeben von Th. Fritzsch. Leipzig 1909

BEER, H.: Pestalozzi in Amerika. Lübeck 1963

BELLAH, R.N.: Tokugawa Religion. (*Nippon Kindaika To Shukyo*) Übersetzt von I. HORI und A. IKEDA. Tokio 1962 (Amerikanisches Original 1957)

BEYREUTHER, E.: August Hermann Francke. 1663-1727. Zeuge des lebendigen Gottes. Marburg an der Lahn 1961

BEYREUTHER, E.: Geschichte des Pietismus. Stuttgart 1978

BIBER, E.: Henry Pestalozzi and his Plan of Education. London 1831

BLOTH, G.: Adolph Diesterweg. Sein Leben und Wirken für Pädagogik und Schule. Heidelberg 1966

BOLLNOW, O.F.: Comenius und Basedow. In: Die Sammlung. Göttingen 1950

BOLLNOW, O.F.: Philosophie der Erkenntnis. Stuttgart/Berlin/Köln/Mainz 1981

BORER, M.: Anthropologische Grundlagen zum Staatsverständnis J.H. Pestalozzis anhand der "Nachforschungen" und deren Vorstudien. Winterthur 1986

BOWEN, J.: A History of Western Education. Volume III: The Modern West. London 1981

CALKIN, N.A.: New Primary Object Lessons. (*Shobutsu Shikyo*) Übersetzt von Kultusministerium. Tokio 1877 (Amerikanisches Original 1871)

COMENIUS, J.A.: Bömische Didaktik. Herausgegeben von K. Schaller. Paderborn 1970

COMENIUS, J.A.: Das Labyrinth der Welt. Weimar 1958

COMENIUS, J.A.: Große Didaktik. Herausgegeben von H. Ahrbeck. Berlin 1961

COMENIUS, J.A.: Panpaedia. Herausgegeben von D. Tschizewskij. Heidelberg 1960

CONDILLAC, E.: Oevres complètes. Tome I. Essai sur l'origine des connaissances humaine. Genf 1970

CONDILLAC, E.: Oevres philosophiques de Condillac. Volume 1. Paris 1947

CONDILLAC, E.: Traité des sensations. Paris 1984

DEJUNG, E.: Pestalozzi und der Amerikaner William Maclure (1756-1840). In: Pestalozzianum. 1971

DELEKAT, F.: Johann Heinrich Pestalozzi. Mensch. Philosoph. Politiker. Erzieher. Heidelberg 1968

DENZER, H.: Die Bildung des Unterrichts im Formen [sic] für die Bildung der Anschauung. Langensalza 1909

DIDIER, J.: Condillac. Paris 1911

DIESTERWEG, A.: Ansichten über pädagogische Zeit- und Streitfragen. Herausgegeben von K. Richter. Leipzig 1913

DIESTERWEG, A.: Didaktische Regeln und Gesetze. Besorgt von H. Göbels. Heidelberg 1970

DIESTERWEG, A.: Sämtliche Werke. Bearbeitet von R. Hohendorf. Berlin 1956ff.

DIESTERWEG, A.: Wegweiser zur Bildung für deutsche Lehrer. Paderborn 1958

ECKEHART: Traktat "Von Abgeschiedenheit". Herausgegeben von E. Schaefer. Saarlouis 1955

ENDO, S.: Werdensprozeß der praktischen Erziehungsgedanken bei Pestalozzi. (*Pestalozzi Ni Okeru Jissenteki Kyoikushiso No Seiseikatei*) In: Kyoikugaku-Kenkyu. Tokio 1963

FICHTE, J.G.: Über das Wesen des Gelehrten und seine Erscheinungen im Gebiete der Freiheit. In: Werke Bd. V. Herausgegeben von F. Medicus. Leipzig 1928

FLACH, W.: Anschauung. In: Handbuch philosophischer Grundbegriffe. Bd. I. München

FLITNER, A.: Verständnis und Erforschung Pestalozzis in der Gegenwart. In: Zeitschrift für Pädagogik. Weinheim/Basel 1958

FLÜGGE, J.: Die Entfaltung der Anschauungskraft. Heidelberg 1963

FRÖBEL, F.: Ausgewählte Schriften. Herausgegeben von E.Hoffmann. Godesberg 1951

FRÖBEL, F.: Brief an die Frauen in Keilhau. Herausgegeben von B. Gumlich. Weimar 1935

FUJIWARA, K.: Wer ist Wer in der Erziehungsgeschichte. (*Kyoikushisogakusetsu Jinbutsushi*) Tokio 1942

FUKUSHIMA, M.: Die humanitäre Religionslehre Pestalozzis. (*Pestalozzi No Ningenteki Shukyokan*) Tokio 1931

FUKUSHIMA, M.: Studie über den Grundgedanken Pestalozzis. (*Pestalozzi No Konpon Shiso Kenkyu*) Tokio 1934

FUKUSHIMA, M.: Weltanschauung und Erziehung im Buddhismus. (*Bukkyo No Sekaikan To Kyoiku*) In: Iwanami Seishin-Kagaku. Tokyo 1932

GRUNTZ-STOLL, J. u.a.: Pestalozzis Erbe. Bad Heilbrunn 1987

HABRICH, L.: Anschauung und Anschaulichkeit. In: Lexikon der Pädagogik. Herausgegeben von E.M. Roloff. Freiburg

HAGER, F.P.: Pestalozzi und Rousseau. Pestalozzi als Vollender und als Gegner Rousseaus. Bern/Stuttgart 1975

HALLER, A.: Ein Japaner wollte bei Pestalozzi ruhn. In: Fortbildungsschüler. Solothurn 1962

HANEDA, H.: Pestalozzis Wahrheitsanschauung in "Die Abendstunde". (*"Inja No Yugure" Ni Okeru Pestalozzi No Sinrikan Ni Tsuite*) In: Kyoiku-Kenkyu. Tokio

HATANO, S.: Das Wesen der Religionsphilosophie und ihre Grundfrage. (*Shukyotetsugaku No Honshitsu Oyobi Sono Konponmondai*) Tokio 1920

HERBART, J.F.: Kleine pädagogische Schriften. Besorgt von A. Brückmann. Paderborn 1968

HERBART, J.F.: Pädagogische Schriften. Herausgegeben von W. Asmus. Düsseldorf/München 1964

HERMANN, J.A.: Schleiermacher und Pestalozzi. Berlin 1889

HIGASHI, K.: Studie über die Anschauungslehre bei Pestalozzi. (*Pestalozzi No Chokkankyoikushiso No Kenkyu*) Tokio 1980

HIGASHI, K.: Über die Anschauungslehre Pestalozzis. (*Pestalozzi No Chokkan Ni Tsuite*) In: Kyoiku-Tetsugaku. Tokio

HINO, K.: Über "Lienhard und Gertrud". (*"Lienhard To Gertrud" O Yomite*) In: Kyoiku-Gakujutsukai. Tokio 1912

HIRAMATSU, A.: Studie über die Unterrichtsmethode in der *Meiji*-Ära. (*Meiji-Jidai Niokeru Shogakko-Kyojuho No Kenkyu*) Tokio 1974

HIRANO, T.: Die Pestalozzi-Bewegung in Japan. In: Pädagogische Rundschau. St.Augustin. 1977

HIRATA, M.: M.M. Scott. Seine Tätigkeit und Leistung. (*M.M. Scott No Katsudo To Gyoseki*) In: Kyoikugaku-Kenkyu. Tokio 1978

HIROSE, T.: Die Auffassung der Bemühung bei Pestalozzi. (*Pestalozzi No Doryoku-Kan*) In: Kyoiku-Tetsugaku. Tokio 1966

HIROSE, T.: Pestalozzis Gedanken über die Sprachbildung. (*Pestalozzi No Gengotoyashiso*) In: Kyoikugaku-Kenkyu. Tokio 1977

HIROSE, T.: Pestalozzis Idee der Sprachkritik und der Sprachbildung. (*Pestalozzi No Gengohihan To Gengotoya No Rinen*) In: Kyoiku-Tetsugaku. Tokio 1957

HIROSE, T.: Werdensprozeß der Idee der Sprachbildung bei Pestalozzi. (*Pestalozzi Ni Okeru Gengotoya No Rinen No Seiseikatei*) In: Kyoikugaku-Kenkyu. Tokio 1987

HOBBES, Th.: Leviathan. London 1968

HOFFMANN, H.: Die Religion im Leben und Denken Pestalozzis. Bern 1944

HOFFMANN, P.: Der Begriff der Anschauung bei Johann Amos Comenius. In: Geisteskultur. Berlin/Leipzig 1931

HORI, I.: Japanische Religionen. (*Nippon No Shukyo*) Tokio 1977

HOSHINO, M.: Das Wesen der Religion. (*Shukyo No Honshitsu*) Kioto 1967

HÜLSHOFF, R.: Das Problem der Du-Beziehung im Gedanken des "Hausglücks" bei Pestalozzi. Freiburg 1959

HÜRLIMANN, M.: Die Aufklärung in Zürich. Leipzig 1921

HYODO, T.: Das Prinzip der Naturgemäßheit. (*Goshizen No Genri*) In: Kyoiku-Tetsugaku. Tokio 1957

IGARASHI, S.: Die Entwicklung der Didaktik in der frühen *Meiji*-Ära. (*Meiji-Shoki Ni Okeru Kyojuho Kenkyu No Hatten*) Tokio

INAGAKI, T.: Studien über die Unterrichtstheorie in der *Meiji*-Ära. (*Meiji-Kyojuriron No Kenkyu*) Tokio 1966

INATOMI, E.: Erziehungsgedanken im modernen Japan (*Kindai Nippon No Kyoiku Shiso*) Tokio 1966

ISE, S.: Historische Studien zu den Erziehungsmethoden der japanischen Pflichtschulen. (*Waga Kuni No Gimukyoiku Ni Okeru Kyoikuhoho No Rekishiteki Kenkyu*) Tokio 1972

ISHIHARA, K.: Ethik des Christentums. (*Kirisutokyo Rinrigaku*) In: Iwanami Seishinkagaku. Tokio 1932

ISHIKAWA, K.: Erziehung in der Tokugawa-Ära. (*Tokugawa-Jidai No Kyoiku*) In: Iwanami Seishinkagaku. Tokio 1932

IWAMOTO, K.: Einführung in den Buddhismus. (*Bukkyo Nyumon*) Tokio 1964

IWASAKI, K.: "Natur" bei Pestalozzi. (*Pestalozzi Ni Okeru Shizen*) In: Kyoikugaku-Kenkyu. Tokio 1939

IWASAKI, K.: Eine Betrachtung über die humanitäre Geschichtenanschauung Pestalozzis. (*Pestalozzi No Ningenteki-Shikan No Kosatsu*) Kyoikugaku-Kenkyu. Tokio 1957

IWASHITA, S.: Weltanschauung und Erziehung im Christentum. (*Kirisutokyo No Sekaikan To Kyoiku*) In: Iwanami Seishin-Kagaku. Tokio 1932

IZAWA, Sh.: Selbstbiographie. Die erste Hälfte meines Lebens in der Erziehungswelt. (*Rakuseki Jiden. Kyokai Shuyu Zenki*) Tokio 1912

JOHONNOT, J.: Principles and Practice of Teaching. New York 1878

KA = PESTALOZZI, J.H.: Sämtliche Werke. Kritische Gesamtausgabe. Berlin/Leipzig/Zürich 1927ff.

KAGEYAMA, N.: Die *Meiji*-Restauration auf der Suche nach dem modernen Erziehungswesen. (*Meiji-Ishinki Ni Miru Kindai-Gakko-Kan Kakuritsu Eno Mosaku*) Ehime 1977

KAGEYAMA, N.: Die Oswego-Bewegung und die Pestalozzische Erziehung in Japan. (*Oswego-Undo To Meiji-Zenki No Wagakuni No Pestalozzi-Shugi-Kyoiku*) Ehime 1967

KAGEYAMA, N.: Japan in der *Meiji*-Ära, gesehen durch die vom Kultusministerium veröffentlichten Publikationen. (*Meiji-Shoki Monbusho Kanko-Zasshi To Obeishokoku Kara Mita Nippon*) Ehime 1982

KAIGO, T.: Die japanische Erziehungsgeschichte nach der *Meiji*-Restauration. (*Nippon Kyoikushi. Meiji Iko*) In: Iwanami Seishin-Kagaku. Tokio 1932

KAIGO, T.: Erziehung in den ersten Jahren der *Meiji*-Ära. (*Meiji-Shonen No Kyoiku*) Tokio 1973

KAIGO, T.: Geschichte der Schulbücher. (*Kyokasho No Ayumi*) Tokio 1971

KAIGO, T. u.a.: Gesammelte japanische Lehrbücher. (*Nippon Kyokasho Taikei*) Tokio 1964

KAIGO, T. u.a.: Moderne Schulbücher in Japan. (*Kindai-Nippon-Kyokasho-Sosetsu*) Tokio 1969

KAIGO. T. u.a.: Kulturaustausch zwischen Japan und Amerika.(*Nichibei Bunka Koshoshi*) Tokio 1980

KAJIMURA, N.: Glaube der Japaner. (*Nipponjin No Shinko*) Tokio 1988

KAJIYAMA, M.: Studie über die Geschichte der modernen Schulbücher in Japan. (*Kindai Nippon Kyokashoshi Kenkyu*) Kioto 1988

KAMISHIMA, J.: Die Geistesstruktur des modernen Japan. (*Kindai-Nippon No Seishinkozo*) Tokio 1961 (1989[27])

KAMIYA, N.: Eine gegenwärtige Betrachtung über Pestalozzis Erziehung. (*Pestalozzi Kyoiku No Gendaiteki Ichikosatsu*) In: Kyoikumondai-Kenkyu. Tokio 1927

KANT, I.: Kritik der reinen Vernunft. Hamburg 1965

KAWAI, A.: Geschichte der Unterrichtsmethode. (*Kyojuho-Shi*) In: Kyoiku-Bunka-Taikei. Bd. III. Tokio 1954

KELLER, J.W.: Ein Vorläufer der Pestalozzi-Bewegung in den Vereinigten Staaten. In: Pestalozzi-Studien. Bd. II. Berlin/Leipzig 1932

KELLER, J.W.: Warren Colburn's Mental Arithmetic. First Promulgation of Pestalozzian Methods through the United States. In: The Pedagogical Seminary. Vol. XXX. pp. 162-171. New York 1923

KIMURA, H.: Grundgedanken Pestalozzis. (*Pestalozzi No Konponshiso*) In: Kyoiku-Gakujutsukai. Tokio 1928

KIMURA, Y.: Sinn der Menschenbildung der "Not" bei Pestalozzis früheren Gedanken. (*Pestalozzi No Shokishiso Ni Okeru "Konkyu" No Ningenkeiseiteki Igi*) In: Kyoiku-Tetsugaku. Tokio 1978

KLAFKI, W.: Das pädagogische Problem des Elementaren und die Theorie der kategorialen Bildung. Weinheim/Berlin 1959

KLEE, E.: Die Familienerziehung bei Pestalozzi. Zürich 1955

KONISHI, Sh.: Bau des neuen Japan und Pestalozzi. (*Shin-Nippon Kensetsu To Pestalozzi*) Tokio 1947

KONISHI, Sh.: Religionserziehung bei Pestalozzi. (*Pestalozzi No Shukyokyoiku*) In: Kyoiku-Gakujutsukai. Tokio 1924

KORETSUNE, M.: Pestalozzis Körpererziehungslehre. (*Pestalozzi No Taiikuron*) Kyoikugaku-Kenkyu. Tokio 1957

KOSHIKAWA, Y.: Pestalozzi-Forschung. (*Pestalozzi Kenkyu*) Tokio 1927

KRÜSI Jr., H.: Pestalozzi. His Life, Work, and Influence. New York

KRÜSI Jr., H.: Recollection of My Life. New York 1907

KULTUSMINISTERIUM: Jahresberichte vom Kultusministerium. vol.1. (*Monbusho Daiichi-Nenpo*) Tokio 1873

KULTUSMINISTERIUM: Entwicklungsgeschichte des Erziehungswesens. (*Kyoikuseido Hattatsushi*) Tokio 1937

KURAHASHI, S. u.a.: Erinnerungen an Pestalozzi. (*Pestalozzi No Tsuiso*) Tokio 1927

LENZEN, D.: Pädagogische Grundbegriffe. Reinbek 1983

LIEBEKÜHN, Ph.: Versuch über die anschauende Erkenntniss. Ein Beytrag zur Theorie des Unterrichts. Zullichau 1782

LIEDTKE, M.: Johann Heinrich Pestalozzi. Reinbek 1984

LOCKE, J.: An Essay Concerning Human Understanding. Edited by P.H. Nidditch. Oxford 1975

LOCKE, J.: Some Thought Concerning Education. Edited by J.W. and J.S. Yolton. Oxford 1989

MAIER-PETERSEN, M.: Der »Fingerzeig Gottes« und die »Zeichen der Zeit«. Stuttgart 1984

MARX, L.: Der Streit um Wesen und Wert der Anschauung. Langensalza 1921

MÄRZ, F.: Problemgeschichte der Pädagogik. Bd. I. Bad Heilbrunn 1978

MATSUDA, Y.: Die Erziehungsmethode Pestalozzis. (*Pestalozzi No Kyoikuhohoron*) Tokio 1973

MATSUDA, Y.: Entwicklung der anthropologischen Gedanken bei Pestalozzi. (*Pestalozzi Ni Okeru Ningengaku Teki Shiso No Hatten*) In: Tetsugaku-Kenkyu. Tokio 1958

MATSUDA, Y.: Über das Prinzip der Anschauung bei Pestalozzi. (*Pestalozzi No Chokkan No Genri Ni Tsuite*) In: Kyoikugaku-Kenkyu. Tokio 1958

MATSUI, H.: Religion und Erziehung in Japan. (*Shukyo To Kyoiku. Nippon No Baai*) Tokio 1978

MAYO, E. and Ch.: Pestalozzi and his Principle. London 1873

MEINER, U.: Pestalozzis Begriff der sehenden Liebe. Bern 1978

MICHAEL, B.: Darbieten und Veranschaulichen. Bad Heilbrunn 1983

MIYAHARA, S.: Erziehungsgeschichte. (*Kyoiku-Shi*) Tokio 1963

MIYAKE, Y.: Das Leben Pestalozzis. (*Pestalozzi Den*) Tokio 1883

MIYAKE, Y.u.a.: Das Leben des Professors. (*Takamine Hideo Sensei Den*) Tokio 1987

MIYAMOTO, Y.: Eine Betrachtung über den Begriff "Selbständigkeit" in den pädagogischen Gedanken Pestalozzis. (*Pestalozzi No Kyoikushiso Ni Okeru "Jiritsu" Gainen Ni Tsuite No Ichikosatsu*) In: Kyoiku-Tetsugaku. Tokio 1988

MIYAZAKI, T.: Die Entstehung der Erstausgabe von Pestalozzis "Lienhard und Gertrud". (*"Lienhard und Gertrud" No Shohanseiritsu To Sakuhin Ni Okeru Shakai To Minshu*) Osaka 1976

MIYAZAKI, T.: Die Problematik des menschlichen Daseins in H. Pestalozzis "Natur"-Begriffs. (*Pestalozziz No "Shizen" Gainen Ni Yoru Ningen No Mondaisei*) Osaka 1969

MIYAZAKI, T.: Ein Beitrag zu Pestalozzis "Bemerkungen zu gelesenen Büchern". (*Pestalozzi "Dokushonoto" No Kozo To Shiso*) Kagoshima 1978

MIYAZAKI, T.: Ein Beitrag zur Entwicklung und Wendung in der Pestalozzi-Forschung. (*Pestalozzi Kenkyu No Tenkai To Mondaisei*) Osaka 1971

MIYAZAKI, T.: Pestalozzi-Forschung und Erziehungswissenschaft in heutigen Westdeutschland. (*Pestalozzi-Kenkyu To Gendai Seidoku No Kyoikukagakuron Kara*) In: Kyoiku-Tetsugaku. Tokio

MIYAZAKI, T.: Trends der Pestalozziforschung und eine textkritische Analyse der "Abendstunde eines Einsiedlers". (*Pestalozzi Kenkyu No Doko To "Yugure" No Bunkenhihanjo No Mondaiten*) Osaka 1975

MIYAZAKI, T.: Übergang und neuer Trend der Pestalozzi-Forschung. (*Pestalozzi-Kenkyu No Hensen To Shindoko*) In: Kyoikugaku-Kenkyu. Tokio

MIYAZAKI, T.: Zu J.H. Pestalozzis "Nachforschungen" (*Pestalozzi "Tankyu"*) Kagoshima 1982

MIYAZAKI, T.: Zu Schreib- und Denkweisen in J.H.Pestalozzis Entwürfen zu den "Nachforschungen". (*Pestalozzi "Tankyu" Soko No Hoho To Shiso*) Kagoshima 1979

MIZUHARA, K.: Die Pädagogik JOHONNOTS und die Reform des Lehrerseiminar Tokio (1879). (*Johonnot No Kyoikugaku To Tokio-Shihangakko No 1879 Nen Kaikaku*) In: Kyoikugaku-Kenkyu Tokio 1981

MONROE, W.S.: History of the Pestalozzian Movement in the United States. New York 1907

MONROE, W.S.: Joseph Neef and Pestalozzianism in America. In: Education Vol. XIV. No. 8. New York 1894

MONROE, W.S.: Pestalozzian Literature in America. In: Kindergarten Magazine. Vol. VI. No. 9. New York 1894

MOOG, W.: Geschichte der Pädagogik. Ratingen/Hannover 1967

MORAVIA, S.: Beobachtende Vernunft. München 1989

MORIKAWA, N.: Formgebung der früheren Erziehungsgedanken bei Pestalozzi. (*Pestalozzi Ni Okeru Zenki Kyoikushiso No Keisei*) Kyoikugaku-Kenkyu. Tokio

MORIKAWA, N.: Sinn der religiösen Probe bei Pestalozzi. (*Pestalozzi Ni Okeru Shukyoteki Shiren No Igi*) In: Kyoiku-Tetsugaku. Tokio 1953

MORITA, T.: Gesammelte pädagogische Abhandlungen von Yonekichi Miyake. (*Miyake Yonekichi Kyoikuron-Shu*) Tokio 1974

MORITA, T.: Über Yonekichi Miyake. (*Miyake Yonekichi Ron*) In: Kyoikugaku-Kenkyu. Tokio 1972

MÜLLER, A.: Der Begriff der Anschauung bei Comenius und bei Pestalozzi. In: Jahresbericht über das Schuljahr. 1910/11. Biebrich a.Rh. 1911

MÜLLER, K.: Johann Heinrich Pestalozzi. Darmstadt 1952

MURAI, N.: Pestalozzi und seine Zeit. (*Pestalozzi To Sono Jidai*) Tokio 1986

MURAOKA, N.: Die Ethik im Schintoismus. (*Shinto No Rinrigaku*) In: Iwanami Seishin-Kagaku. Tokio 1932

MURAYAMA, H.: Studie über die Oswego-Bewegung. (*Oswego-Undo No Kenkyu*) Tokio 1987

NAGAO, T.: Einleitung zu Pestalozzis "Wie Gertrud ihre Kinder Lehrt". ("*Gertrud*" *Nyumon*) Tokio 1977

NAKA, A.: Die Entstehung der modernen Schulbücher. (*Kindai Kyokasho No Seiritsu*) Tokio 1949

NAKA, A. u.a.: Gesammelte didaktische Dokumente. (*Kyokasho Kyojuho Shiryo Shusei*) Tokio 1982

NAKAGAWA, Sh.: Pestalozzis "Einsiedler". (*Pestalozzi No Doshi No Makki*) In: Dai-Nippon-Kenkyu-Kai. Tokio 1889

NAKAGAWA, T.: Der Bildungsprozeß des heuristischen Unterrichts am Lehrerseminar Tokio. (*Tokio Shihan Gakko Ni Okeru Kaihatsukyojuron No Keiseikatei*) In: Nihon No Kyoikushigaku. Tokio 1979

NAKAMORI, Z.: Pestalozzi, Herbart und der Herbartianismus in Japan. In: Pädagogische Rundschau. St.Augustin 1974

NATORP, P.: Gesammelte Abhandlungen zur Sozialpädagogik. Stuttgart 1907

NIGG, W.: Das religiöse Moment bei Pestalozzi. Berlin/Leipzig 1927

NIPKOW, K.E.: Die Individualität als pädagogisches Problem bei Pestalozzi, Humboldt und Schleiermacher. Weinheim/Berlin 1960

NISHIMURA, Sh.: Die Geschichte der Erziehung. (*Kyoikushi*) Tokio 1881

NOMURA, A.: Studie über die Moral- und Religionsereziehungslehre bei Pestalozzi. (I) (*Pestalozzi No Dotoku Shukyo Kyoikuron 1*) Oita 1972

NOMURA, A.: Studie über die Moral- und Religionserziehungslehre bei Pestalozzi. (II) (*Pestalozzi No Dotoku Shukyo Kyoikuron 2*) Oita 1972

NOSE, S.: Die Geschichte der Erziehung im In- und Ausland. (*Naigai-Kyoikushi*) Tokio 1894

OELKERS, J.: Das Ende des Herbartianismus. Überlegung zu einem Fallbeispiel der pädagogischen Wissenschaftsgeschichte. In: Rekonstruktionen pädagogischer Wissenschaftsgeschichte. Herausgegeben von P. Zedler und E. König. Weinheim 1989

OELKERS, J.: Das Jahrhundert Pestalozzis? Zum Verhältnis von Erziehung und Bildung in der europäischen Aufklärung. Ms. Bern 1992

OELKERS, J.: Die große Aspiration. Darmstadt 1989

OELKERS, J.: Diesterweg und Pestalozzi. Ms. Bern 1990

OELKERS, J.: Erziehung als Paradoxie der Moderne. Weinheim 1991

OELKERS, J.: Ja und Nein: Pestalozzis Stellung zur Französischen Revolution. In: Zeitschrift für Pädagogik. Weinheim/Basel 1989

OELKERS, J.: Seele und Demiurg. Zur historischen Genesis pädagogischer Wirkungsannahmen. In: Zwischen Absicht und Person. Frankfurt am Main 1992

OELKERS, J.: Bürgerliche Gesellschaft und pädagoigsche Utopie. In: Aufklärung, Bildung und Öffentlichkeit. Weinheim/Basel 1993

OKUBO, R.: Die Grundidee in "Lienhard und Gertrud". (*Lienhard To Gertrud No Konpon-Shiso*) In: Teikoku-Kyoiku. Tokio 1926

ONGA, K.: Religion und Erziehung Pestalozzis. (*Pestalozzi Ni Okeru Shukyo To Kyoiku*) In: Reimei. Tokio 1928

ONGA, K.: Religion und Moral bei Pestalozzi. (*Pestalozzi Ni Okeru Shukyo To Dotoku*) Tokio 1930

ONO, T.: Die Geschichte der *Normal Schools* in Amerika. (*Amerika Shuritsu Shihangakko-Shi*) Tokio 1987

ONODERA, R.: Die religiöse Anschauung in Pestalozzis "Nachforschungen". (*Pestalozzi "Tankyu" Ni Okeru Shukyokan*) Osaka 1989

ONODERA, R.: Über das "Kontinuitätsprinzip" bei Pestalozzi. (*Pestalozzi Ni Okeru "Renzokusei No Genri" Ni Tsuite*) Osaka 1987

ONODERA, R.: Über das System der Moral und den Begriff der Arbeit bei Pestalozzi. (*Pestalozzi Ni Okeru "Dotoku" No Kozo To "Rodo" No Gainen Ni Tsuite*) Osaka 1985

ONODERA, R.: Über die Aufgabe des Rechts bei Pestalozzi. (*Pestalozzi "Tankyu" Ni Okeru "Rippo" No Kadai Ni Tsuite*) Osaka 1989

ONODERA, R.: Vom Gefühl der Teilnahme bei Pestalozzi. (*Pestalozzi Ni Okeru "Kyokan No Kanjo" Ni Tsuite*) Osaka 1988

ONODERA, R.: Vom Thema der Anthropologie in Pestalozzis "Nachforschungen". (*Pestalozzi "Tankyu" Ningengaku No Shudai Ni Tsuite*) Osaka 1990

OSADA, A.: Das Leben ist zugleich Moralerziehung. (*Seikatsu Soku Dotokukyoiku*) In: Kyoikugaku-Kenkyu. Tokio 1958

OSADA, A.: Die Anschauungslehre Pestalozzis. (*Pestalozzi No Chokkan-Ron*) In: Tetsugaku-Kenkyu. Tokio 1927

OSADA, A.: Die Hauptströmung der Pädagogik im modernen Japan. In: Internationale Zeitschrift für Erziehungswissenschaft. Köln 1931

OSADA, A.: Erneuerung von Pestalozzi durch Natorp. (*Natorp Niokeru Pestalozzi No Shinsei*) Tokio 1925

OSADA, A.: Pädagogische Gedanken Pestalozzis. (*Pestalozzi No Kyoikushiso*) Kioto 1927

OSADA, A.: Pestalozzi. (*Pestalozzi*) Tokio 1936

OSADA, A.: Pestalozzis Pädagogik. (*Pestalozzi Kyoikugaku*) Tokio 1934

OSADA, A.: Religion und Erziehung. (*Shukyo To Kyoiku*) Tokio 1949

OSE, J. u.a.: Der historische Umriß der Didaktik. (*Kyojuho-Enkakushi*) Tokio 1901

OSE, J.: Pestalozzi und die heutige Erziehung. (*Pestalozzi To Gendai Kyoikushicho*) In: Kyoiku-Kenkyu. Tokio 1927

OSTERWALDER, F.: Kopf Herz Hand – Slogan oder Argument? Ms. Bern 1990

OSTERWALDER, F.: Zur Vorgeschichte der pädagogischen Konzepte Pestalozzis. In: Paedagogica Historica. 1990

OSTERWALDER, F.: Condorcet-Instruction publique und das Design der Pädagogik als öffentlich-rechtliche Wissenschaft. In: Aufklärung, Bildung und Öffenlichkeit. Herausgegeben von J. Oelkers. Weinheim/Basel 1993

OTA, T.: Pestalozzis Anschauungslehre und Osada. (*Pestalozzi No Chokkan-Ron To Osada Arata*) In: Shinsyu-Shirakaba. Nagoya 1985

OTOKUNI, M.: Politik und Erziehung bei Pestalozzi. (*Pestalozzi Niokeru Seiji To Kyoiku*) In: Kyoiku-Tetsugaku. Tokio

OTOTAKE, I.: Erinnerungen an Pestalozzi. (*Pestalozzi Sensei O Omou*) In: Kyoiku-Gakujutsukai. Tokio 1908

OTOTAKE, I.: Ein geschichtlicher Umriß der Erziehung in der Tempelschule. (*Enkakuteki Ni Mita Terakoya Kyoiku No Gairyaku*) In: Seishin-Kagaku. Tokio 1932

OTOTAKE, I.: Pestalozzi unter dem kulturpädagogischen Aspekt. (*Bunkakyoikugakuteki Ni Tsukanda Pestalozzi Rikai*) In: Kyoiku-Kenkyu. Tokio 1927

PAGE, D.P.: Theory and Practice of Teaching. New York 1947

PAYNE, J.: Pestalozzi, the Influence of his Principles and Practice on Elementary Education. (*Pestalozzi-Shi No Shugi Oyobi Oyo*) Übersetzt von T. YAMAGATA. Tokio 1887 (Englisches Original 1875)

PESTALOZZI, J.H.: Lienhard und Gertrud. (*Reppu Ketsujo Tan*) Übersetzt von T. YAMAGATA und Y. OMORI. In: Gakkai-No-Shinshin. Tokio 1888

PLATON: Sämtliche Werke. Bd. I. Übersetzt von F. Schleiermacher. Hamburg 1988

PLATON: Sämtliche Werke. Bd. III. Übersetzt von F. Schleiermacher. Hamburg 1990

PÖPPEL, G.: Anschauung. In: Handwörterbuch der Schulpädagogik. Bad Heilbrunn 1973

RECHTMANN, H.J.: Geschichte der Pädagogik. Wandlung der deutschen Bildung. München 1969[3]

REIDEMEISTER, K.: Anschauung als Erkenntnisquelle. In: Zeitschrift für philosophische Forschung. Bd. I. Reutlingen 1946

RODI, D.: Die Anschauung als wichtiger Schritt auf dem Weg zur Erkenntnis im naturwissenschaftlichen Unterricht. In: Die Schulwarte. Stuttgart 1968

ROEDER, I.: Das Problem der Anschauung in der Pädagogik Pestalozzis. Weinheim/Berlin/Basel 1870

ROUSSEAU, J.J.: Emile ou de l'éducation. Paris 1966

RUDOLPH, L.: Adolf Diesterweg. Der Reformator des deutschen Volksschulwesens im neunzehnten Jahrhundert. Berlin 1890

RUMPF, H.: Die übergangene Sinnlichkeit. Drei Kapitel über die Schule. Weinheim/München 1981

RUSS, W.: Geschichte der Pädagogik. Bad Heilbrunn 1973[9]

RUSSELL, B.: Erziehung ohne Dogma. Pädagogische Schriften. München 1974

RUSSELL, B.: On Education. Especially in Early Childhood. London 1926

SALLWÜRK, E.v.: Adolf Diesterweg. Darstellung seines Lebens und seiner Lehre und Auswahl aus seinen Schriften. Langensalza 1899

SAUTER, R.: Das Anschauungsprinzip als didaktischer Grundsatz. In: Die Schulwarte. Stuttgart 1968

SAWAYANAGI, M.: Sämtliche Werke. (*Sawayanagi Masataro Zenshu*) Bde. I, II, VI, VIII, X. Tokio 1979

SCHEIDT, Fr.: Grundfragen der Erkenntnisphilosophie. Historische Perspektiven. München 1986

SCHEUERL, H.: Geschichte der Erziehung. Ein Grundriß. Stuttgart/ Berlin/Köln/Mainz 1985

SCHEUERL, H.: Klassiker der Pädagogik. München 1979

SCHEUERL, H.: Lust an der Erkenntnis: Die Pädagogik der Moderne. München 1992

SCHEUERL, H.: Pädagogische Anthropologie. Stuttgart/Berlin/Köln/Mainz 1982

SCHLEIERMACHER, F.: Friedrich Schleiermacher. Pädagogische Schriften. Herausgegeben von E. Weniger. Darmstadt 1957

SCHMIDT, M.: Pietismus. Stuttgart/Berlin/Köln/Mainz 1972

SCHÖNDORF, H. u.a.: Philosophie des 17. und 18. Jahrhunderts. Stuttgart/Berlin/Köln/Mainz 1983

SCHÖNEBAUM, H.: Der junge Pestalozzi. Leipzig 1927

SCHÖNEBAUM, H.: Johann Heinrich Pestalozzi. Wesen und Werk. Berlin 1954

SCHÖNEBAUM, H.: Pestalozzi. Kennen, Können, Wollen. 1797-1809. Berlin/Leipzig 1937

SCHÖNEBAUM, H.: Pestalozzi. Ernte und Ausklang. 1810-1827. Berlin/Leipzig 1942

SCHREIBER, H.: Geschichtliche Entwicklung der Anschauung. Paderborn 1907

SHELDON, E.A.: Lessons on Objects. New York 1873

SHIBANO, Sh.: Struktur der Anschauungslehre in der Pädagogik Pestalozzis. (*Pestalozzi No Kyoiku Ni Okeru Chokkan-Ron No Kozo*) In: Memoirs of the Osaka University of the Liberal Arts and Education. Osaka 1953

SILBER, K.: Der Einfluß Pestalozzianischer Grundsätze auf die Lehrerbildung in England und Amerika. 1967

SILBER, K.: Pestalozzi, der Mensch und sein Werk. Heidelberg 1957

SILBER, K.: Pestalozzis Beziehung zu England und Amerika. Zürich 1963

SPECHT, R.: John Locke. München 1989

SPENCER, H.: Die Erziehung in intellektueller, moralischer und physischer Hinsicht. Leipzig

SPRANGER, E.: Pestalozzis Denkformen. Heidelberg 1966

STEIN, A.: Pestalozzi und die Kantische Philosophie. Darmstadt 1969

STEIN, A.: Pestalozzi und Leibniz. Basel 1945

STEIN, A.: Pestalozzi und Philosophie. In: Schweizerische Lehrerzeitung. 1955

STETTBACHER, H.: Freunde Pestalozzis in den Vereinigten Staaten. In: Pestalozzianum. Zürich 1944

STETTBACHER, H.: Pestalozzi und Japan. In: Schweizer Erziehungs-Rundschau. Zürich 1936

STETTBACHER, H.: Pestalozzi, Japan und Mütter. In: Internationale Zeitschrift für Erziehungswissenschaft. Köln 1931

STEWART, W.A.: The Educational Innovators 1750-1880. New York 1967

SUMERAGI, Sh.: Sinn der Mutterliebe in der Religionserziehung. (*Shukyo-Kyoiku Ni Okeru Boseiai No Igi*) In: Gakko-Kyoiku. Tokio 1936

SUNAZAKI, H.: Die Pestalozzi-Bewegung in Japan. (*Nippon Niokeru Pestalozzi-Undo*) In: Kyoiku-Kagaku. Hiroshima 1936

TAKADA, Sh.: Die Ethik im Konfuzianismus. (*Jukyo No Rinrigaku*) In: Iwanami Seishin-Kagaku. Tokio 1932

TAKAHASHI, Sh.: Die vom Kultusministerium genehmigten Lehrbücher. (*Kyokasho Kentei*) Tokio 1988

TAKEDA, K.: Wirklichkeit und Probleme der Pestalozzi-Rezeption. (*Pestalozzi Juyo No Hoho To Mondai*) In: International Christian Unversity. Educational Studies. Tokio 1962

TAKIZAWA, K.u.a.: Die wahre Sekte des reinen Landes und das Christentum. (*Jodo-shinshu To Kirisuto-Kyo*) Kioto 1974

TANAKA, Y.: Weltanschauung und Erziehung im Schintoismus. (*Shinto No Sekaikan To Kyoiku*) In: Iwanami Seishin-Kagaku. Tokio 1932

TANIMOTO, T.: Neue Studien über Pestalozzi. (*Pestalozzi No Ichi Shin Kenkyu*) In: Kyoiku-Gakujutsukai. Tokio 1918

THOMAS, v.A.: Über den Lehrer. Hamburg 1988

TSUCHIBASHI, M.: Die Frage nach der gesellschaftlichen Bildung und der moralischen Veredlung bei Pestalozzi. (*Pestalozzi Ni Okeru "Shakaiteki Ikusei" To "Dotokuteki Kokika" No Mondai*) In: Kyoikugaku-Kenkyu. Tokio

TSUJI, K.: Pestalozzianimsus in Japan. (*Nippon Ni Okeru Pestalozzianism*) In: Seishin-Kagaku. Tokio 1927

UI, H.: Die Ethik im Buddhismus. (*Bukkyo No Rinrigaku*) In: Iwanami Seishin-Kagaku. Tokio 1932

VETTER, W.E.: Pestalozzis Stellung zum Religionsunterricht. Frankenberg in Sachsen 1913

WATANABE, M.: Das religiöse Fundament in der Erziehungsidee Pestalozzis. (*Pestalozzi Kyoiku-Shiso No Shukyoteki Kiso*) In: Kyoikugaku-Kenkyu. Tokio

WATANABE, M.: Moderne Pädagogik in Japan. (*Nippon Gendai Kyoikugaku Gaisetsu*) Tokio 1927 (1931[4])

WATANABE, M.: Moderne Pädagogik in Japan. (*Nippon Gendai Kyoikugaku Taikei*) Tokio 1928 (1931[2])

WATANABE, Sh.: Buddhismus in Japan. (*Nippon No Bukkyo*) Tokio 1958 (1990[45])

WEIDEMANN, H.: Anschauung. In: Wörterbuch der Pädagogik. Bd. I. Freiburg/Basel/Wien

WERNER, G.: Die Symbole Pestalozzis. Bern 1954

WERNLE, P.: Pestalozzi und die Religion. Tübingen 1927

WITTIG, H.E.: Menschenbildung in Japan. München/Basel 1973

WITTIG, H.E.: Pädagogik und Bildungspolitik Japans. München/Basel 1976

WOLF, A.: Anschaulichkeit. In: Lexikon der Pädagogik. Bd. I. Freiburg/Basel/Wien

YAMAGUCHI, S.: Weltanschauung und Erziehung im Konfuzianismus. In: Iwanami Seishin-Kagaku. Tokio 1932

YAMASHITA, M.: Die Rezeption der westlichen Erziehungslehre bei Izawa Shuji. (*Izawa Shuji Ni Okeru Seiyokyoikugakusetsu No Juyo*) In: Nihon No Kyoikushigaku. Tokio 1985

YAMAZUMI, M.: Das Kaiserliche Erziehungsedikt. (*Kyoiku-Chokugo*) Tokio 1980 (1989[9])

YOSHIDA, K.: Entwicklung der Ethik in Japan. (*Nippon Ni Okeru Rinrigaku No Hattatsu*) In: Iwanami Seishin-Kagaku. Tokio 1932

YOSHIDA, K.: Entwicklung der Pädagogik in Japan. (*Nippon Ni Okeru Kyoikugaku No Hattatsu*) In: Iwanami Seishin-Kagaku. Tokio 1932

YOSHIDA, K.: Umriß der japanischen Erziehungsgeschichte. (*Honpo Kyoikushi Gaisetsu*) Tokio 1922

YOSHIDA, K.: Erziehungsmethode. (*Kyoikuhohoron*) Tokio 1942

YURA, T.: Über die Immanenzlehre Pesatlozzis. (*Pestalozzi No Naizaikan Ni Tsuite*) In: Kyoiku-Gakujutsukai. Tokio 1927

ZAHN, L.: Das Problem der Anschauung. In: Die Schulwarte. Stuttgart 1968

ZOCHER, R.: Zur Erkenntnistheorie der empirischen Anschauung. In: Zeitschrift für philosophische Forschung Bd. VI. Meisenheim/Glan 1951

EXPLORATIONEN

Patry, Jean-Luc. *Transsituationale Konsistenz des Verhaltens und Handelns in der Erziehung*, 512 Seiten, 1991

Jenzer, Carlo. *Die Schulklasse*. Eine historisch-systematische Untersuchung, 448 Seiten, 1991

Gonon, Philipp. *Arbeitsschule und Qualifikation*. Arbeit und Schule im 19. Jahrhundert, Kerschensteiner und die heutigen Debatten zur beruflichen Qualifikation, 312 Seiten, 1992

Metz, Peter. *Herbartismus als Paradigma für Professionalisierung und Schulreform*. Ein Beitrag zur Bündner Schulgeschichte der Jahre 1880 bis 1930 und zur Wirkungsgeschichte der Pädagogik Herbarts und der Herbartianer Ziller, Stoy und Rein in der Schweiz, 788 Seiten, 1992

Nenniger, Peter/Eigler, Gunther/Macke, Gerd. *Studien zur Mehrdimensionalität in Lehr-Lern-Prozessen*, 260 Seiten, 1993

Grunder, Hans-Ulrich. *Seminarreform und Reformpädagogik*, 414 Seiten, 1993

Gonon, Philipp/Oelkers, Jürgen (Hrsg.). *Die Zukunft der öffentlichen Bildung – L'avenir de l'éducation publique*, 368 Seiten, 1993

Alleman-Ghionda, Cristina. *Multikultur und Bildung in Europa – Multiculture et éducation en Europe*, 403 Seiten, 1994

Poglia, Edo/Perret-Clermont, Anne-Nelly/Gretler, Armin/Dasen, Pierre (Hrsg.). *Interkulturelle Bildung in der Schweiz*. Fremde Heimat, 428 Seiten, 1995

Ito, Toshiko. *Die Kategorie der Anschauung in der Pädagogik Pestalozzis – Theorie und Rezeption im Japan des 19. Jahrhunderts*, 204 Seiten, 1995